Karin Ioannou-Naoum-Wokoun • Martin Helmuth Ruelling

Die Europäische Union: Geschichte, Institutionen, Recht, Politiken

The European Union: History, Institutions, Law, Politics
L'Union Européene: Histoire, Institutions, Droit, Politiques
La Unión Europea: Historia, Instituciones, Derecho, Políticas

Karin Ioannou-Naoum-Wokoun • Martin Helmuth Ruelling

Die Europäische Union: Geschichte, Institutionen, Recht, Politiken

www.ehv-online.com

Ioannou-Naoum-Wokoun, Karin • Ruelling, Martin Helmuth
Die Europäische Union: Geschichte, Institutionen, Recht, Politiken

The European Union: History, Institutions, Law, Politics
L'Union Européene: Histoire, Institutions, Droit, Politiques
La Unión Europea: Historia, Instituciones, Derecho, Políticas

1. Auflage 2010
ISBN: 978-3-941482-65-4
© Europäischer Hochschulverlag GmbH & Co. KG, Bremen, 2010.
www.eh-verlag.de
Alle Rechte vorbehalten

Bibliografische Informationen der Deutschen Nationalbibliothek:
Die Deutsche Nationalbibliothek verzeichnet diese Publikation in der Deutschen Nationalbibliografie; detaillierte bibliografische Daten sind im Internet über http://dnb.d-nb.de abrufbar.

Vorwort

Die Europäische Union ist ein Thema von großer internationaler Bedeutung, über das bereits viele Bücher verfasst wurden. Demzufolge wollten wir etwas völlig Neues auf den Markt bringen: Ein Lehrbuch in vier Sprachen.

Das Ergebnis ist ein leser-freundliches Buch, das sowohl die wichtigsten allgemeinen Themen der Europäischen Union, als auch Gebiete von internationaler Bedeutung behandelt (z.B. Handelspolitik, Gemeinsame Außen- und Sicherheitspolitik, Landwirtschaftspolitik, Gesellschaftsrecht und Wettbewerbsrecht).

Die einzigartige Struktur ermöglicht es dem Leser die Vielzahl der themenbezogenen Vokabeln zu verstehen und leicht zu erlernen.

Ein Buch zu schreiben erfordert auch jede Menge Dank, welcher folgenden Personen zukommen soll:

- Professor Heribert F. Köck, der mir wertvolle, europarechtlich relevante Ratschläge gab.
- Professor Martin Karollus, der mir das Rigorosum aus Europäischem Gesellschaftsrecht abnahm und mir sein hervorragendes Skript über diese komplizierte Materie zur Verfügung stellte.
- Dr. Moritz Röttinger (Europäische Kommission), der mir einen Einblick in die Arbeitsweise der Institutionen der Europäischen Union gab.
- Den Professoren Thomas Angerer (Geschichte), Siegfried Fina (Recht) und Peter Slominski (Politik), die mir in ihren Vorlesungen über die Europäische Union wertvolles Wissen vermittelten.

Viel Spaß beim Lesen!

Martin Helmuth Ruelling & Karin Ioannou Wokoun

Foreword

As the European Union is one of the global players and, as such, an important international issue, many books have been written about it. Subsequently, we wanted to create something new: a textbook in four languages.

The result is a very reader-friendly book focusing on the most important general issues of the European Union as well as on topics that are of international interest (e.g. Trade policy, Common Foreign and Security Policy, Agriculture Policy, Regional Policy, Company- and Competition Law).

The unique structure enables the reader to understand and quickly learn the abundance of the most essential topic-related vocabulary.

Writing a book also owes a lot of thanks which must be gladly given to:

- Professor Heribert F. Köck, who provided me with precious advice on the European law.
- Professor Martin Karollus, who kindly put his excellent script on "The European Company Law" at my disposal after it had already been a substantial help for me to pass my final exam for my doctor's degree.
- Dr. Moritz Röttinger (European Commission), who granted me a solid insight into the working procedure of the institutions of the European Union.
- Professor Thomas Angerer (history), Professor Siegfried Fina (law) and Professor Peter Slominski (politics), who all supplied me with their invaluable knowledge in the course of their lectures on the European Union.

Read and enjoy!

Martin Helmuth Ruelling & Karin Ioannou Wokoun

Préface

L'Union européenne est un sujet de grande importance internationale, sur lequel ont déjà été rédigés de nombreux ouvrages. Nous avons voulu présenter quelque chose de totalement nouveau : un manuel en quatre langues.

Le résultat est un livre convivial, traitant non seulement des sujets généraux les plus importants concernant l'Union européenne, mais aussi des sujets d'importance internationale (comme la politique commerciale, la politique extérieure et de sécurité commune, la politique agricole commune matière d'agriculture, le droit des sociétés communautaire ainsi que le droit de la concurrence).

Cette structure unique permet au lecteur de comprendre et d'apprendre facilement un vocabulaire étendu relatif à ces thèmes.

La rédaction d'un livre exige de nombreux remerciements, dédiés aux personnes suivantes :

- Professeur Heribert F. Köck, qui m'a donné de précieux conseils concernant le droit européen.
- Professeur Martin Karollus, qui a pris mon examen oral du droit européen des sociétés et a mis a ma disposition son excellent manuscrit traitant de ce sujet complexe.
- Dr. Moritz Röttinger (Commission européen), qui m'a donné un aperçu du fonctionnement des institutions de l'Union européenne.
- Les professeurs Thomas Angerer (histoire), Siegfried Fina (droit) et Peter Slominski (politiques), qui m'ont transmis de connaissances précieuses dans leurs conférences sur l'Union européenne.

Bonne lecture!

Martin Helmuth Ruelling & Karin Ioannou Wokoun

Prefacio

La Unión Europea es un tema de gran importancia internacional, sobre el cual ya se han escrito muchos libros. Es por eso que quisimos traer algo absolutamente nuevo al mercado: un libro de texto en cuatro idiomas.

El resultado es un libro agradable de leer, el cual trata los asuntos generales más importantes de la Unión Europea, así como áreas de importancia internacional (p.ej. la Política comercial, la Política Exterior de Seguridad Común, la Política agraria, el Derecho de sociedades y el Derecho de la competencia).

Su estructura única le permite al lector comprender y aprender un sinnúmero de vocabulario relacionado con el tema.

Escribir un libro también requiere dar una cantidad de agradecimientos, los cuales deben ser dados a estas personas:

- Profesor Heribert F. Köck, quien me proporcionó valiosa asesoría sobre el Derecho Europeo.
- Profesor Martin Karollos, quien amablemente puso a mi disposición para este libro el excelente texto sobre "El Derecho de Sociedades Europeas" después de que ya había sido una ayuda importante para pasar el examen final para mí doctorado.
- Dr. Moritz Rottinger (Commissión Europea), quien me proporcionó una visión sólida sobre los procedimientos de trabajo de las instituciones de la Unión Europea.
- Profesor Thomas Angerer (historia), Profesor Siegfried Fina (derecho) y el Profesor Peter Slominski (políticas), quienes me suministraron sus valiosos conocimientos en sus lecciones sobre la Unión Europea

¡Disfruten la lectura!

Martin Helmuth Ruelling & Karin Ioannou Wokoun

Inhaltsverzeichnis

Einführung	2
I. Die Geschichte der Europäischen Gemeinschaften	**4**
1. Die Zeit nach dem Zweiten Weltkrieg	4
2. Die Gründung der Gemeinschaften	5
3. Die Jahre des Aufbaues der Gemeinschaften	8
4. Eine Atmosphäre der Hoffnung	12
5. Auf dem Weg zu einer Europäischen Union	13
6. Auf dem Weg in eine neue Krise?	16
II. Die europäischen Institutionen	**22**
1. Die Kommission	22
2. Der Europäische Rat	25
3. Der Rat (der Minister)	26
4. Das Europäische Parlament	29
5. Der Gerichtshof	32
6. Der Europäische Rechnungshof	34
7. Die beratenden Organe der europäischen Institutionen	35
7.1. Der Wirtschafts- und Sozialausschuss	35
7.2. Der Ausschuss der Regionen	36
8. Die Finanzinstitute in Europa	36
8.1. Die Europäische Zentralbank	36
8.2. Die Europäische Investitionsbank	38
8.3. Der Europäische Investitionsfonds	38
9. Die Agenturen der Europäischen Union	39
III. Die Gesetzgebung in der EU	**40**
1. Die Rechtsnatur der EU	40
2. Die Quellen und Verfahren des europäischen Rechts	40
2.1. Primäres- und Sekundäres Gemeinschaftsrecht	40
2.2. Die Schaffung von Sekundärem Gemeinschaftsrecht	42
3. Die wichtigsten Grundsätze des europäischen Rechts	46
3.1. Das Prinzip der begrenzten Einzelermächtigung	46
3.2. Das Supranationalitätsprinzip	46
3.3. Das Subsidiaritätsprinzip	47
3.4. Das Prinzip der Gleichbehandlung oder Nicht-Diskriminierung	47
3.5. Die Grundrechte	48
3.6. Das Prinzip des Vorranges von Gemeinschaftsrecht	48
3.7. Das Prinzip der unmittelbaren Wirkung von Gemeinschaftsrecht	48
3.8. Das Prinzip der mittelbaren Direktwirkung	50
3.9. Die Staatshaftung	50
IV. Die vier Grundfreiheiten des EG-Vertrages	**52**
1. Die Freiheit des Warenverkehrs	52
1.1. Die Beseitigung pekuniärer Barrieren	52
1.2. Die Beseitigung nicht-pekuniärer Barrieren	53
2. Die Freiheit des Personenverkehrs	55
2.1. Die Freizügigkeit der Arbeitnehmer	56
2.2. Die Niederlassungsfreiheit	59

3. Die Dienstleistungsfreiheit 60
4. Die Kapitalverkehrsfreiheit 62

V. Exkurs: Das europäische Wettbewerbrecht und Gesellschaftsrecht 64
  1. Das europäische Wettbewerbsrecht 64
    1.1. Das Verbot wettbewerbswidriger Vereinbarungen und anderer beschränkender Praktiken (Kartellverbot, Artikel 81 EG-Vertrag) 64
    1.2. Der Missbrauch einer marktbeherrschenden Stellung (Missbrauchsverbot, Artikel 82 EG-Vertrag) 67
  2. Das europäische Gesellschaftsrecht 69
    2.1. Die Rechtsgrundlagen des europäischen Gesellschaftsrechts 70
    2.2. Die europäischen Gesellschaften 71
      2.2.1. Die Europäische Wirtschaftliche Interessenvereinigung (EWIV) 71
      2.2.2. Die Europäische Aktiengesellschaft (Societas Europaea) 74
      2.2.3. Die Europäische Genossenschaft (Societas Cooperativa Europaea) 78
      2.2.4. Die Europäische Privatgesellschaft (Societas Privata Europaea) 78
    2.3. Die Harmonisierung der nationalen Gesellschaftsrechte 78
    2.4. Grundfreiheiten und Gesellschaftsrecht 81
      2.4.1. Die Niederlassungsfreiheit 81
      2.4.2. Die Kapitalverkehrsfreiheit 84

VI. Ausgewählte Politiken 85
  1. Die Gemeinsame Agrarpolitik 85
  2. Die Regionalpolitik 86
  3. Die Gemeinsame Außen- und Sicherheitspolitik 88
  4. Die Handelspolitik der Europäischen Union 91

Contents

Introduction	**98**
I. The history of the European Communities	**100**
1. The period after the Second World War	100
2. The founding of the Communities	101
3. The years of the build-up of the Communities	104
4. An atmosphere of hope	106
5. On the way to a European Union	108
6. On the way to a new crisis?	111
II. The European Institutions	**116**
1. The European Commission	116
2. The European Council	119
3. The Council of Ministers	120
4. The European Parliament	123
5. The Court of Justice	125
6. The European Court of Auditors	128
7. Advisory bodies of the European institutions	128
7.1. The Economic and Social Committee	128
7.2. The Committee of the Regions	129
8. Financial institutions in Europe	130
8.1. The European Central Bank	130
8.2. The European Investment Bank	131
8.3. The European Investment Fund	132
9. The Agencies of the European Union	132
III. EU legislation	**134**
1. The legal nature of the EU	134
2. Sources and procedures of European Law	134
2.1. Primary Law and Secondary Law	134
2.2. The creation of Secondary Law	136
3. The main principles of European law	139
3.1. The Principle of Conferral	139
3.2. The Principle of Supranationality	140
3.3. The Principle of Subsidiarity	140
3.4. The Principle of Equality or Non Discrimination	141
3.5. Fundamental Rights	141
3.6. The Principle of Supremacy	141
3.7. The Principle of Direct Effect	142
3.8. The Principle of Indirect Effect	144
3.9. State Liability for Damages	144
IV. Four Freedoms of the EC-Treaty	**145**
1. Free Movement of Goods	145
1.1. The elimination of monetary barriers	145
1.2. The elimination of non-monetary barriers:	146
2. Free Movement of Persons	148
2.1. Free Movement of Workers	149
2.2. Freedom of Establishment	151

3. Free Movement to Provide Services	152
4. Free Movement of Capital	154

V. Excursus: The European Competition Law and Company Law — **156**

1. The European Competition Law	156
1.1. The prohibition of anti-competitive agreements and other restrictive practices (Article 81 EC-Treaty)	156
1.2. The abuse of a dominant market position (Article 82 EC-Treaty)	159
2. The European Company Law	161
2.1. The sources of European Company Law	161
2.2. The European Companies	162
2.2.1. The European Economic Interest Grouping (EEIG)	162
2.2.2. The European Company (Societas Europaea)	165
2.2.3. The European Cooperative Society (Societas Cooperativa Europaea)	169
2.2.4. The European Private Company (Societas Privata Europae)	169
2.3. The harmonisation of national company laws	169
2.4. Freedoms and Company Law	171
2.4.1. The Freedom of Establishment	171
2.4.2. The Freedom of Capital	174

VI. Selected Policies — **175**

1. The Common Agricultural Policy	175
2. The Regional Policy	176
3. The Common Foreign and Security Policy	178
4. The Trade Policy of the European Union	181

Table de matières

Introduction — **187**

I. L'histoire des Communautés Européennes — **189**
  1. La période qui suit la Seconde guerre mondiale — 189
  2. La fondation des Communautés — 190
  3. Les années de développement des Communautés — 193
  4. Une atmosphère d'espoir — 196
  5. Sur le chemin vers une Union européenne — 197
  6. Sur le chemin vers une nouvelle crise? — 201

II Les institutions européennes — **207**
  1. La Commission — 207
  2. Le Conseil européen — 210
  3. Le Conseil (des ministres) — 211
  4. Le Parlement européen — 214
  5. La Cour de justice — 217
  6. La Cour des comptes européenne — 219
  7. Les organes consultatifs des institutions européennes — 220
    7.1. Le Comité économique et social — 220
    7.2. Le Comité des régions — 221
  8. Les institutions financières en Europe — 221
    8.1. La Banque centrale européenne — 221
    8.2. La Banque européenne d'investissement — 223
    8.3. Le Fonds européen d'investissement — 223
  9. Les agences de l'Union européenne — 224

III. La législation dans l'UE — **225**
  1. La nature juridique de l'UE — 225
  2. Les sources et procédures du droit européen — 225
    2.1. Droit communautaire primaire et dérivé — 225
    2.2. La création du droit communautaire dérivé — 227
  3. Les grands principes du droit européen — 230
    3.1. Le principe d'attribution — 230
    3.2. Le principe de la supranationalité — 231
    3.3. Le principe de subsidiarité — 232
    3.4. Le principe de l'égalité ou de la non-discrimination — 232
    3.5. Les droits fondamentaux — 232
    3.6. Le principe de la primauté du droit communautaire — 233
    3.7. Le principe de l'effet direct du droit communautaire — 233
    3.8. Le principe de l'effet indirect — 235
    3.9. La responsabilité de l'Etat pour des dommages — 235

IV. Les quatre libertés fondamentales du traité CE — **237**
  1. La libre circulation des marchandises — 237
    1.1. L'éradication des obstacles tarifaires — 237
    1.2. L'éradication des obstacles non-tarifaires — 238
  2. La libre circulation des personnes — 240
    2.1. La libre circulation des travailleurs — 241
    2.2. La liberté d'établissement — 244

3. La liberté de prestation de services	245
4. La libre circulation des capitaux	247

V. Excursus : Droit européen de la concurrence et droit des sociétés — 249
- 1. Droit européen de la concurrence — 249
  - 1.1. L'interdiction des ententes anticoncurrentielles et d'autres pratiques restrictives (article 81 du traité CE) — 249
  - 1.2. L'abus d'une position dominante sur le marché (article 82 du traité CE) — 252
- 2. Droit européen des sociétés — 254
  - 2.1. Les bases juridiques du droit européen des sociétés — 254
  - 2.2. Les sociétés européennes — 255
    - 2.2.1. Le Groupement européen d'intérêt économique (GEIE) — 255
    - 2.2.2. La Société européenne (Societas Europaea) — 258
    - 2.2.3. La Société coopérative Européenne (Societas Cooperativa Europaea) — 262
    - 2.2.4. La Société privée européenne (Societas Privata Europaea) — 262
  - 2.3. L'harmonisation des droits nationaux des sociétés — 263
  - 2.4. Les libertés fondamentales et le droit des sociétés — 265
    - 2.4.1. La liberté d'établissement — 265
    - 2.4.2. La libre circulation des capitaux — 268

VI. Une selection de politiques européennes — 269
- 1. La politique agricole commune — 269
- 2. La politique régionale — 270
- 3. La politique étrangère et de sécurité commune — 272
- 4. La politique commerciale de l'Union européenne — 275

Índice

Introducción — 282

I. La Historia de las Comunidades Europeas — 284
  1. El tiempo después de la Segunda Guerra Mundial — 284
  2. La fundación de las comunidades — 285
  3. Los años de la construcción de las Comunidades — 288
  4. Una atmósfera de esperanza — 291
  5. En camino a una Unión Europea — 292
  6. ¿En camino a una nueva crisis? — 296

II. Las Instituciones Europeas — 302
  1. La Comisión Europea — 302
  2. El Consejo Europeo — 305
  3. El Consejo de Ministros — 306
  4. El Parlamento Europeo — 310
  5. El Tribunal de Justicia — 312
  6. El Tribunal de Cuentas Europeo — 315
  7. Los cuerpos consultores de las instituciones europeas — 315
     7.1. El Comité Económico y Social Europeo — 315
     7.2. El Comité de las Regiones — 316
  8. Las instituciones financieras en Europa — 317
     8.1. El Banco Central Europeo — 317
     8.2. El Banco Europeo de Inversiones — 318
     8.3. El Fondo Europeo de Inversiones — 319
  9. La Agencias de la Unión Europea — 319

III. Legislación de la UE — 321
  1. La naturaleza jurídica de la UE — 321
  2. Las fuentes y procedimientos del Derecho Europeo — 321
     2.1. Derecho Comunitario Primario y Derecho Comunitario Derivado — 321
     2.2. La creación del Derecho Comunitario Derivado — 322
  3. Los principales principios del Derecho Europeo — 326
     3.1. El Principio de Atribución — 326
     3.2. El Principio de Supranacionalidad — 327
     3.3. El Principio de Subsidiariedad — 327
     3.4. El Principio de Equidad o No Discriminación — 328
     3.5. Los Derechos Fundamentales — 328
     3.6. El Principio de Supremacía — 329
     3.7. El Principio de Efecto Directo — 329
     3.8. El Principio de Efecto Indirecto — 331
     3.9. La responsabilidad del Estado por Daños — 331

IV. Las Cuatro Libertades del Tratado de la CE — 332
  1. La Libre Circulación de Mercancías — 332
     1.1. La eliminación de barreras monetarias — 332
     1.2. La eliminación de barreras no monetarias: — 333
  2. La Libre Circulación de Personas — 336
     2.1. La Libre Circulación de los Trabajadores — 336
     2.2. La Libertad de Establecimiento — 339

3. La Libre Prestación de Servicios … 340
4. La Libre Circulación de Capitales … 342

V. Apéndice: El Derecho Europeo de la Competencia y el Derecho de Sociedades … 344
  1. El Derecho Europeo de la Competencia … 344
    1.1. La prohibición de acuerdos anti-competitivos y otras prácticas restrictivas (Artículo 81 del Tratado de la CE) … 344
    1.2. El abuso de la posición dominante en el mercado (Articulo 82 del Tratado de la CE) … 347
  2. El Derecho Europeo de Sociedades … 349
    2.1. Las fuentes del Derecho Europeo de Sociedades … 350
    2.2. Las Sociedades Europeas … 351
      2.2.1. La Agrupación Europea de Interés Económico (AEIE) … 351
      2.2.2. La Sociedad Europea (Societas Europaea) … 354
      2.2.3. La Sociedades Cooperativas Europeas (Societas Cooperativa Europaea) … 358
      2.2.4. La Sociedad Privada Europea (Societas Privata Europaea) … 358
    2.3. La armonización de las leyes nacionales de compañía … 358
    2.4. Libertades y Derecho de Sociedad … 360
      2.4.1. La Libertad de Establecimiento … 360
      2.4.2. La Libertad de Capital … 364

VI. Políticas Seleccionadas … 365
  1. La Política Agraria Común … 365
  2. La Política Regional … 366
  3. La Política Exterior y de Seguridad Común … 368
  4. La Política Comercial de la Unión Europea … 371

Die Europäische Union:
Geschichte, Institutionen, Recht, Politiken

Einführung

Wenn wir vom "alten Kontinent" sprechen, sollten wir zunächst wissen, was mit dem Begriff Europa eigentlich gemeint ist.

Der Name Europa leitet sich aus dem arabischen Begriff „Erep" ab, was soviel bedeutet wie „der Westen". Vor etwa 2.500 Jahren wurde diese Bezeichnung synonym für Griechenland verwendet und sollte den Kontrast zur Islamischen Welt ausdrücken.

Betrachten wir Europa geographisch, so sind die nördlichen-, südlichen- und westlichen Grenzen – im Gegensatz zum östlichen Ende, welches der Ural bilden soll – klar definiert. Demnach hat Russland sein größtes Territorium in Asien, wohingegen die meisten Menschen im europäischen Teil dieses Landes leben. Gesellschaftspolitisch betrachtet, wäre Russland somit ein europäisches Land.

Auch die Diskussion über einen EU-Beitritt der Türkei verläuft kontrovers. Fakt ist, dass lediglich 3% des türkischen Staatsgebietes europäisch sind. Andererseits ist die Türkei aber Mitglied in verschiedensten europäischen Organisationen (wie etwa dem Europarat), was sie politisch betrachtet zu einem europäischen Land macht.

Darüber hinaus sind nicht alle Länder in „Kern-Europa" auch Mitglieder der EU (z.B. Schweiz, Norwegen, Liechtenstein).

Wie wir soeben gesehen haben, ist es daher auch heutzutage nicht leicht von einem einheitlichen Europa zu sprechen!

Diese unklare Situation könnte auch ein Produkt der abwechslungsreichen und gewaltsamen europäischen Geschichte selbst sein: Das Römische Reich, das Reich unter Karl dem Großen und unter Napoleon sowie eine Vielzahl an Kriegen und Grenzverschiebungen bis in die 1990iger Jahre (z.B. Deutsche Wiedervereinigung, der Jugoslawien Krieg) haben die europäische Geschichte nachhaltig geprägt.

Es ist jedoch nicht die Aufgabe dieses Buches historische Einigungsversuche zu beleuchten, die grob gesprochen zwei Dinge gemeinsam hatten: Sie waren nicht friedlich und scheiterten letztendlich allesamt.

Als Beginn der europäischen Integration wurde daher das Ende des Zweiten Weltkrieges gewählt. Ein Krieg, der von 1939 bis 1945 andauerte und etwa 55 Millionen Opfer mit sich brachte. Erst mit dem Ende dieses grausamen Kapitels europäischer Geschichte schienen die Europäer zu einem friedlichen Miteinander bereit zu sein und begannen mit der Errichtung von Organisationen und gemeinsamen Institutionen.

In unserem ersten Teil führen wir Sie durch die Geschichte der Europäischen Gemeinschaften, gegliedert in verschiedene Zeitabschnitte.

Das Kapitel „Institutionen" beleuchtet die wichtigsten europäischen Institutionen, wie etwa die „Großen Vier": Europäische Kommission, Rat, Parlament und Europäischer Gerichtshof, aber auch beratende Organe und Finanzinstitute.

Der rechtliche Teil behandelt das Primäre- und Sekundäre Gemeinschaftsrecht, die wichtigsten Verfahren und Prinzipien sowie die vier Grundfreiheiten: Freiheit des Warenverkehrs, Freiheit des Personenverkehrs, Dienstleistungsfreiheit und Kapitalverkehrsfreiheit; als Exkurs werden das Wettbewerbsrecht und Gesellschaftsrecht dargestellt.

Das letzte Kapitel analysiert wichtige Politikbereiche der EU, wie die Landwirtschaftspolitik, Regionalpolitik, Gemeinsame Außen- und Sicherheitspolitik und Handelspolitik.

I. Die Geschichte der Europäischen Gemeinschaften

1. Die Zeit nach dem Zweiten Weltkrieg

Nach dem Ende des Zweiten Weltkrieges war Europa völlig desorganisiert: Deutschland und Österreich waren von alliierten Truppen der USA, UdSSR, Frankreichs und Großbritanniens besetzt. Zusätzlich versuchten die USA sowie die UdSSR Europa zu beeinflussen, um ihre eigenen politischen Interessen durchzusetzen. Diese politischen Auseinandersetzungen bildeten auch die Basis für den so genanten Kalten Krieg.

Allerdings förderte dieser Einfluss von West und Ost auch eine Art gemeinsames europäisches Denken. Die europäischen Staaten – vornehmlich die ehemaligen Kolonialmächte – wollten wieder eine mitbestimmende Rolle auf der internationalen Politikbühne spielen (d.h. Europa sollte sich als dritte Macht neben den USA und der UdSSR etablieren)!

Generell betrachtet waren es also zwei Faktoren, welche die europäische Einigung in Gang setzten:

- ein zerstörtes Europa (inklusive der Siegermachtstaaten) und
- die Ambition, wieder eine globale Macht zu werden.

In seiner Rede am 19. September 1946 schlug der britische Prämierminister Winston Churchill die Gründung einer Art Vereinigte Staaten von Europa vor, deren Basis Frankreich und Deutschland, unterstützt von GB und den USA, sein sollte. Demzufolge begannen die West-Europäer, Schritt für Schritt, ihre ersten gemeinsamen Organisationen zu errichten:

- 1948: Die **Organisation für Wirtschaftliche Zusammenarbeit in Europa** (OEEC): Die USA stellten die Gelder für diese Organisation bereit, um die europäische Wirtschaft anzukurbeln (Marshall Plan). Allerdings waren diese Darlehen keine großzügigen Geschenke, sondern primär dazu gedacht, den USA einen Handelspartner zu verschaffen!
- 1949: Der **Nordatlantik Pakt** (NATO) wurde gegründet als eine Sicherheitsorganisation, um Westeuropa vor der Kommunismus expandierenden UDSSR zu beschützen.
- 1949: Der **Europarat** ist eine politische Organisation, die sich schwerpunktmäßig mit dem Schutz von Menschenrechten und Demokratie beschäftigt.

Gleichzeitig mit der Gründung einer wirtschaftlichen-, sicherheitspolitischen- und politischen Organisation in Westeuropa begann die UdSSR mit der Errichtung ihrer eigenen Organisationen in Osteuropa: KOMINFORM, COMECON und Warschauer Pakt.

2. Die Gründung der Gemeinschaften

Obwohl die ersten Hürden bewältigt waren, war die Situation in Europa bei weitem nicht perfekt. Insbesondere war es Frankreich, das weiterhin misstrauisch gegenüber Deutschland war – die Franzosen waren immer noch schockiert vom Angriff der Deutschen während des Zweiten Weltkrieges. Wie konnte man nun diese beiden Staaten zusammenführen, um anstehende Integrationsprojekte voranzutreiben?

Es war schließlich der Franzose Jean Monnet, der die Idee hatte einen gemeinsamen Kohle- und Stahlmarkt für Frankreich und Deutschland zu gründen. Dieser außergewöhnliche Stratege hatte dabei folgende Motive:

- Erstens, sah er in der Harmonisierung der Kohle- und Stahlproduktion zwischen Frankreich und Deutschland einen Vorteil für die gemeinsame Wirtschaft.
- Zweitens, hatte Deutschland große Kohle- und Stahlvorkommen, wovon Frankreich profitieren konnte.
- Drittens, war Deutschland bezüglich der Kohle- und Stahlproduktion unter Kontrolle, wodurch ein weiterer Krieg unwahrscheinlich wurde.
- Viertens, konnten Frankreich und Deutschland zusammen eine Führungsposition in Europa erreichen (tatsächlich war jedoch Frankreich, mit der Hilfe Deutschlands gemeint!).

Was war nun notwendig, um ein solches Projekt zu realisieren?

- Erstens, sollte ein gemeinsamer, zollfreier Markt für Kohle und Stahl geschaffen werden.
- Zweitens, sollten beide Staaten ihre staatlichen Kompetenzen betreffend Kohle und Stahl auf eine so genannte **Hohe Behörde** übertragen, um so den Markt zu organisieren. Aufgrund einer solchen Übertragung der Kompetenzen auf eine eigene Institution (Hohe Behörde) war die **Europäische Gemeinschaft für Kohle und**

Stahl (EGKS) die erste so genannte supranationale Organisation, offen stehend auch für andere Staaten.

Allerdings gab es ein Problem: Monnet, das „Mastermind" und der internationale Koordinator, war kein Politiker und ohne politische Unterstützung konnte ein solches Projekt niemals realisiert werden. Schließlich war es der französische Außenminister, Robert Schuman, der den EGKS-Vertrag zwischen Frankreich, Deutschland, Italien und den BENELUX (Belgien, Niederlande und Luxemburg) im Jahre 1951 / 52 zum Abschluss und zur Ratifikation brachte.

Und wo stand GB?

Die Briten sahen sich selbst in der Rolle des Beobachters und Förderers, aber nicht als ein aktives Mitglied der EGKS. Darüber hinaus war GB wirtschaftlich enger mit dem Commonwealth verbunden als mit Kontinentaleuropa und ein strikter Gegner von supranationalen Organisationen (d.h. gegen den Transfer von staatlichen Kompetenzen auf überstaatliche Institutionen).

Nach diesen ersten Erfolgen waren die Kontinentaleuropäer zu recht motiviert und bereit für weitere Projekte:

- Zunächst sollte eine **Europäische Verteidigungsgemeinschaft** (EVG) gegründet werden. Allerdings bestand bereits die NATO als eine Verteidigungsorganisation und daher akzeptierten die USA eine europäische Armee nur unter der Bedingung, dass eine solche unter der Kontrolle der NATO stünde. Letztendlich scheiterte das Projekt jedoch ohnehin, weil das französische Parlament den Vertrag dazu nicht ratifizierte (Frankreich misstraute dem System einer internationalen Armee seitdem die USA, Frankreich in dessen Kolonialkrieg in Indochina nicht unterstützt hatten).

- Gleichzeitig mit der Gründung einer EVG war die Errichtung einer **Europäischen Politischen Gemeinschaft** (EPG) geplant. Allerdings waren die Mitgliedstaaten weder bereit für eine europäische Verfassung, noch für eine eigene europäische Regierung; man wollte nicht zuviel Souveränität verlieren!

Obwohl das Scheitern dieser zwei Projekte ein ziemlicher Rückschlag war, hatte Monnet bereits neue Ideen. Eine **Europäische Atomgemeinschaft**

(EURATOM) und eine **Europäische Wirtschaftsgemeinschaft** (EWG) sollten ins Leben gerufen werden.

Monnet war der Meinung, dass eine Atomgemeinschaft:

- Deutschland von Soloprojekten abhalten würde;
- Frankreich mehr Gelder für dieses kostspielige Gebiet brächte sowie
- Energie für die Mitgliedstaaten bereitstellen würde.

Eine Wirtschaftsgemeinschaft hingegen würde die wirtschaftliche Situation ganz allgemein verbessern, ohne dabei nur auf den Kohle- und Stahlmarkt beschränkt zu sein. Allerdings erforderte die Einrichtung eines Gemeinsamen Marktes zwei Dinge:

- Die Gründung einer Zollgemeinschaft (d.h. freier Handel zwischen den Mitgliedstaaten plus gemeinsamer Außenzoll – im Gegensatz zu einer Freihandelszone, in der jeder Mitgliedstaat seinen eigenen Außenzoll behält).
- Die freie Zirkulation von Waren, Dienstleistungen, Personen und Kapital sowie die Organisation der Landwirtschaft.

Nachdem Monnet den belgischen Außenminister, Henri Spaak, für sich gewonnen hatte, um die Projekte zu realisieren, konnten die Verhandlungen beginnen:

- Deutschland war gegen eine Atomgemeinschaft, weil es darin nur als „Zahler" vorgesehen war.
- Frankreich fürchtete, aufgrund der wirtschaftlichen Stärke Deutschlands die Errichtung eines gemeinsamen Marktes und war nur bereit eine Wirtschaftsgemeinschaft zu akzeptieren, wenn seine Übersee-Departments (z.B. Französisch Guyana) in den gemeinsamen Markt integriert würden.

Eine weitere Frage war, wie viele Kompetenzen an die erforderlichen Institutionen abgetreten werden sollten. Die Antwort darauf war jedoch simpel: nicht zu viele! Die Staaten wollten ihre Souveränität behalten und errichteten daher folgende Organstruktur:

EGKS	EURATOM	EWG
Hohe Behörde	Kommission	Kommission
Rat	Rat	Rat
Gemeinsame Versammlung		
Gerichtshof		

Im Gegensatz zur EGKS, mit ihrer Hohen Behörde als Zentrum, war das Hauptentscheidungsorgan der Atom- und Wirtschaftsgemeinschaft der Rat. Zu dieser Zeit war die Gemeinsame Versammlung (das spätere Europäische Parlament) nicht mehr als ein Beratungsforum.

Somit war der Beginn ziemlich verwirrend: Es gab eine Hohe Behörde, zwei Kommissionen und drei Räte – darüber hinaus eine Gemeinsame Versammlung und einen Gerichtshof für alle drei Organisationen.

EGKS, EURATOM und EWG waren aber auch die ersten supranationalen Organisationen. Diese müssen zumindest zwei der folgenden Merkmale aufweisen:

- eigene Institutionen;
- eigene Rechtssetzung;
- Mehrheitsentscheidungen;
- eigene Gerichtsbarkeit.

Schließlich wurden die beiden neuen Verträge (**„Römischen Verträge"**) von allen sechs Gründerstaaten der EGKS unterzeichnet und ratifiziert (1957 / 58).

3. Die Jahre des Aufbaues der Gemeinschaften

Wie bereits zuvor angedeutet, wurde keiner der in den 1950ern abgeschlossenen drei Verträge von GB unterzeichnet. Neben GB's Beobachter- und Fördererstatus sowie der Ablehnung supranationaler Organisationen hatte GB drei weitere Gründe den Gemeinschaften fernzubleiben:

- Die Verbindung zum Commonwealth, mit der Möglichkeit, landwirtschaftliche Produkte billig importieren zu können.
- Der Vorsprung im Atomsektor, den GB nicht teilen wollte.
- Und, wirtschaftlich betrachtet, war GB stärker mit den USA verbunden als mit Kontinentaleuropa.

Obwohl sich GB als Förderer der europäischen Einigung sah, begannen sich diese ehrenwerten Motive relativ rasch zu wandeln. Als eine erste von GB initiierte Gegenoffensive sollte anstelle einer Wirtschaftsgemeinschaft eine Freihandelszone zwischen den OEEC Mitgliedern gegründet werden, ohne dabei den landwirtschaftlichen Sektor zu integrieren. Die Gründung einer solchen Freihandelszone hätte natürlich für GB – aufgrund seiner Verbindung mit dem Commonwealth und der Möglichkeit landwirtschaftliche Produkte billig importieren zu können – einen enormen Vorteil gebracht! Dieser Vorschlag war daher letztendlich keine akzeptable Alternative für Kontinentaleuropa und fand folglich auch keine Unterstützung.

Im Jahre 1960 wurde die **Europäische Freihandelszone** (EFTA) als ein weiteres Gegenprojekt zur Wirtschaftsgemeinschaft gegründet. Allerdings konnte die EFTA (verfügt über keinen gemeinsamen Außenzoll!) in keiner Weise mit der Zollunion der Kontinentaleuropäer konkurrieren. Dies hatte auch zur Folge, dass sich die Mehrheit der EFTA-Staaten um eine Mitgliedschaft bei den Gemeinschaften bewarb. Derzeit sind nur mehr Island, Norwegen, die Schweiz und Liechtenstein Mitglieder der EFTA.

Was hatten die sechs Gründerstaaten der Gemeinschaften nun konkret zu tun, um ihren Gemeinsamen Markt zu errichten?

- Erstens, mussten sie eine Zollunion gründen (eine solche konnte bereits im Jahre 1968 realisiert werden).
- Zweitens, musste der Landwirtschaftssektor als der wichtigste Gemeinschaftsbereich organisiert werden *(siehe unten, Landwirtschaftspolitik)*, wobei die Hauptziele der Nachkriegszeit die Bereitstellung von Nahrung und eine Steigerung der Produktivität waren. Insbesondere Frankreich, das über einen großen nationalen Landwirtschaftssektor verfügte, war an diesem Gemeinschaftsbereich interessiert. Folgende Strategie wurde daher festgelegt: Jeder Mitgliedstaat musste in das gemeinsame Landwirtschaftsbudget einzahlen. Die Gelder aus diesem Budget sollten anschließend wieder an die Bauern zurückfließen. Dieses sehr kostspielige Verfahren hatte allerdings hauptsächlich einen Gewinner: Frankreich! Nichtsdestotrotz entwickelte sich das System sehr gut und der gemeinsame Markt für die wichtigsten landwirtschaftlichen Produkte konnte bereits im Jahre 1970 verwirklicht werden.

Allerdings war nicht alles perfekt:
1. Das immer wichtiger werdende Öl schwächte zunehmend die EGKS. Darüber hinaus, begannen billige Kohle aus den USA sowie Billigstahl aus GB, den USA, Japan und der UDSSR den Markt zu überschwemmen.
2. Das EURATOM Projekt war letztendlich gescheitert: Frankreich benützte die Gemeinschaft lediglich als Zahler, ohne dabei sein Wissen teilen zu wollen. Zusätzlich wollte Frankreich kein Billig-Uran von den USA beziehen, sondern erwarb selbiges teuer aus Afrika, um unabhängig zu bleiben. Tatsächlich waren die Beziehungen zwischen Frankreich und den USA – nach dem bereits erwähnten Indochinakrieg, wo Frankreich keine Unterstützung von den USA erhielt – nicht die besten.

Eine gemeinsame Energiepolitik konnte im Übrigen bis heute nicht erfolgreich verwirklicht werden! Manche Staaten, wie etwa Frankreich sind für eine Atomnutzung – andere wiederum (wie etwa Österreich) sind strikt dagegen.

3. Im Jahre 1959 wurde Charles de Gaulle neuer französischer Präsident. Seine Gemeinschaftspolitik kann wie folgt beschrieben werden:

- Er nutzte die Gemeinschaft zu seinem Vorteil (wie etwa in den Bereichen Atom- und Landwirtschaftspolitik).
- Er war gegen einen Beitritt GB's (das sich mittlerweile an einer Mitgliedschaft interessiert zeigte, weil die Zollunion wesentlich erfolgreicher war als die Freihandelszone der EFTA). Trotz des britischen Interesses, wurde ein Beitrittsgesuch in den Jahren 1961 und 1967 von de Gaulle abgelehnt.
- Er wollte keinerlei Beziehungen mit den USA.
- Er war gegen eine Stärkung des Europäischen Parlaments – die Entscheidungsmacht sollte bei den Mitgliedstaaten bleiben.
- Er war gegen ein qualifiziertes Mehrheitsverfahren (QMV) im Rat – die Staaten sollten souverän bleiben. Das bedeutete allerdings auch, dass Entscheidungen lediglich einstimmig beschlossen werden konnten!

- Nach de Gaulle's Ansicht sollte Frankreich die Nummer Eins in Europa sein.

De Gaulle's gemeinschaftsfeindliche Politik sowie ein Reformvorschlag der Kommission, dem nach Zölle zu einem Bestandteil des Gemeinschaftsbudgets werden sollten (so genannte **Eigenmittel,** deren Einführung eigentlich auch im Interesse Frankreichs gelegen sein sollte – Eigenmittel erhöhen die Mittel für die Landwirtschaft!), waren der Beginn der ersten Krise: Sollte dieser Kommissionsvorschlag nämlich durchgesetzt werden, so würde auch das Europäische Parlament mehr Kontrollrechte benötigen. Dies, sowie die beabsichtigte Einführung des qualifizierten Mehrheitsverfahrens im Rat (wodurch die Entscheidungsfindung erheblich leichter geworden wäre!) kamen jedoch für den nationalistischen de Gaulle nicht in Frage. Trotz der aus Sicht de Gaulle's durchaus willkommenen Erhöhung des Landwirtschaftsbudgets (durch die Einführung der Eigenmittel), war de Gaulle plötzlich gegen sämtliche Vorschläge!

Als Konsequenz folgte die so genannte „**Leere-Stuhl-Politik, 1965 / 66**". Frankreich entsandte keine Minister und Beamten in die europäischen Institutionen, mit dem Ergebnis, dass der Rat nicht mehr arbeiten konnte.

Schließlich konnte die Krise sieben Monate später durch den **Luxemburger Kompromiss (1966)** mit folgendem Resultat beigelegt werden:

- Ein QMV wurde nicht eingeführt.
- Jeder Mitgliedstaat konnte ein Veto einlegen, wenn so genannte vitale Interessen betroffen waren – was allerdings immer der Fall sein konnte (insbesondere Spanien nutzte immer wieder sein Veto, um zusätzliche Gemeinschaftsmittel zu erhalten)!
- Wenn jedoch ein Veto ausgesprochen wurde, sollte ein Funktionieren der Gemeinschaften nicht mehr blockiert werden können. Allgemein gesprochen bedeutet dies, dass der Luxemburg Kompromiss ein Veto der Mitgliedstaaten zwar zuließ, aber die Gemeinschaft gleichzeitig dazu ermächtigte, weiter arbeiten zu können.

Ein weiterer Schritt vorwärts war der **Fusionsvertrag (1965 / 67)**, der die Institutionen aller drei Organisationen vereinigte. Von nun an gab es nur mehr eine Kommission, einen Rat, ein Parlament und einen Gerichtshof.

4. Eine Atmosphäre der Hoffnung

Im Jahre 1969 folgte Georges Pompidou, de Gaulle als neuer französischer Präsident. Auch Pompidou war eher nationalstaatlich eingestellt, allerdings etwas flexibler und diplomatischer als de Gaulle es war.

Daher konnten drei neue Ziele auf die Agenda gebracht werden: die **Vollendung, Vertiefung und Erweiterung:**

1. Die Vollendung des gemeinsamen Marktes mit einer Reformierung des Landwirtschaftssektors, weil dieser zu teuer geworden war. Zusätzlich verlangte das Europäische Parlament (EP) mehr Rechte.

2. Durch eine Vertiefungsoffensive sollte eine **Wirtschafts- und Währungsunion** (WWU) bis 1980 errichtet- sowie zusätzliche Politiken nach Brüssel transferiert werden. Allerdings war die Realisierung einer WWU nicht ganz so einfach. Im Jahre 1973 brachte die Ölkrise die Mitgliedstaaten in Schwierigkeiten, das Bretton Woods System (d.h. alle europäischen Währungen waren an den US-Dollar gekoppelt) brach zusammen – Inflation, Arbeitslosigkeit, Rezession und ein schwacher Dollar folgten.

So wurde im Jahre 1978, als erste Konsequenz, ein **Europäisches Währungssystem** (EWS) gegründet, demgemäß alle europäischen Währungen ab sofort an eine **Europäische Währungseinheit** (ECU) gekoppelt waren. Diese Währungseinheit repräsentierte einen durchschnittlichen Wert aller Währungen und stabilisierte die Wechselkursraten.

Wie bereits erwähnt, scheiterten in den 1950iger Jahren sowohl die Gründung einer Europäischen Politischen Gemeinschaft, als auch jene einer Europäischen Verteidigungsgemeinschaft. In den 1970iger Jahren wurde daher ein weiterer Versuch unternommen, die Außenpolitiken der Mitgliedstaaten zu koordinieren. Die so genannte **Europäische Politische Zusammenarbeit** (EPZ) – der Vorläufer der **Gemeinsamen Außen- und Sicherheitspolitik** (GASP), welche die zweite Säule der Europäischen Union repräsentiert *(siehe unten, Maastricht Vertrag sowie GASP)* – wurde als eine intergouvernementale Zusammenarbeit gegründet (d.h. die Mitgliedstaaten konnten nur einstimmig entscheiden).

Um besonders wichtige Angelegenheiten auf höchstem politischen Niveau diskutieren zu können, wurde der Europäische Rat (gebildet aus den Staats- und Regierungschefs der Mitgliedstaaten) im Jahre 1974 ins Leben gerufen *(siehe unten, Europäischer Rat)*.

Im Jahre 1979 fanden schließlich erstmals Direktwahlen zum EP statt, allerdings gibt es bis heute kein einheitliches Wahlsystem.

3. Eine Erweiterungsoffensive erhöhte die Anzahl der Mitgliedstaaten:
    - 1973: GB (endlich!), Irland und Dänemark;
    - 1981: Griechenland;
    - 1986: Spanien und Portugal.

Ab 1986 hatten die Gemeinschaften folglich zwölf Mitgliedstaaten.

5. Auf dem Weg zu einer Europäischen Union

Wieder einmal war man bestrebt, neue Ziele in Angriff zu nehmen:
- Eine politische Union sollte gegründet- und
- zusätzliche Politiken nach Brüssel übertragen werden.

Allerdings erforderten diese Projekte den Abschluss eines neuen Vertrages, weil die Gründungsverträge diese zusätzlichen Anforderungen nicht mehr regeln konnten.

Die **Einheitliche Europäische Akte (EEA, 1985 / 87)** war somit die erste größere Änderung der Gründungsverträge und brachte folgende Neuerungen:
- Die Ausdehnung des QMV auf wichtige Politikbereiche, um den Binnenmarkt zu realisieren (der Vertrag von Lissabon unterscheidet nicht mehr zwischen den Begriffen Gemeinsamer Markt und Binnenmarkt).
- Die Integrierung der Europäischen Politischen Zusammenarbeit.
- Die Übertragung weiterer Politiken auf die Gemeinschaft (z.B. Umweltschutz, Forschungspolitik, etc).
- Die Verwirklichung des Binnenmarktes per 1.1.1993.
- Dem Europäischen Rat wurde rechtliche Bedeutung beigemessen.
- Die Einführung neuer Gesetzgebungsverfahren (Zustimmungsverfahren und Verfahren der Zusammenarbeit *(siehe unten, Quellen und Verfahren des europäischen Rechts)*.
- Das Europäische Parlament erhielt zusätzliche Rechte.

Mit der EEA konnte die Krise der 1970iger Jahre („Eurosklerose") überwunden werden, wodurch weitere Projekte in Angriff genommen werden konnten:

- Die Errichtung eines gemeinsamen Marktes erforderte nicht nur die Einführung einer Zollunion und den Aufbau des Landwirtschaftssektors, sondern auch die Realisierung der vier Grundfreiheiten für Waren, Dienstleistungen, Personen und Kapital.
- In den Jahren 1985 / 90 wurde das **Schengen- Abkommen** mit dem Ziel unterzeichnet und ratifiziert, die Grenzkontrollen innerhalb der Gemeinschaft abzubauen und selbige an den Außengrenzen von „Schengenland" zu verstärken. Als Konsequenz mussten zahlreiche Regelungen betreffend Asyl, Einwanderung und Kampf gegen den internationalen Terrorismus erlassen werden. Zurzeit gibt es 22 Schengenmitglieder unter den EU Mitgliedstaaten sowie drei Nicht-EU Mitglieder (Norwegen, Island, Schweiz). Folgende EU Mitgliedstaaten sind hingegen nicht Mitglieder des Schengen Abkommens: GB, Irland, Bulgarien, Rumänien und Zypern.
- Der letzte Schritt zur Errichtung eines Binnenmarktes war die Harmonisierung der nationalen Rechte, was zu einer Vielzahl an Regelungen auf europäischer Ebene führte.
- Im Jahre 1992 wurde der **Europäische Wirtschaftsraum** (EWR) errichtet, um die EFTA mit den Gemeinschaften zu verbinden. Demzufolge sind etwa 80 % der Binnenmarkgesetzgebung auch im EWR gültig (ausgenommen allerdings sind die Landwirtschaft und Fischerei sowie Regelungen betreffend die Zollunion). Der EWR umfasst neben den 27 EU-Mitgliedstaaten drei zusätzliche Staaten: Norwegen, Island und Liechtenstein.

Allerdings gab es auch Probleme, die gelöst werden wollten:

- Als das Ergebnis einer falschen Fördermittelpolitik produzierten die Bauern zu viele Lebensmittel *(siehe unten, Landwirtschaftspolitik)*.
- Spanien und Portugal blockierten mit ihrem Veto immer wieder den Rat, um zusätzliche Gelder von den Gemeinschaften zu erhalten.
- Dieses gemeinschaftsfeindliche Verhalten einiger Mitgliedstaaten und eine falsche Landwirtschaftspolitik waren die Hauptgründe dafür, dass auch die Gemeinschaften mehr Gelder benötigten. Die Einnahmen aus so genannten **Traditionellen Eigenmitteln** (TEM, Landwirtschafts- und Zuckerabgaben plus Zölle) reichten nicht mehr aus. Es mussten

daher zusätzlich die Mehrwertsteuer-Eigenmittel und Bruttonationaleinkommen (BNE)-Eigenmittel eingeführt werden, wobei reichere Länder höhere Beiträge zum Gemeinschaftsbudget leisten mussten als ärmere Mitgliedstaaten. Heute machen Mehrwertsteuer-Eigenmittel und BNE-Eigenmittel über 80 % des Budgets aus!

- Neben der Errichtung des Binnenmarktes wurde die Gründung einer WWU immer wichtiger. Jedoch hatte Deutschland, als die stärkste wirtschaftliche Kraft, keinerlei Ambitionen seine starke „Deutsch-Mark" aufzugeben. Das änderte sich allerdings mit dem Zusammenbruch des Kommunismus' im Jahre 1989. Francois Mitterand, der französische Präsident, wollte eine Wiedervereinigung Deutschlands nur unter der Bedingung akzeptieren, wenn der deutsche Kanzler Helmut Kohl einer gemeinsamen Währung zustimmte. Der Handel kam zustande und es konnten die Schritte zu einer WWU wie folgt festgelegt werden:
- erstens, die Vollendung des Binnenmarktes;
- zweitens, die Schaffung eines Europäischen Zentralbankensystems;
- drittens, die Gründung einer Europäischen Zentralbank und die Einführung der gemeinsamen Währung (Euro).

Um eine politische Union errichten zu können, bedurfte es allerdings auch eines neuen Vertrages: **Maastricht (1992 / 93),** mit folgenden Neuerungen:

- Der Vertrag von Maastricht gründete die Europäische Union als ein 3 Säulenmodel:

Europäische Union

Erste Säule	Zweite Säule	Dritte Säule
Europäische Gemeinschaften	Gemeinsame Außen- und Sicherheitspolitik	Polizeiliche und justizielle Zusammenarbeit in Strafsachen

Die erste Säule beinhaltet die drei Organisationen EWG, EURATOM und EGKS (letztere ist seit 2002 in der EWG integriert) und ist supranational organisiert (d.h. die Entscheidungen werden von den Institutionen getroffen). Die zweite und dritte Säule sind hingegen intergouvernemental gestaltet (d.h. die Entscheidungen werden nicht von den Institutionen, sondern von den Mitgliedstaaten getroffen). Die Europäische Union selbst wird als Dach der drei Säulen gesehen und besteht folglich aus supranationalen (erste Säule) und intergouvernementalen (zweite und dritte Säule) Elementen.

Weitere Neuerungen waren:

- Die Ausdehnung des QMV.
- Die Einführung des Mitentscheidungsverfahrens (d.h. das EP entscheidet gemeinsam mit dem Rat und verfügt daher über einen größeren Einfluss im Bereich der Gesetzgebung).
- Die Entwicklung eines Zeitplanes für die Gründung der WWU (mit der Euro-Einführung per 2002).
- Die Übertragung weiterer Politikfelder an die Gemeinschaften (z.B. öffentliche Gesundheit und Konsumentenschutz, etc.).
- Die Einführung der Unionsbürgerschaft mit folgenden Rechten: Freizügigkeits- und Aufenthaltsrecht in der Gemeinschaft, Wahlrecht, Petitionsrecht, diplomatischer Schutz eines jeden Mitgliedstaates.
- Die Einführung des Subsidiaritätsprinzips (d.h. Entscheidungen sollen möglichst nahe am Bürger getroffen werden, *siehe unten, die wichtigsten Prinzipien des europäischen Rechts*).

6. Auf dem Weg in eine neue Krise?

Die nächste Erweiterung erfolgte im Jahre 1995 durch den Beitritt dreier früherer EFTA Mitglieder: Finnland, Österreich und Schweden. Norwegen bewarb sich zweimal, allerdings scheiterte ein Beitritt in den Jahren 1972 und 1994 an zwei negativen Volksabstimmungen. Die Gründe hiefür waren in erster Linie Norwegens Ölreichtum sowie eine Fischereipolitik, die man nicht an das EU-Recht anpassen wollte.

Nach dieser Erweiterung war die EU auf 15 Mitgliedstaaten angewachsen, was den Abschluss eines weiteren Vertrages notwendig machte:

Der Vertrag von Amsterdam (1997 / 99), mit folgenden Neuerungen:
- Die Schaffung eines Bereichs **„Freiheit, Sicherheit und Recht"** mit der dafür notwendigen Übertragung der gemeinsamen Asyl- und Einwanderungspolitik von der dritten- in die erste Säule.
- Die Stärkung der zweiten Säule (Gemeinsame Außen- und Sicherheitspolitik, GASP); ein so genannter Hoher Vertreter wird von den nationalen Regierungen gewählt, um eine gemeinsame Diplomatie der Mitgliedstaaten zu repräsentieren. Der Hohe Vertreter hat auch das Amt des Generalsekretärs im Rat inne.
- Die Ausdehnung des QMV.
- Die Einführung eines **Verfahrens zur verstärkten Zusammenarbeit,** das einzelnen Mitgliedstaaten die Möglichkeit bietet, an Integrationsprogrammen teilzunehmen (d.h. ein Europa der unterschiedlichen Geschwindigkeiten; z.B. sind GB und Schweden nicht an der Währungsunion beteiligt).

Um die EU auf die so genannte Osterweiterung vorzubereiten, wurde ein weiterer Vertrag notwendig:

Der Vertrag von Nizza (2001 / 03), mit folgenden Neuerungen:
- Eine Reform der Kommission (d.h. nur ein Kommissar pro Mitgliedstaat bei maximal 25 Kommissaren; vor Nizza hatten die großen Staaten je zwei Kommissare).
- Ein Maximum von 732 Sitzen im Parlament.
- Eine Neugewichtung der Stimmen im Rat *(siehe unten, Rat).*
- Eine Änderung und Ausdehnung des QMV *(siehe unten, Rat).*
- Die Einführung von Artikel 7 EU-Vertrag, demgemäß *der Rat befugt ist, bei der Feststellung einer Verletzung oder der Gefahr einer Verletzung der Grundrechte, Sanktionen zu ergreifen.*
- Die Proklamation der Charta der Grundrechte der EU. Obwohl bereits eine vom Europarat abgeschlossene Europäische Konvention für Menschenrechte existierte, hielt die EU an der Idee einer eigenen Charta fest.

Im Jahre 2004 erfolgte die EU-Osterweiterung mit zehn neuen Beitrittsländern: Zypern, die Tschechische Republik, Slowakei, Ungarn, Polen, Lettland, Estland, Litauen, Malta und Slowenien.

Im Zuge einer weiteren Erweiterung im Jahre 2007 wurden Bulgarien und Rumänien in die Gemeinschaften aufgenommen. Die EU hat derzeit 27 Mitgliedstaaten – die Türkei, Kroatien und Mazedonien haben Kandidatenstatus.

Die Folgen dieser bislang größten Erweiterung sind allerdings offensichtlich:

- Alle diese neuen Mitgliedstaaten erhalten mehr Gelder aus dem Gemeinschaftsbudget, als sie in selbiges einzahlen.
- Korruption stellt ein großes Problem dar (insbesondere in Bulgarien und Rumänien).
- Ein neuer Vertrag wurde notwendig, um die „leftovers" aus Nizza zu beseitigen.

Um überhastete Erweiterungen zu vermeiden, verfügt die EU über ein eigenes Verfahren zur Aufnahme von neuen Mitgliedstaaten. Die Voraussetzungen für einen Beitritt werden in den so genannten **Kopenhagener Kriterien (1993)** erwähnt:

- Stabilität der Demokratie und Rechtsstaatlichkeit, Achtung der Menschenrechte und Schutz der Minderheiten;
- Stabile Marktwirtschaft;
- Übernahme des Acquis communautaire (das gesamte Gemeinschaftsrecht);
- Politisches Einverständnis mit den Zielen der EU.

Es wird an dieser Stelle dem Leser überlassen zu beurteilen, ob die Aufnahme von Mitgliedstaaten stets gemäß diesen Kriterien erfolgt!

Wie bereits aufgezeigt wurde, folgte auf Erweiterungen zumeist ein neuer Vertrag. Nach der Osterweiterung konnte der Vertrag von Nizza die neu entstandenen Herausforderungen kaum noch bewältigen. Die logische Konsequenz war der Abschluss eines weiteren Vertrages: **Der Vertrag über die Errichtung einer europäischen Verfassung (Verfassungsvertrag, 2004),** mit folgenden Neuerungen:

- Die Änderung des QMV.
- Die Ausdehnung des Mitentscheidungsverfahrens.

- Die Ernennung eines Präsidenten des Europäischen Rates.
- Die Verminderung der Anzahl der Kommissare ab 2014.
- Die Ernennung eines europäischen Außenministers.
- Die Übernahme der Charta für Menschenrechte in den Vertrag.
- Die Änderung der Bezeichnung der Rechtsakte (z.B. Europäisches Gesetz anstelle von Verordnung).

Allerdings scheiterte der Vertrag aufgrund der negativen Volksabstimmungen in Frankreich und den Niederlanden. Als Gründe dafür können gesehen werden:

- Die allgemeine Frustration der Bevölkerung über die EU und ihrer vom Bürger entfernten Politik. Die Menschen sehen die EU vielfach als ein Wirtschaftsmonster, das nur den internationalen Konzernen maximale Vorteile verschafft. In Hinsicht auf das BIP pro Kopf gibt es viele reiche Länder in Europa – trotzdem sind viele Menschen von einem Leben im Wohlstand weit entfernt. Obwohl diese Situation natürlich nicht als Schuld der EU gesehen werden kann, sondern eine Konsequenz der Globalisierung ist, machen etwa Arbeitnehmer aus Deutschland die EU – als einen Promotor der Globalisierung – dafür verantwortlich, wenn sie ihre Jobs verlieren, weil ihr Betrieb nach Rumänien abwandert, um dort höhere Profite erzielen zu können.
- EU-Skandale sind darüber hinaus populäre Zeitungsschlagzeilen und verstärken den Ärger der Bevölkerung zusätzlich.
- Eine schlechte Informationspolitik: Die europäischen Politiker konnten der Bevölkerung nicht die Notwendigkeit eines neuen Vertrages erklären. Andererseits ist es aber auch nicht mehr möglich, Entscheidungen über die Köpfe der Bürger hinweg zu fällen – eine solche Politik stärkt lediglich die EU-Kritiker.
- Die Bestrafung der EU für die schlechte Arbeit der nationalen Politiker. Derzeit haben die Populisten zahlreicher Mitgliedstaaten ein leichtes Spiel: Eine negative EU-Politik garantiert ihnen den Wahlerfolg! Die Tatsache, dass viele EU-Politiker nur „zweite Klasse" oder nationale Auslaufmodelle sind, macht die Situation nicht besser.

- Insbesondere in den Niederlanden war eine Angst der Bevölkerung vor einem möglichen Türkeibeitritt festzustellen, aus dem erhöhte Beitragszahlungen resultieren hätten können.

Zusammenfassend gesprochen, sollte die EU ihre Bürgerpolitik so rasch wie möglich ändern, was zweifelsohne eine Menge Arbeit bedeuten wird. Die generelle Unzufriedenheit der Bevölkerung mit der EU und ihrer Angewohnheit hinter verschlossenen Türen Politik zu machen, führte nämlich auch dazu, dass die Bevölkerung nicht daran interessiert ist, was in Brüssel vor sich geht. Jeder ist sich selbst am nächsten und kaum jemand fühlt sich in erster Linie als Europäer, sonder eher als Deutscher oder Franzose. Demnach sollten die zwei großen Herausforderungen für die Zukunft folgende sein: Die Beseitigung von Frustration und Desinteresse in der Bevölkerung sowie die Verbreitung einer positiven Stimmung durch charismatische Politiker in Europa.

Betrachten wir die nächsten Vertragsverhandlungen, so wird offensichtlich, dass die gerade erwähnten Veränderungsvorschläge noch nicht realisiert wurden. Nachdem der Verfassungsvertrag gescheitert war, unterzeichneten die europäischen Staats- und Regierungschefs den **Vertrag von Lissabon (Reformvertrag, 2007),** mit den folgenden Neuerungen:

- Kein europäischer Außenminister, kein Europäisches Gesetz.
- Die Ausstattung der EU mit Rechtspersönlichkeit (d.h. die EU ist fähig, Träger von Rechten und Pflichten zu sein – kann also auch Verträge abschließen. Bis jetzt konnte das nur der supranationale Teil der EU).
- Die Änderung der drei Säulen Struktur durch eine Fusion der ersten- mit der dritten Säule. Die frühere zweite Säule wird umbenannt in „Auswärtiges Handeln der Union", bleibt aber weiterhin intergouvernemental.
- Ein Maximum von 750 Sitzen (plus der Präsident) im EP.
- Das Mitentscheidungsverfahren wird zum ordentlichen Gesetzgebungsverfahren.
- Die Treffen des Rates werden öffentlich. Dies soll die EU transparenter machen, allerdings werden die meisten Entscheidungen bereits im COREPER getroffen und nicht auf Ministerebene im Rat *(siehe unten, Rat).*

- Die Ernennung eines Präsidenten des Europäischen Rates *(siehe unten, Europäischer Rat)*.
- Die Änderung des QMV *(siehe unten, Rat)*.
- Ab 2014, die Verminderung der Anzahl der Kommissare auf 18, sodass nicht jeder Mitgliedstaat über einen Kommissar verfügt.
- Eine engere Zusammenarbeit zwischen der Kommission und den nationalen Parlamenten: Nationale Parlamente können eine Stellungnahme zu einem Kommissionsentwurf abgeben, wenn dieser nicht dem Subsidiaritätsprinzip entspricht.
- Die Einführung einer Solidaritätsklausel: Im Falle eines bewaffneten Angriffs auf das Hoheitsgebiet eines Mitgliedstaates haben die anderen Mitgliedstaaten alle in ihrer Macht stehende Hilfe und Unterstützung zu leisten (d.h. auch militärische).
- Die Charta für Menschenrechte wird nicht in den Vertrag übernommen, soll allerdings dieselbe Rechtsverbindlichkeit wie die Verträge erhalten. Zusätzlich ist ein Beitritt der EU zur Europäischen Konvention für Menschenrechte vorgesehen.
- Die Einführung einer Austrittsklausel, die es Mitgliedstaaten ermöglichen soll, aus der EU austreten zu können.

Der Reformvertrag hätte im Juni 2009 in Kraft treten sollen. Allerdings scheiterte dieses Vorhaben an der negativen Volksabstimmung in Irland, was de facto einen Schock für die Gemeinde der Pro-Europäer bedeutete. Die Gründe für das irische „Nein" sind im Prinzip ähnlich den bereits oben erwähnten Argumenten betreffend das Scheitern des Verfassungsvertrages. Jedoch gibt es einen Unterschied: Irland galt lange Zeit über als das ärmste Land der Gemeinschaften. Es wird daher mancherorts als unfair gesehen, wenn die Iren nun Reformen blockieren, weil sie ihren nationalen Politikern einen Denkzettel verpassen wollen.

Und wie verhält sich die EU? Wie sie es immer in solchen Situationen getan hat – abwartend! Dem „gemeinschaftsfeindlichen" Mitgliedstaat werden darüber hinaus einige Vergünstigungen angeboten, um diesen (Irland) in einem zweiten Referendum dazu zu bringen, den Reformvertrag zu akzeptieren. Diese Strategie war bis dato immer erfolgreich, wenn die europäische Bevölkerung nicht so abstimmte, wie von den Politikern erhofft. Demzufolge wird der Reformvertrag auch in Kraft treten, ohne dabei seine komplexe und leserunfreundliche Struktur zu verlieren. Die einzig verbleibende Frage ist, wann das geschehen wird.

II. Die europäischen Institutionen

1. Die Kommission

Die Kommission ist das Initiativ-, Exekutiv- und Kontrollorgan der Europäischen Gemeinschaften (EG) und wird daher auch als „Hüterin der Verträge" oder „Motor der Gemeinschaften" bezeichnet.

Der Sitz der Kommission:
- Brüssel

Die Aufgaben der Kommission:
- stellt sicher, dass das europäische Recht von den Mitgliedstaaten korrekt angewendet wird;
- überprüft die Umsetzung von Richtlinien *(siehe unten, Quellen und Verfahren des europäischen Rechts)*;
- kann Mitgliedstaaten verklagen;
- initiiert die europäische Rechtsetzung;
- kann vom Rat ermächtigt werden, Rechtsakte auf Gemeinschaftsebene durchzuführen (Komitologie);
- verhandelt Verträge und repräsentiert die EG in internationale Organisationen;
- nimmt Verwaltungsaufgaben wahr, z.B. hinsichtlich der Finanzen und der Gemeinschaftsfonds (Landwirtschaft, Regionalpolitik).

Die Ernennung des Kommissionspräsidenten und der Kommissare:
- Der Kommissionspräsident wird von den Staats- und Regierungschefs der Mitgliedstaaten, unter Zustimmung des EP, gewählt.
- Über die Nominierung, der von den Mitgliedstaaten vorgeschlagenen Kommissare, entscheidet der Rat gemeinsam mit dem Kommissionspräsident.
- Der formale Ernennungsakt erfolgt durch den Rat sowie der Zustimmung des EP zum gesamten Kommissionskörper.

Die Aufgaben des Kommissionspräsidenten:
- bewilligt die Liste der vorgeschlagenen Kommissare;
- sortiert die verschiedenen Portfolios;
- leitet die Kommission;
- steht der internen Organisation vor;
- ernennt die Vizepräsidenten;
- ist berechtigt einzelne Kommissare zum Rücktritt aufzufordern.

Das Ende des Kommissionsmandats:
- automatisch, nach fünf Jahren;
- wenn ein Kommissar verstirbt;
- wenn ein Kommissar von sich aus ausscheidet;
- wenn der Gerichtshof entscheidet;
- wenn das EP einen Misstrauensantrag durchsetzt;
- wenn es der Kommissionspräsident verlangt.

Wer kann Kommissar werden?
Derzeit kann jeder Mitgliedstaat einen Kommissar stellen. Die Kommissare sollen unabhängig sein und wenn möglich über politische Erfahrung auf Ministerebene verfügen. Ihre Aufgabe ist es für Europa zu arbeiten, ohne dabei etwaigen Instruktionen der Mitgliedstaaten zu folgen. Die Kommissare kooperieren auch mit den anderen Institutionen und müssen erlangtes Insiderwissen für sich behalten.

Was passiert, wenn ein Kommissar verstirbt?
Der Rat ernennt, unter Zustimmung des Kommissionspräsidenten, eine neue Person. Allerdings kann der Rat auch entscheiden den Posten nicht neu zu besetzen, wenn der Tod weniger als drei Monate vor dem gewöhnlichen Mandatsablauf eintritt.

Struktur und Rechtsetzungsverfahren:
Der Präsident ist der Chef der Kommission, die 27 Kommissare repräsentieren das Kollegium. Darüber hinaus verfügt jeder Kommissar über sein

eigenes Kabinett. Dieser Bereich (Kollegium plus Kabinett) stellt den politischen Bereich der Kommission dar.

Der so genannte Service-Bereich ist eingeteilt in:

- Generaldirektorate (Assistenz des Generalsekretärs);
- Direktorate;
- „Units".

Das Rechtsetzungsverfahren läuft folgendermaßen ab:

- Jemand in der Kommission (Unit, Direktorat, Generaldirektorat) hat eine Idee, die oftmals durch einen der mächtigen Lobbyisten in Brüssel initiiert wird.
- Experten werden zugezogen, um die Idee zu evaluieren.
- Die nicht immer reibungslose Kommunikation erfolgt zwischen den mit der Materie befassten Generaldirektoraten (Inter-Service-meetings, z.B. besteht oftmals Konfliktpotential zwischen den Generaldirektoraten Umwelt und Verkehr).
- Das leitende Generaldirektorat (jenes, das die Idee entwickelt hat) konsultiert den juristischen Dienst der Kommission.
- In einer so genannten Auswirkungseinschätzung („impact-assessment") werden die wirtschaftlichen Auswirkungen geprüft.

Als Ergebnis entsteht ein Entwurf, der die einzelnen Ebenen des Service-Bereiches (Abteilungen – Direktorate – Generaldirektorate) und im Anschluss die Ebenen des politischen Bereiches zu durchlaufen hat (Kabinett – Kabinettchefs – Kommissare). Kann auf der Ebene der Kabinettchefs eine Einigung über den Entwurf erzielt werden, ist keine weitere Diskussion zwischen den Kommissaren notwendig. Kommt es hingegen zu keiner Übereinstimmung zwischen den Kabinettchefs, werden die Kommissare befasst, die dann als Kollegium endgültig entscheiden. In diesem Fall gibt es vier zur Auswahl stehende Verfahren:

- Mündliche Abstimmung: Abgestimmt wird mit einfacher Mehrheit unter Ausschluss der Öffentlichkeit.
- Schriftliche Abstimmung: Abgestimmt wird mit einfacher Mehrheit unter Ausschluss der Öffentlichkeit.

- Abstimmung im Wege der Ermächtigung: Die Kommission ermächtigt einen oder mehrere Kommissare über den Entwurf zu entscheiden.
- Abstimmung im Wege der Delegation: Die Kommission ermächtigt einen Direktor oder Abteilungsleiter über den Entwurf zu entscheiden.

Die wichtigsten Änderungen durch den Vertrag von Lissabon:
- Der Kommissionspräsident wird vom Europäischen Rat ernannt.
- Die Einführung eines Rotationssystems ab 2014: Die Anzahl der Kommissare wird von 27 auf 18 reduziert.
- Die nationalen Parlamente können eine Stellungnahme zu Kommissionsentwürfen abgeben, wenn diese nicht im Einklang mit dem Subsidiaritätsprinzip stehen.

2. Der Europäische Rat

Die Idee, die Staats- und Regierungschefs der Mitgliedstaaten in so genannten informellen Treffen zusammenzubringen, kam erstmals in den 1960iger Jahren auf. Seit 1974 finden diese Treffen regelmäßig, viermal pro Jahr statt. Der Europäische Rat wurde in der Einheitlichen Europäischen Akte (1985 / 87) erstmals offiziell erwähnt, seine Funktionen wurden im Vertrag von Maastricht festgelegt und im Vertrag von Lissabon wird der Europäische Rat als Institution anerkannt.

Die Aufgaben des Europäischen Rates:
- Als die höchste politische Instanz auf europäischer Ebene gibt er den Anstoß zur europäischen Integration (d.h. hinsichtlich Erweiterung und Vertragsabschlüssen).
- Er legt die allgemeinen politischen Ziele fest.
- Als das höchste Organ des intergouvernementalen Bereiches der EU verfügt der Europäische Rat in selbigem über gesetzgeberische Kompetenz (d.h. erlässt, z.B. Gemeinsame Strategien).

Die Mitglieder des Europäischen Rates:
- die Staats- und Regierungschefs der Mitgliedstaaten;

- der Kommissionspräsident;
- die Außenminister der Mitgliedstaaten;
- ein Kommissionsvertreter des von der Agenda betroffenen Generaldirektorats,

Die Präsidentschaft im Europäischen Rat:
Die Präsidentschaft im Europäischen Rat wechselt gleichzeitig mit der Präsidentschaft im Rat (d.h. alle sechs Monate – der Präsident des Rates ist dabei der jeweilige Staats- oder Regierungschef). Um die Kontinuität der Arbeit im Europäischen Rat zu erhöhen, sieht der Vertrag von Lissabon die zweieinhalb Jahre andauernde Position des Ratspräsidenten vor, der jedoch über keine zusätzlichen Kompetenzen gegenüber dem derzeitigen Ratspräsidenten verfügt.

3. Der Rat (der Minister)

Um Verwechslungen zu vermeiden, sollten einleitend einige Begriffe erklärt werden:

- **Europarat**: eine, 1949 gegründete, politische Organisation, welche sich mit Menschenrechten sowie dem Schutz der Demokratie befasst *(siehe oben, die Zeit nach dem Zweiten Weltkrieg)*.
- **Europäischer Rat**: die höchste politische Instanz der EU *(siehe oben, Europäischer Rat)*.
- **Rat der Minister** (auch genannt Rat bzw. Rat der EU): das Hauptrechtsetzungsorgan der Gemeinschaften.

Daneben ist es auch wichtig, die einzelnen Mehrheiten zu unterscheiden (Beispiele basierend auf 99 Stimmen):

- Einstimmigkeit: alle 99 Stimmen sind notwendig.
- Absolute Mehrheit: mehr als die Hälfte der Stimmen ist erforderlich (50 Stimmen).
- Einfache Mehrheit: bei einem vorgeschriebenen Anwesenheitsquorum von 51 liegt die einfache Mehrheit bei 26 Stimmen.
- Qualifizierte Mehrheit: z.B. zweidrittel Mehrheit (66 Stimmen); das qualifizierte Mehrheitsverfahren im Rat wird unten gesondert behandelt.

Der Sitz des Rates:
- Brüssel, manche Treffen finden in Luxemburg statt.

Die Aufgaben des Rates:
- die Erfüllung der legislativen Aufgaben – der Rat ist das Hauptrechtsetzungsorgan;
- die Übertragung legislativer Befugnisse auf die Kommission und spezielle Komitees (Komitologie);
- die Koordinierung der Wirtschaftspolitiken;
- die Erfüllung von Aufgaben im intergouvernementalen Bereich; hier trifft der Rat Entscheidungen basierend auf den Leitlinien des Europäischen Rates (exekutive Aufgabe);
- die Aufstellung des Haushaltsplanes;
- der Abschluss von internationalen Verträgen.

Die Präsidentschaft im Rat:
Der Mitgliedstaat, der die Präsidentschaft innehat, soll die EU vorwärts bringen sowie versuchen, Probleme ohne nationale Beeinflussung zu lösen, d.h. mediatorisch zu wirken. Die Präsidentschaft wird über einen Zeitraum von sechs Monate von jenem Mitgliedstaat gehalten, der auch im Europäischen Rat den Vorsitz hat (unter der Führung des jeweiligen Staats- oder Regierungschefs).

Die Struktur des Rates:
Der Rat wird von den Ministern der Mitgliedstaaten gebildet. Die jeweiligen Fachminister treffen einander, um Angelegenheiten ihres Bereiches zu diskutieren. Derzeit kann der Rat in neun unterschiedlichen Zusammensetzungen agieren.

Drei Beispiele:
- der Rat für Allgemeine Angelegenheiten und Außenbeziehungen – bestehend aus den Außenministern – mit der Aufgabe die Ratstreffen zu koordinieren und europäische Gipfeltreffen zu organisieren (über weitere Kompetenzen verfügt der Rat der Außenminister in den Bereichen der GASP, der ESVP sowie des Außenhandels);

- der Rat für Wirtschaft und Finanzen (ECOFIN);
- der Rat für Landwirtschaft und Fischerei, etc.

Das Rechtsetzungsverfahren im Rat:

Der Kommissionsentwurf kommt im Rat an und wird sofort einer aus Experten bestehenden Arbeitsgruppe zugeordnet. Sobald der Entwurf ausdiskutiert ist, wird dieser weitergeleitet an einen der beiden Ausschüsse der ständigen Vertreter (AStV):

- AStV I (die Stellvertreter der Ständigen Vertreter der Mitgliedstaaten), die spezielle Materien behandeln (z.B. betreffend den Binnenmarkt);
- AStV II (die ständigen Vertreter der Mitgliedstaaten), die rein politische Materien behandeln (z.B. betreffend die Erweiterung der Gemeinschaft).

Die AStV agieren auf diplomatischer Ebene. Ihre Mitglieder sind Botschafter, die einander sehr gut kennen. Sobald der Kommissionsentwurf eingetroffen ist, beginnen die Verhandlungen:

- Wenn keine Einigung erzielt werden kann, wird der Entwurf an die Arbeitsgruppe zurückgesendet oder an die Minister weitergeleitet. Der Großteil der Probleme kann allerdings, ohne die Minister zu befassen, gelöst werden (etwa 95 %).
- Wenn die Minister den Entwurf erhalten und bereits eine Einigung der AStV vorliegt, findet auf Ministerebene keine weitere Debatte statt – der Entwurf wird nur mehr bestätigt.
- Wenn die Minister den Entwurf ohne eine Einigung der AStV erhalten, soll zunächst ein Konsens gebildet werden, d.h. eine Abstimmung erfolgt nur in den wenigen Fällen, in denen die Minister keinen Konsens bilden können und auch im AStV keine Einigung erzielt wurde.
- Wenn kein Konsens zustande kommt, entscheiden die Minister einstimmig, mit einfacher Mehrheit oder, in der Mehrzahl der Fälle (80 %), mit qualifizierter Mehrheit. Bezüglich dieser qualifizierten Mehrheit repräsentiert jeder Minister eine unterschiedlich große Anzahl an Stimmen, gewichtet nach der Bevölkerungszahl des jeweiligen Mitgliedstaates (z.B. der deutsche Minister verfügt über

29 Stimmen, der maltesische Minister hat drei Stimmen). Insgesamt sind 345 Stimmen vergeben.

Das Qualifizierte Mehrheitsverfahren (QMV):

Das QMV war mit dem Luxemburger Kompromiss 1966 blockiert *(siehe oben, die Jahre des Aufbaues der Gemeinschaften)* und erst danach durch die Einheitliche Europäische Akte 1985 / 87 eingeführt worden, um die Entscheidungsfindung zu erleichtern. Heute ist das QMV für über 80 % der Ratsentscheidungen gesetzlich vorgeschrieben (wenn auch fast immer ein Konsens gefunden werden kann).

Welche Voraussetzungen sind zur Erreichung einer qualifizierten Mehrheit notwendig?

73,91 % der Stimmen (entspricht 255 Stimmen);

mehr als die Hälfte der Mitgliedstaaten (entspricht 14 Staaten);

62 % der Bevölkerung Europas, wenn dies ein Mitgliedstaat verlangt.

Die wichtigsten Änderungen durch den Vertrag von Lissabon:
- die Einführung öffentlicher Ratstreffen;
- die Einführung eines neuen Rotationssystems bezüglich der Präsidentschaft;
- die Änderung des QMV ab 2017 – Entscheidungen werden dann mit einer Zustimmung von 55 % der Mitgliedstaaten und mindestens 65 % der Bevölkerung Europas getroffen.

4. Das Europäische Parlament

Der Sitz des Europäischen Parlaments (EP):
- Strassburg (Plenarsitzungen; je eine Woche, zwölf mal pro Jahr);
- Brüssel (Miniplenarsitzungen);
- Luxemburg (Generalsekretariat).

Die Mitglieder des EP:

Derzeit werden die Unionsbürger von 785 Abgeordneten für eine Periode von fünf Jahren vertreten. Die Zahl der Abgeordneten bestimmt sich nach der Bevölkerungszahl des jeweiligen Mitgliedstaates (z.B. verfügt

Deutschland über 96 Sitze, Malta über 6 Sitze). Bis dato gibt es kein einheitliches Wahlrecht zum EP!

Die Aufgaben des EP:
- die Ausübung legislativer Befugnisse gemeinsam mit dem Rat; der Grad der Einflussnahme bestimmt sich dabei nach dem jeweiligen Verfahren *(siehe unten, die Entstehung von Sekundärem Gemeinschaftsrecht)*;
- die Kontrolle des Rates und der Kommission durch Untersuchungsausschüsse und Anfragen;
- das EP kann die Mitglieder der Kommission in ihrer Gesamtheit (durch ein Misstrauensvotum) zum Rücktritt zwingen;
- das EP hat das Recht, den Haushaltsentwurf der Kommission (betreffend so genannter nicht-obligatorischer Ausgaben, z.B. für Strukturmaßnahmen, Forschung und Technologie, etc.) abzulehnen; bezüglich obligatorischer Ausgaben (z.B. für Landwirtschaft) entscheidet der Rat;
- die Zustimmung zur Wahl der Kommission und des Kommissionspräsidenten;
- die Zustimmung zu Erweiterungen und Neubeitritten.

Die Kompetenzgrenzen des EP:
- das EP verfügt über kein Mitentscheidungsrecht im intergouvernementalen Bereich;
- das EP kann keine Rechtsakte erlassen (nur die Kommission verfügt über dieses Recht).

Struktur und Rechtssetzungsverfahren:
Das EP wählt einen Präsident und 14 Vizepräsidenten für eine Periode von zweieinhalb Jahren. Wie bereits erwähnt, hängt der Einfluss des EP von dem jeweiligen Gesetzgebungsverfahren ab (Anhörungsverfahren, Verfahren der Zusammenarbeit, Mitentscheidungsverfahren und Zustimmungsverfahren, *siehe unten, die Entstehung von Sekundärem Gemeinschaftsrecht).*

Derzeit gibt es im EP sieben Fraktionen, die sich aus Abgeordneten der Mitgliedstaaten mit der gleichen politischen Gesinnung zusammensetzen:

- Die Europäische Volkspartei (Mitte – Rechts, unterstützt die Integration).
- Die Sozialdemokratische Partei Europas (aufgrund der ideologischen Vielfalt ist eine Zusammenarbeit manchmal schwierig).
- Die Allianz der Liberalen und Demokraten für Europa (Mitte – Rechts – Links; arbeiten häufig mit der Volkspartei zusammen).
- Die Fraktion der Grünen / Freie Europäische Allianz (haben manchmal Schwierigkeiten auf einer Linie zu sein).
- Die Konföderale Fraktion der Vereinigten Europäischen Linken (frühere Kommunisten und linksgerichtete Sozialisten).
- Unabhängigkeit und Demokratie (europaskeptisch; streben nach mehr Souveränität der Mitgliedstaaten).
- Union für ein Europa der Nationen (die früheren Gaullisten).

Wie trifft das EP Entscheidungen?

- Der Kommissionsentwurf trifft im EP ein und wird sofort einem Ausschuss zugewiesen (derzeit gibt es 20 ständige Ausschüsse im EP).
- Ein Berichterstatter („Rapporteur") wird ernannt und erklärt die Sichtweise des Ausschusses in der Plenarsitzung.
- Die Abgeordneten stimmen über den Entwurf ab.

Die wichtigsten Änderungen durch den Vertrag von Lissabon:

- Die Anzahl der Sitz wird auf 750 (plus der Präsident) reduziert – kein Mitgliedstaat verfügt über mehr als 96 und weniger als 6 Sitze.
- Die Unterscheidung zwischen obligatorischen- und nicht-obligatorischen Ausgaben wird aufgehoben – das EP hat auch ein Mitentscheidungsrecht bezüglich der früheren obligatorischen Ausgaben (insbesondere bei der Finanzierung der Landwirtschaft).
- Durch die Ausdehnung des Mitentscheidungsverfahrens wird die legislative Kompetenz des EP insgesamt gestärkt.

5. Der Gerichtshof

Der Gerichtshof ist die Gerichtsbarkeit der EU und besteht aus drei Organen:
- dem Europäischen Gerichtshof (EuGH);
- dem Gericht erster Instanz (EuG);
- dem Gericht für den öffentlichen Dienst der EU (GöD)

Der Gerichtshof stellt die korrekte Interpretation, Anwendung und Entwicklung von EU-Recht sicher und ist die einzige Institution mit der Kompetenz auch Strafen gegen Mitgliedstaaten verhängen zu können.

Der Sitz des Gerichtshofs:
- Luxemburg

Die Mitglieder des EuGH:
- 27 Richter, die von den Mitgliedstaaten für eine Periode von sechs Jahren ernannt werden.
- 8 Generalanwälte, die Empfehlungen und Stellungnahmen ausarbeiten sowie die Schlussanträge stellen, welche häufig als Basis für die Entscheidungen der Richter dienen.

Die interne Organisation des EuGH:
- der EuGH entscheidet in Kammern (z.B. bestehend aus drei oder fünf Richtern);
- die Verfahren sind zu meist schriftlich (Berufungen sind nicht möglich);
- die interne Sprache ist Französisch.

Die Aufgaben des EuGH:
- die Beilegung von Streitigkeiten zwischen der EU und ihren Mitgliedstaaten, zwischen den Mitgliedstaaten untereinander sowie zwischen den einzelnen Institutionen;

- die Auslegung von Gemeinschaftsrecht, auf Anfrage der nationalen Gerichte („Vorabentscheidungsverfahren");
- die Erstellung von Rechtsgutachten betreffend die Vereinbarkeit von internationalen Übereinkommen mit den Gemeinschaftsverträgen, auf Antrag des EP, des Rates, der Kommission oder der Mitgliedstaaten.

Die wichtigsten Verfahren des EuGH:

1. Vertragsverletzungsverfahren:
   - Die Kommission erlangt Kenntnis von einem Verstoß gegen Gemeinschaftsrecht in einem Mitgliedstaat.
   - Die Kommission übersendet dem Mitgliedstaat einen Brief.
   - Der Mitgliedstaat gibt seine Stellungnahme ab.
   - Die Kommission antwortet darauf.
   - Der Mitgliedstaat ist verpflichtet den Verstoß abzustellen. Falls dies nicht geschieht, verklagt die Kommission den Mitgliedstaat.
   - Der Gerichtshof kann Strafen gegen den Mitgliedstaat verhängen.

2. Vorabentscheidungsverfahren:
   - Die nationalen Gerichte können (bzw. müssen) sich an den EuGH wenden, um etwaige Unklarheiten bei der Auslegung von Gemeinschaftsrecht zu erfragen. Das nationale Verfahren wird dabei unterbrochen.

3. Weitere Klageverfahren:
   - Nichtigkeitsklage;
   - Untätigkeitsklage;
   - Schadensersatzklage.

Das Gericht erster Instanz (EuG):
- die Anzahl von 27 Richtern kann überschritten werden;
- es gibt keine Generalanwälte;

- der EuG ist ausschließlich für spezielle Klagen zuständig (z.B. Klagen von Einzelpersonen im Sinne von Untätigkeits-, Nichtigkeit- und Schadensersatzklagen);
- Berufungen können beim EUGH eingebracht werden.

Das Gericht für den öffentlichen Dienst der EU (GöD):
- die Anzahl der Richter ist beschränkt auf sieben;
- es gibt keine Generalanwälte;
- das GöD ist ausschließlich zuständig für Streitigkeiten zwischen Institutionen und deren Personal;
- Berufungen können beim EuG und ausnahmsweise, daran anschließend, beim EuGH eingelegt werden.

6. Der Europäische Rechnungshof

Der Rechnungshof ist das Kontrollorgan des europäischen Steuerzahlers.

Der Sitz des Rechnungshofes:
- Luxemburg

Die Mitglieder des Rechnungshofes:
- 27 Mitglieder,
- vorgeschlagen von den Mitgliedstaaten,
- ernannt vom Rat, nach Anhörung des EP, für eine Periode von sechs Jahren.

Die Aufgaben des Rechnungshofes:
- die Kontrolle der Einnahmen und Ausgaben auf europäischer Ebene;
- die Kontrolle, ob die Gelder ordnungsgemäß verwendet wurden;
- die Erstellung eines Jahresberichts über seine Kontrolltätigkeit;
- die Berechtigung, OLAF (Europäisches Amt für Betrugsbekämpfung) zu informieren, sobald Betrug oder Unregelmäßigkeiten ent-

deckt werden. Allerdings ist der Rechnungshof nicht dazu berechtigt, Sanktionen zu verhängen.

7. Die beratenden Organe der europäischen Institutionen

7.1. Der Wirtschafts- und Sozialausschuss

Der Wirtschafts- und Sozialausschuss (WSA) wurde 1958 gegründet und ist ein beratendes Organ, das unterschiedliche Interessensgruppen vertritt. Er verfügt allerdings nicht über den Status einer europäischen Institution.

Der Sitz des WSA:

- Brüssel

Die Mitglieder des WSA:

- 344 Mitglieder,
- vorgeschlagen von den Mitgliedstaaten,
- ernannt vom Rat, für eine Periode von vier Jahren.

Die Mitglieder repräsentieren unterschiedliche Gruppierungen des wirtschaftlichen und sozialen Lebens.

Die Aufgaben des WSA:

- der WSA muss konsultiert werden in Angelegenheiten betreffend Beschäftigung und Gesundheitswesen, etc;
- er wird konsultiert in Angelegenheiten betreffend Binnenmarkt, Verbraucherschutz, etc;
- er ist berechtigt eine Stellungnahme abzugeben, wenn er dies für geeignet hält. Allerdings ist diese Stellungnahme nicht rechtlich verbindlich!

Die Struktur des WSA:

Der WSA besteht aus:

- Vertretern der Gewerkschaften und Arbeitnehmer;

- unterschiedlichen Interessensgruppen (z.B. Bauern, Konsumentenvertreter, etc).

7.2. Der Ausschuss der Regionen

Der Ausschuss der Regionen (AdR, 1993 gegründet) ist ein beratendes Organ, das die regionalen und kommunalen Interessen Europas vertritt. Der AdR hat nicht den Status einer europäischen Institution.

Der Sitz des AdR:
- Brüssel

Die Mitglieder des AdR:
- 344 Mitglieder,
- vorgeschlagen von den Mitgliedstaaten,
- ernannt vom Rat, für eine Periode von vier Jahren.

Die Aufgaben des AdR:
- der AdR muss konsultiert werden in den Bereichen Erziehung, Gesundheit, Umwelt, etc;
- er kann konsultiert werden in den Bereichen Industrie, Verbraucherschutz, etc;
- er ist berechtigt eine Stellungnahme abzugeben, wenn regionale Interessen betroffen sind. Allerdings ist diese Stellungnahme nicht rechtlich verbindlich!

8. Die Finanzinstitute in Europa

8.1. Die Europäische Zentralbank

Um die letzte Stufe der europäischen Währungsunion zu erreichen *(siehe oben, auf dem Weg zu einer Europäischen Union)*, war es notwendig, ein eigenes Finanzinstitut in Europa zu gründen.

Der Sitz der EZB:
- Frankfurt / Main

Die Organisation des europäischen Finanzsystems:

Aufgrund der Tatsache, dass nicht alle Mitgliedstaaten an der europäischen Währungsunion teilnehmen, musste für den Finanzsektor ein drei Säulensystem geschaffen werden:

- **Das Europäische System der Zentralbanken** (ESZB) besteht aus der EZB, den Zentralbanken der Eurozone sowie den Zentralbanken, die nicht an der Eurozone teilnehmen (nicht alle Mitgliedstaaten wollten den Euro als Gemeinschaftswährung einführen).
- **Das EuroSystem** besteht aus der EZB und den Zentralbanken der Eurozone.
- **Die Europäische Zentralbank** ist ein unabhängiges und supranationales Finanzinstitut mit Rechtspersönlichkeit, das auch Sanktionen über die Mitgliedstaaten verhängen kann.

Aufgaben de EZB:

- die Festlegung und Ausführung der Geldpolitik;
- die Durchführung der Devisengeschäfte;
- die Verwaltung der Währungsreserven der Mitgliedstaaten;
- die Förderung des Funktionierens der Zahlungssysteme;
- die Erhebung notwendiger statistischer Daten;
- die Aufsicht über die Kreditinstitute und die Stabilität des Finanzsystems;
- die Genehmigung der Ausgabe von Euro Banknoten.

Die Struktur des europäischen Finanzsystems:

- **Das Direktorium:** Als ein Organ der EZB ist das Direktorium verantwortlich für die laufenden Geschäfte und die Ausführung von Weisungen des EZB-Rates.
- **Der EZB-Rat:** Als ein Organ des EuroSystems ist der EZB-Rat das höchste Organ der Geldpolitik und gibt daher die Leitlinien vor.
- **Der Erweiterte EZB-Rat:** Als ein Organ des ESZB koordiniert der Erweiterte EZB-Rat die Geldpolitik zwischen den Mitgliedern und Nicht-Mitgliedern der Eurozone.

Zwei wichtige politische Strategien der EZB:
- Senkt die EZB die Zinsen, werden die Kredite billiger – eine Maßnahme zur Bekämpfung der Rezession.
- Erhöht die EZB die Zinsen, werden die Kredite teurer – eine Maßnahme für Zeiten, in denen es der Wirtschaft gut geht.

8.2. Die Europäische Investitionsbank

Die Europäische Investitionsbank (EIB) ist ein Finanzierungsinstrument der EU, dessen Anteilseigner die einzelnen Mitgliedstaaten sind. Die EIB verfügt nicht über den Status einer Institution.

Der Sitz der EIB:
- Luxemburg

Die Aufgaben der EIB:
- die EIB vergibt Kredite an öffentliche und private Institutionen, deren Ziele mit den Interessen der EU übereinstimmen. Diese Interessen sind, z.B. regionale Entwicklung, Umweltschutz, Verkehr, Energie;
- die EIB stellt für gewöhnlich 50 % der Gesamtkosten zu niedrigen Zinsraten zur Verfügung;
- der Schwerpunkt der Investitionen liegt dabei in Osteuropa und den AKP Staaten (Afrika-Karibik-Pazifik).

Die EIB-Gruppe:
Die EIB-Gruppe besteht aus der EIB und dem Europäischen Investitionsfonds.

8.3. Der Europäische Investitionsfonds

Der Sitz des Europäischen Investitionsfonds (EIF):
- Luxemburg.

Der EIF finanziert nicht direkt die Unternehmen, sondern stellt Gelder für private Banken zur Verfügung. Seine Anteilseigner sind:

- Die EIB;
- Die Kommission;
- Die europäischen Banken.

9. Die Agenturen der Europäischen Union

Gemeinschaftsagenturen sind Institutionen des europäischen öffentlichen Rechts mit eigener Rechtspersönlichkeit, deren Gründung durch einen Akt des sekundären Gemeinschaftsrechts erfolgt. Agenturen gibt es in ganz Europa (die Mitgliedstaaten schätzen sie als Statussymbole).

Man unterscheidet zwei Grundarten von Agenturen:
- Exekutivagenturen, welche Projekte von begrenzter Zeit betreuen;
- Regulierungsagenturen, welche als fixe Institutionen eingerichtet sind.

Im Besonderen können Agenturen eingeteilt werden in:
- Agenturen der ersten Säule (z.B. FRONTEX, die Europäische Agentur für die operative Zusammenarbeit an den Außengrenzen der Mitgliedstaaten der Europäischen Union);
- Agenturen der zweiten Säule (z.B. EDA, die Europäische Verteidigungsagentur);
- Agenturen der dritten Säule (z.B. EUROJUST, die Europäische Justizbehörde und EUROPOL, die Europäische Polizeibehörde);
- Exekutivagenturen (z.B. PHEA, die Exekutivagentur für das Gesundheitsprogramm, 2005-2010).

<u>Die Aufgaben der Agenturen:</u>
- die Verbindung der EU mit ihren Bürgern;
- die Beratung der Kommission und die Abgabe von Stellungnahmen.

III. Die Gesetzgebung in der EU

1. Die Rechtsnatur der EU

Um herauszufinden was die EU rechtlich gesehen ist, sollte man zunächst zwei Begriffe unterscheiden:
- Bundesstaat: z.B. die USA – individuelle Staaten sind in einem gemeinsamen Staat verbunden;
- Staatenbund: z.b. der Commonwealth – individuelle Staaten sind durch ein Bekenntnis zur Krone verbunden, ohne allerdings einen gemeinsamen Staat zu bilden.

Die EU selbst ist kein Staat. Sie hat kein eigenes Volk und weder ein eigenes Territorium, noch die so genannte Kompetenz-Kompetenz (d.h. nur die Mitgliedstaaten können darüber entscheiden, was sie auf europäischer Ebene regeln wollen). Allgemein gesprochen, ist die EU weniger als ein Bundesstaat, weil sie keine eigene Verfassung hat, aber mehr als ein Staatenbund, weil sie über einen gemeinsamen Markt und eigene Institutionen verfügt. Als ein gemeinsamer Staatenverbund stellt die EU ein einzigartiges System dar, das aus supranationalen und intergouvernementalen Elementen besteht.

2. Die Quellen und Verfahren des europäischen Rechts

2.1. Primäres- und Sekundäres Gemeinschaftsrecht

Das Gemeinschaftsrecht lässt sich in eine primäre und eine sekundäre Kategorie einteilen.

Primäres Gemeinschaftsrecht umfasst im Wesentlichen:
- die drei Gründungsverträge;
- die Änderungsverträge;
- die Allgemeinen Rechtsgrundsätze (z.B. Grundrechte, Demokratieprinzip, etc);
- das Gewohnheitsrecht (z.B. die Minister können sich im Rat von den jeweiligen Staatssekretären vertreten lassen).

Sekundäres Gemeinschaftsrecht beinhaltet im Wesentlichen:
- die von den Institutionen erlassenen Rechtsakte (z.B. Verordnungen);
- das aus den Urteilen des EuGH gebildete Fallrecht;
- die von der Gemeinschaft abgeschlossenen internationalen Übereinkommen.

Sekundäres Gemeinschaftsrecht darf gegen Primäres Gemeinschaftsrecht weder verstoßen, noch darf es selbiges abändern. Die Auslegung sowie Konkretisierung sind allerdings möglich.

Die Rechtsakte des supranationalen Bereiches:
- Die **Verordnung** ist ein Rechtsakt, welcher in allen Mitgliedstaaten rechtsverbindlich und direkt anwendbar ist.
- Die **Richtlinie** ist ein Rechtsakt, welcher nicht direkt anwendbar ist, sondern erst in nationales Recht umgesetzt werden muss.
- Die **Entscheidung** ist ein Rechtsakt, welcher nur für den Adressaten (z.B. ein Mitgliedstaat) rechtsverbindlich und direkt anwendbar ist.
- Die **Stellungnahme** ist ein Akt, welcher nicht rechtsverbindlich, aber von politischer Bedeutung ist.
- Die **Empfehlung** ist ein Akt, welcher ein nicht rechtsverbindliches Ersuchen einer Institution (z.B. Rat oder Kommission) beinhaltet. Adressaten sind vornehmlich die Mitgliedstaaten.

Stellungnahmen und Empfehlungen werden auch als so genanntes „soft-law" bezeichnet, weil bei einem Verstoß gegen selbige keine rechtlichen Konsequenzen folgen.

Beispiele von Rechtsakten des intergouvernementalen Bereiches:
- Allgemeine Leitlinien und Gemeinsame Strategien des Europäischen Rates;
- Gemeinsame Aktionen, Gemeinsame Standpunkte, Beschlüsse und Erklärungen des Rates.

2.2. Die Schaffung von Sekundärem Gemeinschaftsrecht

Im Prinzip ist der Rat das Hauptrechtsetzungsorgan der Gemeinschaften, weshalb selbiger auch in allen Gesetzgebungsverfahren vertreten ist. Allerdings hat das EP, vor allem durch die Einführung des Mitentscheidungsverfahrens im Vertrag von Maastricht, zunehmend an Einfluss gewonnen.

Die vier wichtigsten Gesetzgebungsverfahren sind:
- das Anhörungsverfahren;
- das Verfahren der Zusammenarbeit;
- das Mitentscheidungsverfahren;
- das Zustimmungsverfahren.

Das Anhörungsverfahren:
1. Das Erfordernis einer Rechtsgrundlage (der betreffende Vertragsartikel).
2. Die Kommission erlässt einen Entwurf.
3. Das EP gibt eine Stellungnahme zu dem Entwurf ab.
4. Der Rat nimmt den Entwurf an, ohne an die Stellungnahme des EP gebunden zu sein.

Das Anhörungsverfahren wird in folgenden Politikbereichen angewendet:
- Gemeinsame Agrarpolitik;
- Wettbewerbspolitik;
- Polizeiliche und justizielle Zusammenarbeit in Strafsachen;
- Gemeinsame Handelspolitik, etc.

Das Verfahren der Zusammenarbeit:
1. Das Erfordernis einer Rechtsgrundlage.
2. Die Kommission erlässt einen Entwurf.
3. Das EP gibt eine Stellungnahme zu dem Entwurf ab.
4. Der Rat beschließt einen gemeinsamen Standpunkt:

- Das EP kann den gemeinsamen Standpunkt bestätigen oder sich nicht äußern. In beiden Fällen kann der Rat den Entwurf mit qualifizierter Mehrheit annehmen.
- Das EP kann den gemeinsamen Standpunkt ablehnen. In diesem Fall kann der Rat den Entwurf nur einstimmig annehmen.
- Das EP kann Änderungen vorschlagen. Der Entwurf geht dann zurück an die Kommission. Wenn die Kommission die Änderungen zum Entwurf akzeptiert, kann der Rat selbigen mit qualifizierter Mehrheit annehmen. Wenn die Kommission die Änderungen zum Entwurf nicht akzeptiert, kann der Rat selbigen nur einstimmig annehmen.

Das Verfahren der Zusammenarbeit wird nur noch im Bereich der Wirtschafts- und Währungsunion angewendet.

<u>Das Mitentscheidungsverfahren:</u>
- Das Erfordernis einer Rechtsgrundlage.
- Die Kommission erlässt einen Entwurf.
- Stimmt das EP zu, kann der Rat den Entwurf annehmen.
- Das EP kann Änderungen vorschlagen:
  - Der Rat kann die Änderungen akzeptieren und den Entwurf annehmen.
  - Der Rat kann die Änderungen ablehnen, eigene Änderungen vorschlagen und den Entwurf an das EP senden.
- Wenn das EP die Änderungen des Rates akzeptiert, kann der Rat den Entwurf annehmen.
- Wenn sich das EP zu den Änderungen des Rates nicht äußert, kann der Rat den Entwurf annehmen.
- Wenn das EP die Änderungen des Rates nicht akzeptiert, ist der Entwurf endgültig gescheitert.
- Wenn das EP eigene Änderungen vorschlägt, geht der Entwurf an einen so genannten Vermittlungsausschuss, bestehend aus Mitgliedern des EP und des Rates.
- Wenn sich der Vermittlungsausschuss nicht einigen kann, ist der Entwurf gescheitert.

- Wenn sich der Vermittlungsausschuss einigen kann, müssen der Rat und das EP zustimmen.

Das Mitentscheidungsverfahren wird in folgenden Politikbereichen angewendet:
- Transport, Harmonisierung des Binnenmarktes, Zölle, Sozialpolitik, Umwelt, Industrie, Gesundheitswesen und Verbraucherschutz, etc.

Das Zustimmungsverfahren:

In diesem Verfahren kann das EP einer Entscheidung des Rates zustimmen oder diese ablehnen. Obwohl das EP die Entscheidung nicht abändern darf, kann der Rechtsakt ohne die Zustimmung des EP nicht erlassen werden.

Das Zustimmungsverfahren wird in folgenden Politikbereichen angewendet:
- Beitritt von neuen Mitgliedstaaten;
- Wahl des Kommissionspräsidenten;
- Abschluss von internationalen Übereinkommen;
- Sanktionsverhängung gegen Mitgliedstaaten, die gegen Artikel 7 EU-Vertrag (europäische Grundrechte) verstoßen, etc.

Die Komitologie:

Da der Rat üblicherweise sehr viel Arbeit hat, kann er legislative Befugnisse auf die Kommission und spezielle Komitees übertragen. Diese Komitees bestehen aus Regierungsvertreter der Mitgliedstaaten und überwachen die Kommission. Derzeit gibt es fünf Komitologieverfahren:

1. Das **Beratungsverfahren** wird angewendet für Angelegenheiten von geringer politischer Bedeutung:
   - Die Kommission erlässt einen Entwurf.
   - Das jeweilige Komitee gibt eine Stellungnahme ab.
   - Die Kommission nimmt die Stellungnahme so weit wie möglich zur Kenntnis.

2. Das **Verwaltungsverfahren** wird angewendet in den Bereichen Agrar- und Fischereipolitik, etc.:
   - Die Kommission erlässt einen Entwurf.
   - Das jeweilige Komitee gibt eine Stellungnahme ab.
   - Die Kommission kann diese Stellungnahme berücksichtigen. Wenn sie die Stellungnahme nicht berücksichtigen will, muss sie den Rat informieren, der das Letztentscheidungsrecht hat.

3. Das **Regelungsverfahren** wird angewendet auf Bereiche, die dem Schutz der Menschen, Tiere und Pflanzen, etc., dienen:
   - Die Kommission kann eine Maßnahme nur beschließen, wenn das jeweilige Komitee zustimmt. Wenn das Komitee nicht zustimmt, geht der Entwurf an den Rat.
   - Der Rat entscheidet, nach Konsultierung des EP.

4. Das Regelungsverfahren mit Kontrolle (neu seit 2006):
   - Wie gerade gesehen, war das EP bisher nicht sehr stark in den Komitologieverfahren repräsentiert, weil es kein Recht hatte, einen Kommissionsentwurf abzulehnen (dies konnten nur die Komitees). Wenn nun ein solcher Ausschuss den Entwurf ablehnte, wurde dieser nur dem Rat übermittelt. Mit dem Regelungsverfahren mit Kontrolle erhält jetzt auch das EP das Recht, Kommissionsvorschläge zu blockieren.

5. Das **Verfahren bei Schutzmaßnahmen:**
   - Dieses Verfahren wird angewendet, wenn die Kommission über Schutzmaßnahmen zu entscheiden hat (z.B. Maßnahmen gegen die Rinderseuche BSE). In diesen Fällen entscheidet die Kommission ohne Komitees, muss allerdings den Rat und die Mitgliedstaaten informieren. Der Rat kann die Entscheidung der Kommission auf Ersuchen der Mitgliedstaaten abändern.

3. Die wichtigsten Grundsätze des europäischen Rechts

3.1. Das Prinzip der begrenzten Einzelermächtigung

Nur die Mitgliedstaaten können Verträge abschließen und Kompetenzen auf europäischer Ebene abändern. Die Europäischen Gemeinschaften (EG; repräsentieren die erste, supranationale Säule und setzen sich aus der Europäischen Wirtschaftsgemeinschaft, EWG sowie der Europäischen Atomgemeinschaft, EURATOM zusammen) haben keine so genannte Kompetenz-Kompetenz, d.h. sie dürfen nicht alles regeln, was ihnen politisch sinnvoll erscheint, sondern müssen sämtliche Rechtsakte auf eine vertragliche Rechtsgrundlage stützen!

Das Prinzip der begrenzten Einzelermächtigung besagt somit, ob die EG eine Materie regeln dürfen oder eben nicht und schützt so die Interessen der Mitgliedstaaten.

Die Kompetenzbereiche der EG lassen sich wie folgt einteilen:

- **Ausschließliche Kompetenzen:** Die EG treffen die Entscheidungen alleine (z.B. Währungspolitik, Handelspolitik, etc.).

- **Konkurrierende Kompetenzen:** Die Mitgliedstaaten dürfen nur dann entscheiden, wenn dies die EG nicht tun (d.h. die EG haben Vorrang gegenüber den Mitgliedstaaten, z.B. Agrarpolitik, Entscheidungen zum Binnenmarkt, etc.).

- **Parallele Kompetenzen:** Die EG und die Mitgliedstaaten dürfen entscheiden, allerdings ist europäisches Recht, im Falle eines Konfliktes, stärker als nationales Recht (z.B. Wettbewerbspolitik).

Das Prinzip der begrenzten Einzelermächtigung bezieht sich jedoch nicht nur auf das Verhältnis Gemeinschaft – Mitgliedstaaten, sondern auch auf das Verhältnis der gemeinschaftlichen Institutionen zueinander, weil jede Institution nur dann handeln darf, wenn sie in den Verträgen dazu ermächtigt ist.

3.2. Das Supranationalitätsprinzip

Um die Erfordernisse einer supranationalen Organisation zu erfüllen, müssen zumindest zwei der folgenden Merkmale vorliegen:

- Rechtsetzungskompetenz;
- Mehrheitsentscheidung;

- Institutionen;
- Gerichtsbarkeit.

In Bezug auf die EG sind alle vier Erfordernisse gegeben.

3.3. Das Subsidiaritätsprinzip

Das durch den Vertrag von Maastricht eingeführte Subsidiaritätsprinzip etabliert ein Europa der drei Ebenen (europäische-, nationale-, regionale Ebene) und schreibt vor, dass sämtliche Entscheidungen möglichst nahe am Bürger getroffen werden sollen. Die Gemeinschaft soll nur dann handeln, wenn ein Handeln der Mitgliedstaaten nicht geeignet ist oder eine Materie besser auf europäischem Niveau geregelt werden kann. Dieser Grundsatz umfasst nicht die so genannten ausschließlichen Kompetenzen!

Das Subsidiaritätsprinzip wird ergänzt durch das Prinzip der Verhältnismäßigkeit. Demzufolge muss die Gemeinschaft, wenn sie mehrere Möglichkeiten hat eine Materie zu regeln, jene Maßnahme wählen, welche die Interessen der Mitgliedstaaten am meisten berücksichtigt.

3.4. Das Prinzip der Gleichbehandlung oder Nicht-Diskrimierung

Das Primäre Gemeinschaftsrecht verweist an mehreren Stellen auf das Prinzip der Gleichbehandlung, wobei Diskriminierungen entweder direkt oder indirekt möglich sein können *(siehe auch unten, Freiheit des Warenverkehrs)*:

- **Artikel 12** EG-Vertrag verbietet die Diskriminierung aus Gründen der Staatsangehörigkeit.
- **Artikel 34** Abs. 2 EG-Vertrag verbietet die Diskriminierung zwischen Produzenten und Konsumenten in der Gemeinschaft.
- **Artikel 141** EG-Vertrag stellt gleiche Entlohnung für Männer und Frauen sicher.
- **Artikel 13** EG-Vertrag ermächtigt die Gemeinschaft, Diskriminierung basierend auf dem Geschlecht, der Rasse, der ethnischen Herkunft, der Religion oder der Weltanschauung, einer Behinderung, des Alters oder der sexuellen Ausrichtung zu bekämpfen.
- Zusätzlich hat der EuGH weitere allgemeine Grundsätze der Nicht-Diskriminierung entwickelt *(siehe unten, die vier Grundfreiheiten)*.

3.5. Die Grundrechte

Gemäß **Artikel 6** EU-Vertrag (durch den Vertrag von Amsterdam geändert) ist die Union:

- gegründet auf den Prinzipien der Freiheit, Demokratie, der Achtung der Grund- und Menschenrechte sowie der Rechtstaatlichkeit und soll
- die Grundrechte, wie sie in der Europäischen Menschenrechtskonvention (EMRK) gewährleistet sind sowie wie sie sich aus den gemeinsamen Verfassungsüberlieferungen der Mitgliedstaaten als allgemeine Grundsätze des Gemeinschaftsrechts ergeben, beachten.

Zusätzlich wurde eine Grundrechtscharta proklamiert, welche jedoch noch nicht rechtlich verbindlich ist (rechtliche Verbindlichkeit wird durch den Vertrag von Lissabon gewährleistet).

3.6. Das Prinzip des Vorranges von Gemeinschaftsrecht

Die Verträge bieten keine Lösungen für den Fall an, wenn nationales Recht der Mitgliedstaaten mit Gemeinschaftsrecht kollidiert.

Folglich musste sich der EuGH dieser Sache annehmen. In der Entscheidung **Costa / ENEL, 1964** entschied der EuGH, dass Gemeinschaftsrecht (Primäres- und Sekundäres Recht) allen Formen des nationalen Rechts (die nationalen Verfassungsrechte eingeschlossen) vorrangig ist.

3.7. Das Prinzip der unmittelbaren Wirkung von Gemeinschaftsrecht

In der Entscheidung **Van Gend en Loos (1963)** entwickelte der EuGH die Doktrin der unmittelbaren Wirkung von Gemeinschaftsrecht:

Van Gend importierte Chemikalien von Deutschland in die Niederlande und wurde von den niederländischen Behörden, aufgrund niederländischen Rechts, veranlasst, Zoll zu bezahlen. Van Gend klagte eine Verletzung von Gemeinschaftsrecht (die Gemeinschaft ist eine Zollunion!) ein. Das niederländische Gericht verwies die Frage im Wege des Vorabentscheidungsverfahrens an den EuGH *(siehe oben, der Gerichtshof)*.

Der EuGH hat entschieden, dass Gemeinschaftsrecht nicht nur für Mitgliedstaaten Rechte und Pflichten bereitstellt, sondern auch für einzelne Individuen (wie für das Unternehmen Van Gend). Allerdings haben nicht alle Vertragsbestimmungen eine solche unmittelbare Wirkung. Die einzelnen Artikel müssen:

- klar und präzise (keine weitere Konkretisierung, „self-executing") sowie
- inhaltlich unbedingt (d.h. keine weiteren Bedingungen oder Vorbehalte dürfen vorgesehen sein) sein und
- keinen weiteren Umsetzungsakt der Gemeinschaft oder der Mitgliedstaaten erfordern.

Dieses Prinzip wurde nun sukzessive weiterentwickelt:

- Wie soeben erwähnt, können gemäß der Van Gend Doktrin nur **Vertragsbestimmungen** eine direkte Wirkung entfalten, wenn sie die drei Van Gend-Kriterien erfüllen sowie Ansprüche gegen den Staat geltend gemacht werden.
- Zusätzlich hat der EuGH nun entschieden, dass Rechte und Pflichten aus den Vertragsbestimmungen nicht nur gegen den Staat, sondern auch gegen Private durchgesetzt werden können. Es muss daher zwischen zwei Arten der unmittelbaren Wirkung unterschieden werden:
    - **Vertikale Direktwirkung:** bezieht sich auf das Verhältnis Individuum – Staat, wie in Van Gend (das private Unternehmen Van Gend gegen die niederländische Staatsbehörde).
    - **Horizontale Direktwirkung:** bezieht sich auf das Verhältnis Individuum – Individuum, z.B. zwei Privatpersonen (Unternehmen oder Einzelpersonen) gegen einander.
- In Bezug auf **Verordnungen** hat der EuGH entschieden, dass diese die gleiche vertikale und horizontale Direktwirkung haben sollen wie Vertragsbestimmungen.
- **Entscheidungen** hingegen entfalten eine vertikale und horizontale Direktwirkung nur beim jeweiligen Adressaten.
- In Bezug auf **Richtlinien** ist zunächst anzumerken, dass diese nicht direkt anwendbar sind. Das bedeutet, dass eine Richtlinie solange keine Rechte für Individuen entfalten kann, solange sie nicht in nationales Recht umgesetzt worden ist.
- Allerdings soll, gemäß EuGH-Entscheidung, eine Richtlinie, die nicht ordnungsgemäß (d.h. nicht zeitgerecht, nicht vollständig oder falsch) in nationales Recht umgesetzt worden ist, unmittelbare Wirkung (nur vertikale Direktwirkung!) gemäß den drei Van Gend Krite-

rien entfalten können. Fasst man dabei das dritte Van Gend-Kriterium ins Auge, so bemerkt man, dass eine Richtlinie dieses niemals erfüllen kann, weil eine Richtlinie eben umgesetzt werden muss. Darum hat der EuGH entschieden, dass das dritte Kriterium dann erfüllt ist, wenn der Mitgliedstaat die Richtlinie nicht zeitgerecht umgesetzt hat.

Folgende zwei Fälle sollen die Konsequenzen dieser EuGH Entscheidungen verdeutlichen:

- GB hatte nicht die so genannte Gleichbehandlungsrichtlinie umgesetzt, welche die Gleichbehandlung zwischen Männern und Frauen sicherstellt.
- In den Fällen **Marshall** und **Tate & Lyle,** fühlten sich Arbeitnehmer in ihren Jobs diskriminiert (Marshall arbeitete für den Staat, während Roberts bei einem privaten Unternehmen beschäftigt war) und klagten gemäß der Richtlinie. Berücksichtigt man nun die oben angeführten Entscheidungen, kommt man zu folgendem Ergebnis:
  - Richtlinien können eine unmittelbare Direktwirkung (vertikale Direktwirkung!) entfalten, wenn sie nicht in nationales Recht umgesetzt worden sind.
  - GB setzte die Gleichbehandlungsrichtlinie nicht um.
  - Nur Marshall war erfolgreich mit ihrer Klage, weil nur sie für den Staat arbeitete und eine Richtlinie eben nur vertikale Direktwirkungen entfalten kann.

3.8. Das Prinzip der mittelbaren Direktwirkung

Wie schon mehrfach erwähnt, haben Richtlinien keine horizontale Direktwirkung. Gemäß dem Prinzip der mittelbaren Direktwirkung, haben die nationalen Gerichte die Verpflichtung, nationales Recht so zu interpretieren und anzuwenden, dass dieses dem Wortlaut und Zweck einer Richtlinie entspricht, selbst wenn diese noch nicht umgesetzt worden ist. Nicht umgesetzte Richtlinien haben somit einen Effekt auf die Rechtsprechung der nationalen Gerichte!

3.9. Die Staatshaftung

Im Fall **Frankovich** verabsäumte es Italien, eine Richtlinie über die Gewährung von Mindeststandards für Arbeitnehmer im Falle einer Unternehmensinsolvenz umzusetzen. Italien sollte, wie auch alle anderen Mitgliedstaaten, einen öffentlichen Fonds zur Sicherung der Ansprüche einrichten.

Aufgrund der nicht umgesetzten Richtlinie erhielt Herr Frankovich nach der Schließung seines Unternehmens keine Gelder.

Der EuGH hat festgestellt, dass Mitgliedstaaten, die mit der Umsetzung einer Richtlinie säumig sind, einem Individuum, das dadurch einen Schaden erlitten hat, unter folgenden Voraussetzungen schadenersatzpflichtig werden:

- Die Richtlinie muss dem Individuum ein Recht verleihen.
- Die Rechtsverletzung muss hinreichend qualifiziert sein.
- Zwischen der Rechtsverletzung und dem eingetretenen Schaden muss ein kausaler Zusammenhang bestehen (d.h. hätte Italien die Richtlinie umgesetzt, hätte Herr Frankovich sein Geld erhalten).

IV. Die vier Grundfreiheiten des EG-Vertrages

1. Die Freiheit des Warenverkehrs

1.1. Die Beseitigung pekuniärer Barrieren

Um geldpolitische Barrieren zwischen den Mitgliedstaaten zu beseitigen, sind folgende drei Maßnahmen notwendig:

Der Abbau von Zöllen, bis hin zur Errichtung einer Zollunion:
- Zwischen den Mitgliedstaaten konnte bereits im Jahre 1968 eine Zollunion errichtet werden.

Das Verbot von neuen Zöllen und Abgaben zollgleicher Wirkung (AZW):
- Was sind Waren? Waren sind Güter, deren Wert in Geld bewertet werden kann und die Gegenstand einer kommerziellen Transaktion sein können.
- Was ist eine AZW? Jede Abgabe, die bei einer Grenzüberschreitung auf Waren verhängt wird.
- Der Zweck des Zolles, bzw. der Abgabe, ist dabei irrelevant!

Allgemein gesprochen, sind sämtliche Zölle und AZW gesetzwidrig, es sei denn, es handelt sich dabei um Abgaben, die, beispielsweise, für eine Fleischbeschau eingehoben werden. Allerdings müssen sich solche Abgaben dann auch auf inländische Waren beziehen.

Das Verbot diskriminierender Besteuerung:
- Die Besteuerung ist dann rechtswidrig, wenn dadurch Importwaren direkt oder indirekt diskriminiert werden, bzw. inländische Waren geschützt werden.

Beispiel: Obwohl Bier und Wein ähnliche Güter sind, war im Mitgliedstaat A, zum Schutz der Weinindustrie, Bier höher besteuert als Wein → eine Diskriminierung der ausländischen Bierimporteure (direkte Diskriminierung).

1.2. Die Beseitigung nicht-pekuniärer Barrieren

Nicht-pekuniäre Barrieren (Quoten) können die Freiheit des Warenverkehrs ebenfalls beschränken. Um diese Barrieren zu beseitigen, ist folgende Maßnahme notwendig:

<u>Das Verbot mengenmäßiger Beschränkungen sowie Maßnahmen gleicher Wirkung (MGW):</u>

- Was ist eine mengenmäßige Beschränkung? Eine nationale Maßnahme, welche die maximale Gütermenge festlegt, die innerhalb eines bestimmten Zeitraumes importiert oder exportiert werden kann. Eine solche Maßnahme hat den Zweck, inländische Waren zu schützen.
- Was ist eine MGW? Jede Maßnahme, welche den Handel der Gemeinschaften dadurch behindert, dass ein Import schwieriger (bzw. teurer) gemacht wird oder inländische Waren bevorzugt werden.

Beispiel: Französische Bauern blockierten die Straßen, um den Import von landwirtschaftlichen Produkten aus Spanien zu verhindern. Gemäß EuGH-Entscheidung hat die französische Regierung nicht ausreichend gehandelt, um diese Blockaden zu beseitigen → MGW!

- Die **Dassonville-Formel:** Wenn eine nationale Rechtsvorschrift den Warenimport von einem anderen Mitgliedstaat behindert, ist diese Rechtsvorschrift im konkreten Fall nicht anwendbar. Demzufolge haben die Mitgliedstaaten nur sehr wenig Spielraum bei der Gestaltung ihrer Handelsvorschriften: Sämtliche Handelsvorschriften, die in der Lage sind den zwischengemeinschaftlichen Handel direkt oder indirekt zu behindern, werden als MGW betrachtet.

Beispiel: der Fall **Cassis-de-Dijon:** Gemäß EuGH-Entscheidung können alle Waren, die in einem Mitgliedstaat dem Gesetz entsprechend hergestellt wurden, in jedem anderen Mitgliedstaat verkauft werden.

Der deutsche Lebensmittelhersteller REWE wurde von der Deutschen Bundesmonopolverwaltung für Branntwein daran gehindert, den französischen Likör Cassis-de-Dijon (verfügt über einen Alkoholgehalt von 20%) nach Deutschland zu importieren, weil das deutsche Recht für Liköre einen Mindestalkoholgehalt von 32% vorschreibt. Gemäß EuGH-Entscheidung, verstößt ein solches Importembargo gegen europäisches Recht. Eine Rechtfertigung ist lediglich zulässig nach Artikel 30 EG-Vertrag oder nach der vom EuGH entwickelten Cassis-de-Dijon-Formel (z.B. aus Gründen des Verbraucher- und Umweltschutzes). Darüber hinaus muss jede verhängte Maßnahme, die den Import beschränkt, auch verhältnismäßig sein!

In Kürze kann der Fall somit wie folgt dargestellt werden:
- Die importbeschränkende Maßnahme der deutschen Behörde war ein Verstoß gegen die Dassonville-Formel.
- Deutschland versuchte das Importembargo mit dem Schutz seiner Konsumenten zu rechtfertigen, weil diese verwirrt wären, wenn sie unter der Bezeichnung Likör, Produkte mit unterschiedlichem Alkoholgehalt in den Supermärkten fänden.
- Der EuGH folgte dieser Ansicht nicht: Die Konsumenten könnten den Unterschied der Produkte anhand der Etikettierung erkennen. Die deutsche Maßnahme war daher nicht verhältnismäßig und stellte somit eine MGW dar.

Maßnahmen außerhalb des Bereiches der Dassonville-Formel:
Folgende Maßnahmen sind keine MGW:
- Bestimmte Verkaufsmodalitäten betreffend Marketing oder Werbung, wenn selbige nicht produktbezogen und nicht diskriminierend sind.

Beispiel: Wenn sonntags alle Geschäfte geschlossen sein müssen, so ist diese Maßnahme nicht produktbezogen und betrifft inländische und ausländische Waren gleichermaßen. Eine solche Maßnahme liegt im Rahmen der Dassonville-Formel und ist daher nicht verboten.

ABER: Obwohl das Alkoholwerbeverbot in Schweden keine direkte Diskriminierung darstellt, weil es inländische und ausländische Produkte gleichermaßen betrifft, werden ausländische Produkte dennoch stärker betroffen, weil diese weniger bekannt sind als inländische Waren. Demzufolge ist eine solche Maßnahme indirekt diskriminierend und somit eine MGW. Allerdings konnte Schweden seine Maßnahme gemäß Artikel 30 rechtfertigen *(siehe unten)*.

Maßnahmen, die gemäß Artikel 30 EG-Vertrag gerechtfertigt werden können:

Einige Verbote betreffend den Import von Waren aus anderen Mitgliedstaaten werden zugelassen, wenn sie aus folgenden Gründen gerechtfertigt werden können:

- öffentliche Moral;
- öffentliche Sicherheit und Ordnung;
- öffentliche Moral;
- Schutz der Gesundheit und des Lebens von Menschen, Tieren oder Pflanzen;
- Schutz des nationalen Kulturguts;
- Gewerbliche Schutzrechte.

Obwohl es Artikel 30 nicht ausdrücklich erwähnt, muss jede importbeschränkende Maßnahme auch dem Prinzip der Verhältnismäßigkeit entsprechen, d.h. es muss geprüft werden, ob die konkrete Maßnahme tatsächlich notwendig ist oder durch eine mildere Verfügung ersetzt werden kann.

Beispiel: A will so genannte lebensgroße Liebespuppen nach GB importieren. Die Puppen werden nach britischem Recht beschlagnahmt, allerdings bezieht sich das betreffende Gesetz nur auf ausländische Produkte. Demzufolge moniert A einen Verstoß gegen die Dassonville-Formel. GB versucht seine Maßnahme gemäß Artikel 30 (öffentliche Moral) zu rechtfertigen. Der EuGH lässt eine Rechtfertigung nicht zu, weil sich die britische Maßnahme ausschließlich auf importierte Puppen bezieht, → MGW!

2. Die Freiheit des Personenverkehrs

Obwohl jeder EU-Bürger das Recht hat, in einem anderen Mitgliedstaat zu arbeiten, eine Gesellschaft zu gründen oder eine Dienstleistung zu erbringen, sind nur wenige Europäer dazu bereit.

Die Freiheit des Personenverkehrs kann in zwei Gruppen eingeteilt werden:
- die Freizügigkeit der Arbeitnehmer;
- die Niederlassungsfreiheit.

Wer ist ein EU-Bürger?

Ein Unionsbürger hat die Nationalität eines Mitgliedstaates. Zwei Gruppen müssen unterschieden werden:
- nicht-wirtschaftlich aktive Personen: Studenten, Pensionisten, Reiche;
- wirtschaftlich aktive Personen: Arbeiter und Angestellte, Selbstständige und Dienstleistungserbringer.

2.1. Die Freizügigkeit der Arbeitnehmer

Wer ist ein Arbeitnehmer?

Ein Arbeitnehmer arbeitet unter der Kontrolle eines anderen und erhält einen Gehalt. Allerdings gelten als Arbeitnehmer auch Personen, die ihren Job verloren haben oder lediglich Teilzeitarbeiten ausüben.

Welche Rechte haben Arbeitnehmer aus anderen Mitgliedstaaten?

Jeder EU-Bürger hat das Recht:
- Jobangebote anzunehmen, sich im betreffenden Mitgliedstaat aufzuhalten und dort nach Beendigung der Arbeit zu verbleiben;
- allgemein, drei Monate im Gaststaat zu verbleiben, wobei ein Arbeitnehmer, wenn er sich bei der zuständigen Behörde registrieren lässt, natürlich länger verbleiben darf;
- ein permanentes Aufenthaltsrecht zu erhalten, wenn er fünf Jahre im Gaststaat gearbeitet hat;
- soziale Vorteile zu erlangen:

  Beispiel: Den Partner in den Gaststaat zu bringen, wenn das nationale Recht des Gaststaates verheiratete- und nicht verheiratete Paare gleich behandelt.

Beispiel: Arbeitslosenunterstützung; allerdings muss der Arbeitnehmer die gleichen nationalen Anforderungen erfüllen wie Inländer, z.B. muss er eine bestimmte Mindestzeit gearbeitet haben.

<u>Wann liegt eine Diskriminierung vor?</u>

Die direkte Diskriminierung aus Gründen der Staatsangehörigkeit ist immer verboten. Die indirekte Diskriminierung – d.h. bestimmte Voraussetzungen können von Einheimischen leichter erfüllt werden – kann unter den vier Bedingungen der so genannten „Gebhard-Formel" gerechtfertigt werden. Nationale Rechtsvorschriften müssen demnach:

- in einer nicht diskriminierenden Art und Weise angewendet werden;
- durch ein zwingendes Allgemeininteresse gerechtfertigt sein;
- zur beabsichtigten Zielverfolgung geeignet sein;
- verhältnismäßig sein.

Beispiel: der Fall **Gröner:** Frau Gröner, eine niederländische Staatsangehörige, wurde eine Lehrstelle an einem irischen College verweigert, weil sie einen mündlichen Test in gälischer Sprache nicht bestanden hatte. Dieser Test wurde bei einheimischen und ausländischen Arbeitnehmern gleichermaßen durchgeführt. Klarerweise konnten Einheimische den Test leichter bestehen als Ausländer. Obwohl dieser Fall eine indirekte Diskriminierung von Arbeitnehmern anderer Mitgliedstaaten aufzeigt, konnte Irland seine Maßnahme unter Anwendung der Gebhard Formel rechtfertigen: Der Test sei im Sinne des Allgemeininteresses notwendig, um das Ziel „Förderung der gälischen Sprache" sicherzustellen.

<u>Wann darf ein Arbeitnehmer permanent im Gaststaat verbleiben?</u>

- Ein Arbeitnehmer ist berechtigt permanent im Gaststaat zu verbleiben, wenn er in diesem fünf Jahre gearbeitet hat oder
- das Pensionsalter des Gaststaates erreicht, nachdem er in diesem Staat zumindest zwölf Monate gearbeitet hat **und** sich dort ohne Unterbrechung für zumindest drei Jahre aufgehalten hat.

Wer gilt als Familienmitglied?

Familienmitglieder sind:

- Ehegatten;
- der Partner einer registrierten Partnerschaft, vorausgesetzt der Gaststaat anerkennt solche Partnerschaften als gleichwertig gegenüber der Ehe;
- direkte Deszendenten unter 21 Jahre oder vom Arbeitnehmer, Ehegatten oder Partner abhängige Personen;
- direkte Aszendenten, die vom Arbeitnehmer, Ehegatten oder Partner abhängig sind;
- abhängige Familienmitglieder, die im Heimatstaat in einem gemeinsamen Haushalt gewohnt haben oder persönlicher Pflege bedürfen.

Allgemein betrachtet haben Familienmitglieder die gleichen Rechte wie Arbeitnehmer. Sind diese Familienmitglieder allerdings Nicht-EU Bürger, dürfen sie nicht länger als drei Monate in einem Mitgliedstaat verbleiben, es sei denn, sie verfügen über eine Aufenthaltsbewilligung.

Gibt es Beschränkungen?

Die Mitgliedstaaten können Arbeitnehmern das Recht auf Freizügigkeit aus folgenden Gründen verwehren:

- öffentliche Ordnung;
- öffentliche Sicherheit und Gesundheit.

Zusätzlich wird für eine Beschränkung verlangt:

- die Verhältnismäßigkeit der Maßnahme und
- eine gegenwärtige, echte und hinreichend ernsthafte Gefahr für den Gaststaat.

Beispiel: der französische Prostituierten Fall: Französischen Prostituierten wurde die Einreise nach Belgien aus Gründen der öffentlichen Ordnung verweigert, trotz der Tatsache, dass Prostitution in Belgien nicht illegal ist, → eine nicht verhältnismäßige, diskriminierende Maßnahme.

2.2. Die Niederlassungsfreiheit

Unionsbürger haben das Recht, unter den gleichen Bedingungen wie Einheimische, eine Niederlassung im Gaststaat zu gründen.

<u>Was ist eine Niederlassung?</u>

Der EuGH definierte den Begriff Niederlassung als die Ausübung einer wirtschaftlichen Tätigkeit, durch eine permanente Einrichtung (des Selbstständigen oder der Gesellschaft) in einem anderen Mitgliedstaat, auf unbestimmte Zeit. Während selbstständig Tätige somit ihr eigenes Geschäft betreiben (betrifft die Niederlassungsfreiheit), arbeiten Arbeitnehmer (hier ist die Freizügigkeit der Arbeitnehmer betroffen) unter der Kontrolle eines anderen für einen Lohn.

Problematische Entwicklung: Gesellschaften, die in einem Mitgliedstaat gegründet wurden, wollen ihre Niederlassung, aus steuerlichen Gründen, in einen anderen Mitgliedstaat verlegen *(siehe unten, Gesellschaftsrecht)*.

<u>Welche Rechte haben Selbstständige eines anderen Mitgliedstaates?</u>

Selbstständige haben die gleichen Rechte wie Arbeitnehmer *(siehe oben, Freizügigkeit der Arbeitnehmer)*.

<u>Wie werden unterschiedliche Qualifikationserfordernisse behandelt?</u>

In nahezu jedem Mitgliedstaat gibt es unterschiedliche Qualifikationsanforderungen für die Ausübung einer selbstständigen Tätigkeit. Obwohl eine Reihe von Harmonisierungsgesetzen erlassen wurde, konnte die Rechtsangleichung nur für einige wenige Beschäftigungsgruppen erreicht werden, weil dieses Verfahren schlichtweg zu komplex war. In einem zweiten Versuch errichtete man daher das so genannte Anerkennungssystem. Gemäß diesem:

- muss der Gaststaat die mitgebrachte Qualifikation eines Selbstständigen anerkennen, wenn diese der Qualifikationsanforderung des Gaststaates entspricht;
- ist der Gaststaat verpflichtet, seine Entscheidung zu begründen, wenn er die Qualifikationsanforderungen als nicht gleichwertig ansieht;

- ist der Gaststaat berechtigt, zusätzliche Anforderungen (z.B. ergänzende Prüfungen für Rechtsanwälte) für Berufsgruppen zu verlangen, wenn die Anforderungen teilweise übereinstimmen.

<u>Gibt es Beschränkungen?</u>
(siehe oben, Freizügigkeit der Arbeitnehmer).
Beispiel: Ein niederländischer „Coffee-shop" Betreiber darf sein Geschäft nicht in Deutschland ausüben, weil in solchen Geschäften der Konsum von Marihuana erlaubt ist und das gegen deutsches Recht verstößt.

3. Die Dienstleistungsfreiheit

<u>Was ist der Unterschied zwischen Niederlassungsfreiheit und Dienstleistungsfreiheit?</u>

- Der Begriff „Niederlassung" umfasst die Errichtung einer permanenten Einrichtung im Gaststaat.
- Der Begriff „Dienstleistung" umfasst das vorübergehende Angebot einer wirtschaftlichen Aktivität, ohne eine permanente Einrichtung im Gaststaat (vorgeschrieben sind ein zwischenstaatliches und zeitliches Element).

Die Dienstleistungsfreiheit ist heutzutage sehr wichtig, weil ein Großteil der Wirtschaftsleistung im Dienstleistungssektor erzielt werden (z.B. Telekommunikation, medizinische Behandlung, etc.).

Dienstleistungen werden gegen eine so genannte Remuneration erbracht.

Beispiel: Der Kabel TV-Anbieter lukriert Gelder aus Gebühren und Werbeeinnahmen, wohingegen ein Straßenmusikant keine Remunerationen erhält, weil seine Einnahmen nicht regelmäßig sind.

<u>Welche Rechte hat ein Dienstleistungsbereitsteller?</u>
Ein Dienstleistungsbereitsteller verfügt über keine Bleibe- bzw. Aufenthaltsrechte im Gaststaat, hat allerdings das Recht, seinen Heimatstaat zu verlassen und in den Gaststaat einzureisen.

Wie kann das zwischenstaatliche Element realisiert werden?
- aktiv: Der Dienstleistungsbereitsteller überquert die Grenze (z.B. ein französischer Rechtsanwalt nimmt an einem Prozess in Deutschland teil);
- passiv: Der Dienstleistungsempfänger überquert die Grenze (z.B. ein deutscher Tourist verbringt seine Ferien in einem Hotel in Frankreich);
- die Dienstleistung überschreitet die Grenze (z.B. die Dienstleistungen eines Rundfunkunternehmens).

Wann liegt eine Diskriminierung vor?

Die Diskriminierung aus Gründen der Staatsangehörigkeit ist immer rechtswidrig. Ist eine Rechtsvorschrift zwar nicht direkt-, sondern indirekt diskriminierend, kann diese nach der Gebhard Formel gerechtfertigt werden *(siehe oben, Freizügigkeit der Arbeitnehmer)*.

Wie erfolgt die Dienstleistungsbereitstellung im sozialen Bereich?

Beispiel: Muss eine deutsche Krankenversicherungsanstalt eine medizinische Behandlung in Österreich finanzieren? Dies erfordert stets eine Prüfung: Ist eine gleichwertige Behandlung in Deutschland zeitgerecht verfügbar und besteht darüber hinaus ein Vertrag mit einer Krankenkasse in Deutschland, muss die deutsche Krankenkasse eine Behandlung in Österreich nicht bezahlen.

Gibt es Beschränkungen?

(siehe oben, Freizügigkeit der Arbeitnehmer)

Unterschiedliche Qualifikationsanforderungen:

Beispiel: das System der Anerkennung für Rechtsanwälte: Wenn ein Rechtsanwalt in seinem Heimatland als solcher zugelassen ist, kann er vorübergehend auch im Gaststaat tätig werden.

Die Dienstleistungsrichtlinie:

Der Vorschlag der Kommission über eine Dienstleistungsrichtlinie löste heftige Diskussionen zwischen den Mitgliedstaaten aus. Insbesondere das so genannte Herkunftslandprinzip brachte die Kritiker auf die Barrieren. Gemäß diesem Prinzip könnten etwa polnische Installateure ihre Dienstleistungen in GB, unter polnischem Recht, mit all den negativen Konsequenzen, wie Lohn- und Sozialdumping, anbieten. Seitdem der Rat und das EP den Kommissionsvorschlag abgeändert haben, ist das Herkunftslandprinzip nicht mehr ausdrücklich erwähnt, aber immer noch gültig. Allerdings sind folgende Bereiche ausgenommen:

- öffentliche Gesundheitswesen;
- Rechts- und Sozialdienstleistungen;
- Zeitarbeitsagenturen;
- der Finanzsektor, etc.

Die Dienstleistungsrichtlinie muss von den Mitgliedstaaten bis Dezember 2009 umgesetzt werden.

4. Die Kapitalverkehrsfreiheit

Unter dem Begriff Kapitalverkehrsfreiheit werden zwei Freiheiten subsumiert:

- die Kapitalverkehrsfreiheit selbst und
- die Freiheit des Zahlungsverkehrs.

Um diese beiden Freiheiten sicherzustellen, müssen Beschränkungen des zwischenstaatlichen Zahlungsverkehrs und des Kapitalverkehrs untersagt werden. Demzufolge ist die Freiheit des Zahlungsverkehrs auch in Zusammenhang mit anderen Freiheiten, wie etwa der Freizügigkeit der Arbeitnehmer oder der Niederlassungsfreiheit, zu sehen. Die Mitgliedstaaten sollen nämlich diese Freiheiten nicht dadurch untergraben, indem sie die grenzüberschreitende Entlohnung der Arbeitnehmer oder Gewinnauszahlung verbieten.

Aufgrund der zahlreichen Überlappungen ist es allerdings nicht immer einfach zu erkennen, welche Freiheiten von einer Beschränkung tatsächlich betroffen sind:

- der Schwerpunkt liegt im Bereich der Kapitalverkehrsfreiheit, wenn sich im Gaststaat keine Niederlassung befindet (z.B. bei Portfolioinvestitionen);

- hingegen ist hauptsächlich die Niederlassungsfreiheit betroffen, wenn eine Investition mit einer Niederlassung im Gaststaat erfolgt.

Gibt es Beschränkungen?
(siehe oben, Freizügigkeit der Arbeitnehmer)

Beispiel: Maßnahmen gegen Geldwäsche.

Gibt es Behinderungen?
In der Praxis kommen Behinderungen der Kapitalverkehrsfreiheit häufig in nationalen Steuergesetzen vor, um Investoren anzulocken, bzw., um Kapital im Heimatstaat zu halten.

Beispiel: die so genannten **„Golden share"** Fälle (nationale Schlüsselindustrien sollen geschützt werden, *siehe auch unten, Gesellschaftsrecht*):

Die spanische Energie-Firma Elektra wollte 25% der Aktien der französischen Firma ELF erwerben. Der Kauf kam nicht zustande, weil das französische Recht für einen Aktienerwerb über 20% die Zustimmung des französischen Wirtschaftsministers verlangte und eine solche Zustimmung des Ministers, aufgrund einer Gefährdung der nationalen Energiebereitstellung, die ein solcher Verkauf mit sich brächte, nicht erfolgte. Obwohl der EuGH die französische Rechtfertigung aufgrund des öffentliche Interesses akzeptierte, stellte er auch fest, dass das Erfordernis einer ministerialen Genehmigung nicht verhältnismäßig war, weil erstens, das französische Gesetz keine Gründe anführte, wann genau der Minister die Zustimmung zu einem Kauf verweigern kann und zweitens, keine Rechtsmittel gegen die Entscheidung des Ministers vorgesehen waren. Demzufolge konnte Frankreich den Kauf nicht verhindern.

V. Exkurs: Das europäische Wettbewerbsrecht und Gesellschaftsrecht

1. Das europäische Wettbewerbsrecht

Wie bereits mehrfach erwähnt, waren die primären Ziele der Gemeinschaft, einen Binnenmarkt durch den Abbau von Handelsbarrieren zu errichten, die vier Grundfreiheiten einzuführen sowie die Rechtspolitiken zu harmonisieren. Zusätzlich ist es allerdings auch von Bedeutung sicherzustellen, dass der Wettbewerb im Binnenmarkt nicht verfälscht ist.

Um ein faires Wettbewerbsrecht zu schaffen, sind zwei Maßnahmen erforderlich:

- das Kartellverbot;
- das Missbrauchsverbot.

1.1. Das Verbot wettbewerbswidriger Vereinbarungen und anderer beschränkender Praktiken (Kartellverbot, Artikel 81 EG-Vertrag)

Artikel 81 Abs. 1 verbietet *„alle Vereinbarungen zwischen Unternehmen, Beschlüsse von Unternehmensvereinigungen und aufeinander abgestimmte Verhaltensweisen, welche den Handel zwischen Mitgliedstaaten zu beeinträchtigen geeignet sind und eine Verhinderung, Einschränkung oder Verfälschung des Wettbewerbs innerhalb des Gemeinsamen Marktes bezwecken oder bewirken."*

<u>Was ist ein Kartell?</u>

Gemäß Artikel 81 sind für die Erfüllung des Kartelltatbestandes vier Voraussetzungen notwendig:

- das Vorliegen einer Vereinbarung oder einer abgestimmten Verhaltensweise zwischen zumindest zwei Unternehmern;
- die Vereinbarung muss geeignet sein, den Handel zwischen den Mitgliedstaaten zu beeinträchtigen;
- die Vereinbarung muss den Zweck oder die Wirkung haben, den Wettbewerb innerhalb der Gemeinschaft zu beschränken oder zu verfälschen (z.B. Vereinbarungen, welche *die Preise fixieren, die Produktion beschränken oder kontrollieren oder Märkte aufteilen*, etc);
- die Vereinbarung muss eine europaweite Auswirkung auf den Handel haben, d.h. spürbar sein (de minimis Regel: Der Marktanteil des Unternehmens muss zumindest 10% betragen).

Was ist ein Unternehmen?

Ein Unternehmen kann sowohl ein Individuum, als auch ein multinationaler Konzern sein. Beide müssen allerdings die Fähigkeit haben, eine wirtschaftliche Aktivität erbringen zu können.

Was ist eine Unternehmensvereinigung?

Eine Unternehmensvereinigung kann Empfehlungen abgeben sowie Beschlüsse fassen. Diese können wirksame Instrumente zur Beschränkung des Wettbewerbes sein.

Was ist eine Vereinbarung?

Ebenso wie das Unternehmen, ist auch der Begriff Vereinbarung sehr weit gefasst. Demzufolge sind folgende Vereinbarungsarten zu erwähnen:

- formelle Vereinbarungen (z.B. Verträge) und informelle Vereinbarungen (z.B. ein Gentleman's Agreement);
- vertikale Vereinbarungen (z.B. zwischen Produzent und Lieferant) und horizontale Vereinbarungen (z.B. zwischen Produzenten).

Was ist ein abgestimmtes Verhalten?

Ein abgestimmtes Verhalten ist eine Form der Zusammenarbeit zwischen Unternehmen, bei der die Stufe einer Vereinbarung nicht erreicht ist.

Vereinbarungen die den Handel zwischen den Mitgliedstaaten beeinträchtigen:

Grundsätzlich muss voraussehbar sein, dass eine Vereinbarung den Handel zwischen den Mitgliedstaaten beeinflusst.

Demzufolge fallen folgende Vereinbarungen in den Anwendungsbereich des Artikels 81:

- Vereinbarungen, welche als ihren **Zweck** die Verfälschung des Wettbewerbes haben oder
- Vereinbarungen, welche die Verfälschung des Wettbewerbes **bewirken.**

Demnach müssen der Zweck und die Wirkung einer Vereinbarung getrennt voneinander betrachtet werden:

- Vereinbarungen, deren Zweck wettbewerbswidrig ist, verstoßen in jedem Fall gegen Artikel 81 (z.B. Unternehmen handeln abgesprochen, um ihre Profite zu erhöhen. In einem solchen Fall ist es den Parteien sogar untersagt miteinander zu sprechen, obwohl die Beweiserbringung dafür, dass eine Kommunikation stattfindet, schwierig sein wird).
- Bei Vereinbarungen, deren Zweck nicht wettbewerbswidrig ist, muss deren Auswirkung geprüft werden (z.B. ist das Ziel einer solchen Vereinbarung die Entwicklung besserer Produkte, so haben die Unternehmen nicht unbedingt eine schlechte Absicht, obwohl auch hier als Ergebniswirkung ein Kartell entstehen kann, dessen Existenz noch erheblich schwieriger zu beweisen wäre).

Die Rechtsfolgen einer Verletzung von Artikel 81:

Vereinbarungen, welche in den Anwendungsbereich des Artikels 81 fallen, sind ungültig, es sei denn, eine Ausnahme (Freistellung!) wird gewährt.

Die Freistellung vom Kartellverbot:

Wie bereits erwähnt, fallen einzelne Vereinbarungen nicht in den Anwendungsbereich von Artikel 81 (de minimis Regel). Darüber hinaus sind weitere Vereinbarungen, aufgrund ihre positiven Auswirkungen auf den Handel, ausgenommen:

- Vereinbarungen, welche die Produktion bzw. den Vertrieb verbessern oder den technischen und wirtschaftlichen Fortschritt fördern;
- Vereinbarungen, welche es dem Verbraucher ermöglichen einen fairen Anteil am Gewinn zu erlangen (z.B. im Bereich des Transportmarktes: Die Verbraucher erhalten einen fairen Anteil am Gewinn dadurch, dass sie die öffentlichen Verkehrsmittel benutzen können).

Allerdings dürfen die ausgenommenen Vereinbarungen:

- dem Unternehmen keine Beschränkungen auferlegen, die für die Verwirklichung der eben genannten Ziele nicht unerlässlich sind und

- dem Kartell nicht die Möglichkeit eröffnen, für einen wesentlichen Teil der betreffenden Waren den Wettbewerb auszuschalten.

Die Durchsetzung von Artikel 81:

Die Durchsetzungskompetenz von Artikel 81 ist zwischen der Kommission, den nationalen Wettbewerbsbehörden und Gerichten aufgeteilt und beinhaltet auch die Befugnis, Strafen verhängen zu dürfen.

1.2. Der Missbrauch einer marktbeherrschenden Stellung (Missbrauchsverbot, Artikel 82 EG-Vertrag)

Der Handel kann nicht nur durch wettbewerbswidrige Vereinbarungen und andere beschränkende Praktiken beeinträchtigt werden, sondern auch durch den Missbrauch einer marktbeherrschenden Stellung. In diesem Zusammenhang ist nicht die marktbeherrschende Stellung an sich verboten – es ist der Missbrauch derselben, der rechtswidrig ist.

<u>Was ist eine marktbeherrschende Stellung?</u>

Um den Begriff Marktbeherrschung beurteilen zu können, muss man zunächst den so genannten relevanten Markt analysieren und folgende Fragen klären:

- Ist die Nachfrage substituierbar, d.h. handelt es sich um ein austauschbares Produkt?

Beispiel: der Fall **United Brands:** Die Kommission beschloss, dass der relevante Markt eines Großhändlers für Bananen, Bananen wären. Das Unternehmen United Brands wendete jedoch ein, dass der relevante Markt, Früchte im Allgemeinen seien und eine Erhöhung der Bananenpreise zu einem Umstieg des Konsumenten auf andere Früchte führen würde. Der Entscheidung des EuGHs zur Folge sind jedoch Bananen der relevante Markt, weil zahlreiche Konsumenten von Bananen nicht auf harte Früchte umsteigen können (z.B. zahnlose-, alte- sowie sehr junge Konsumenten).

- Können die Konsumenten, im Falle einer Preiserhöhung, auf einen in räumlicher Nähe liegenden Anbieter ausweichen?
- Ist das Angebot substituierbar, d.h. kann ein Unternehmer problemlos in den Markt eintreten?

- Sind die Produkte saisonal austauschbar (z.B. im Sommer haben Bananen verstärkte Konkurrenz durch Zitrusfrüchte)?

Hat man den relevanten Markt bestimmt, ist es nun notwendig zu untersuchen, ob ein Unternehmen in diesem Markt auch tatsächlich marktbeherrschend ist. Marktbeherrschung wird dabei definiert, als eine Position der wirtschaftlichen Stärke, welche es einem Unternehmen erlaubt, einen wirksamen Wettbewerb auf dem relevanten Markt zu verhindern. Marktbeherrschung liegt aber auch vor, wenn ein Unternehmen sein Marktverhalten ohne Rücksichtnahme auf die Marktpartner (Mitbewerber, Konsumenten) gestalten kann (d.h. je größer der Marktanteil [über 50%], desto größer ist die Wahrscheinlichkeit einer marktbeherrschenden Stellung).

Wie bereits erwähnt, müssen auch die Marktstrukturen (d.h. ein Marktanteil von 40% eines Unternehmens könnte als marktbeherrschend angesehen werden, wenn der zweitgrößte Mitbewerber lediglich über einen Marktanteil von 10% verfügt) sowie weitere Faktoren betrachtet werden (z.B. ein Unternehmen verfügt über einen hohen Marktanteil, allerdings ist es relativ einfach an diesem Markt teilzunehmen; ein Unternehmen verfügt über einen geringen Marktanteil, allerdings ist es schwierig – etwa aufgrund hoher Investitionskosten – an diesem Markt teilzunehmen.).

<u>Was wird als Missbrauch einer marktbeherrschenden Position gesehen?</u>

Eine marktbeherrschende Position alleine reicht noch nicht aus, um gegen wettbewerbsrechtliche Bestimmungen zu verstoßen. Nur wenn die marktbeherrschende Position auch missbraucht wird, ist Artikel 82 EG-Vertrag verletzt. Nachfolgende Beispiele stellen ein missbräuchliches Verhalten dar:

- die Lizenzverweigerung, wenn dadurch die Entstehung eines neuen Produkts verhindert wird (z.B. Microsoft);
- die Kampfpreisunterbietung (eine Strategie zur Ausschaltung von Mitbewerbern; die Preise werden zunächst gesenkt und anschließend wieder erhöht);
- die Bindung von Abnehmern und Lieferanten (z.B. durch Rabatte);
- die Festsetzung von überhöhten Preisen;
- die Verknappung des Angebotes mit anschließender Preiserhöhung;

- die Diskriminierung von Handelspartnern (z.B. loyale Kunden werden bevorzugt).

<u>Gibt es die Möglichkeit einer Freistellung?</u>
Es sind keine Ausnahmen verfügbar.

<u>Die Durchsetzung von Artikel 82:</u>
Die Kommission hat die Kompetenz, Untersuchungen anzustellen sowie Regelungen mit der Hilfe nationaler Behörden durchzusetzen.

<u>Verschmelzungen und Übernahmen:</u>
Verschmelzungen und Übernahmen von Unternehmen mit einer europäischen Dimension müssen der Kommission angezeigt werden, wenn sie einen weltweiten Umsatz von 5 Milliarden Euros und einen Umsatz in der Gemeinschaft von 250 Millionen Euros haben.

2. Das europäische Gesellschaftsrecht

Die auf dem Binnenmarkt handelnden Subjekte sind hauptsächlich Unternehmer, wobei nahezu alle diese Subjekte in Gesellschaften organisiert sind. Demzufolge muss das Gemeinschaftsrecht sicherstellen, dass, z.B. ein deutscher Staatsbürger eine Gesellschaft in Frankreich unter den gleichen Voraussetzungen wie ein französischer Staatsbürger gründen (oder sich daran beteiligen) kann. Zusätzlich muss die Gesellschaft selbst durch die vier Grundfreiheiten, d.h. vornehmlich durch die Niederlassungsfreiheit und die Dienstleistungsfreiheit, geschützt sein.

Darüber hinaus muss eine Gesellschaft auch dazu berechtigt sein, Tochtergesellschaften und Zweigniederlassungen gründen zu dürfen.

Allerdings unterscheiden sich die nationalen Gesellschaftsrechte sehr stark voneinander. Um daher ein europäisches Gesellschaftsrecht bilden zu können, müssen diese nationalen Gesellschaftsrechte harmonisiert werden. Eine solche Harmonisierung, die auch zur Einrichtung von Mindeststandards führt, ist auch geeignet, um den so genannten „Delaware"-Effekt zu verhindern. Diesem Effekt zur Folge wählen die Gesellschaften das Land mit den für sie günstigsten Rechtsvorschriften, mit dem Ergebnis, dass auch andere Länder ihre Rechtsordnungen nach unten anpassen („race to the bottom").

Neben einer Harmonisierung der nationalen Rechte sind zwei weitere Maßnahmen notwendig, um ein europäisches Gesellschaftsrecht zu errichten:

- die, eine transnationale Mobilität beschränkenden, nationalen Regelungen müssen beseitigt werden (d.h. die grenzüberschreitende Sitzverlegung und grenzüberschreitende Verschmelzung sollen ermöglicht werden) und
- europäische Gesellschaften müssen gegründet werden.

2.1. Die Rechtsgrundlagen des europäischen Gesellschaftsrechts

In Bezug auf das primäre Gemeinschaftsrecht stellen die Verträge folgende Rechtsgrundlagen bereit:

- **Artikel 43** EG-Vertrag (die Niederlassungsfreiheit);
- **Artikel 56** EG-Vertrag (die Kapitalverkehrsfreiheit);
- **Artikel 294** EG-Vertrag (demnach soll jeder Gemeinschaftsbürger das Recht haben sich so wie ein Inländer an Gesellschaften beteiligen zu können);
- **Artikel 293** EG-Vertrag (bezieht sich auf den Abschluss internationaler Übereinkommen; allerdings sind bis jetzt keine solchen Übereinkommen in Kraft getreten;
- **Artikel 308** EG-Vertrag (bildet die Rechtsgrundlage für den Erlass von Verordnungen, *siehe unten)*;
- **Artikel 12** EG-Vertrag (enthält ein allgemeines Diskriminierungsverbot).

In Bezug auf sekundäres Gemeinschaftsrecht sind folgende Rechtsgrundlagen zu erwähnen:

- **Richtlinien** (harmonisieren die nationalen Gesellschaftsrechte, siehe unten, die Harmonisierung der nationalen Gesellschaftsrechte);
- **Verordnungen** (ermöglichen es der Gemeinschaft ihre eigenen supranationalen europäischen Gesellschaften zu errichten);
- **Empfehlungen** (stellen eine Vorstufe für rechtsverbindliches Handeln dar).

2.2. Die europäischen Gesellschaften

Derzeit gibt es drei europäische Gesellschaftsformen:
- die Europäische Wirtschaftliche Interessenvereinigung (EWIV);
- die Europäische Aktiengesellschaft (Societas Europaea);
- die Europäische Genossenschaft (Societas Cooperativa Europaea).

2.2.1. Die Europäische Wirtschaftliche Interessenvereinigung (EWIV)

Die Rechtsnatur der EWIV:
- Die EWIV hat die Fähigkeit Träger von Rechten und Pflichten zu sein.
- Sie kann sowohl Schuldner als auch Gläubiger sein und ist vor Gericht parteifähig.
- Ob die EWIV ihre eigene Rechtspersönlichkeit hat, d.h. eine echte juristische Person oder lediglich eine teilrechtsfähige Person ist, können die Mitgliedstaaten frei entscheiden. Demgemäß hat, z.B. Frankreich eine echte juristische Person eingeführt, während sich Österreich für eine teilrechtsfähige Partnerschaft entschieden hat.

Die Struktur der EWIV:
- Die EWIV ermöglicht es den Gesellschaften grenzüberschreitend zusammenzuarbeiten (z.B. in den Bereichen gemeinsamer Vertrieb und Forschung). Obwohl die Gewinnzielung nicht ausdrücklich verboten ist, darf die EWIV nicht den Zweck haben, Gewinne zu erzielen.
- Die EWIV darf nicht über 500 Arbeitnehmer beschäftigen.
- Sie darf keine Konzern- oder Holdingfunktionen ausüben.
- Eine EWIV darf sich nicht an einer anderen EWIV beteiligen.

Die Gründung und Registrierung einer EWIV:

Für eine Gründung müssen zwei Voraussetzungen vorliegen:
- ein Gesellschaftsvertrag („Gründungsvertrag");
- die Eintragung in das nationale Register des Mitgliedstaates, in dem die EWIV ihren Sitz hat.

Der Sitz muss innerhalb der Gemeinschaft liegen und zwar entweder in dem Mitgliedstaat, in dem sich die Hauptverwaltung befindet oder einer der Gesellschafter seinen Sitz hat. In letzterem Fall muss die EWIV dort ihre Haupttätigkeit ausüben! In anderen Mitgliedstaaten können darüber hinaus Zweigniederlassungen gegründet und registriert werden (sekundäre Niederlassungsfreiheit, *siehe unten, Grundfreiheiten und Gesellschaftsrecht*).

Die Gesellschafter einer EWIV:

Als Gesellschafter einer EWIV kommen in Betracht:

- natürliche Personen, vorausgesetzt sie sind unternehmerisch tätig;
- juristische Personen und andere Gesellschaften (nicht aber andere EWIV).

Die Gesellschafter müssen zumindest aus zwei verschiedenen Mitgliedstaaten kommen. Wie bereits erwähnt, müssen sich natürliche Personen in dem Staat registrieren, in dem ein Gesellschafter seinen Sitz hat, vorausgesetzt die EWIV entfaltet dort ihre Haupttätigkeit. Gesellschaften sind in jenem Mitgliedstaat zu registrieren, in dem sich ihr Sitz der Hauptverwaltung befindet.

Die Sitzverlegung der EWIV:

Allgemein gesprochen ist es möglich, den Sitz einer EWIV von einem Mitgliedstaat in einen anderen zu verlegen (primäre Niederlassungsfreiheit, *siehe unten, Grundfreiheiten und Gesellschaftsrecht*). Allerdings kann die zuständige nationale Behörde des bisherigen Sitzstaates eine Sitzverlegung, aus Gründen des öffentlichen Interesses, beeinspruchen. Die Gläubiger einer EWIV verfügen über kein solches Einspruchsrecht, müssen allerdings von einer Sitzverlegung rechtzeitig in Kenntnis gesetzt werden, sodass sie ihre Ansprüche auch geltend machen können.

Die Organe der EWIV:

Die EWIV verfügt zumindest über zwei Organe:

- die Gesamtheit der Gesellschafter;
- der Geschäftsführer, der die EWIV vertritt und für sein Handeln haftet.

Die Gesamtheit der Gesellschafter trifft die Entscheidungen und kann dem Geschäftsführer Weisungen erteilen.

Die Haftung der Gesellschafter:
- Die Gesellschafter haften persönlich und unbeschränkt für die Schulden der EWIV, obwohl ein Gläubiger seine Ansprüche zunächst gegen die EWIV geltend machen muss. Leistet die EWIV jedoch nicht, so können die Gesellschafter belangt werden.
- Ein später in eine EWIV eintretender Gesellschafter haftet für die Altschulden der Gesellschaft. Allerdings kann eine solche Haftung ausgeschlossen werden, wenn sie im Register vermerkt ist.
- Die Haftung von ausscheidenden Gesellschaftern ist mit fünf Jahren beschränkt.

Abtretung der Mitgliedschaft, Aufnahme, Ausscheiden:
- Die Abtretung der Mitgliedschaft erfordert eine Zustimmung der anderen Gesellschafter, wobei eine solche Zustimmung nicht vorweg im Gesellschaftsvertrag erteilt werden kann.
- Die Aufnahme neuer Gesellschafter bedarf ebenso einer Zustimmung der anderen Gesellschafter. Auch hier kann diese Zustimmung nicht vorweg im Gesellschaftsvertrag erteilt werden.
- Ausscheidende Gesellschafter (z.B. durch Tod, Ausschluss, etc.) haben einen Anspruch auf das Auseinandersetzungsguthaben und sind verpflichtet den Verlustbeitrag zu leisten.

Die Auflösung einer EWIV:
Es ist die Aufgabe der Gesellschafter oder der nationalen Gerichte über eine Auflösung zu entscheiden.

Die Rechnungslegung:
Die Mitgliedstaaten können die Bestimmungen zur Rechnungslegung in ihren nationalen Rechtsvorschriften frei regeln.

Die Besteuerung einer EWIV:
Die Gewinne und Verluste werden ausschließlich bei den Gesellschaftern besteuert.

Die praktische Bedeutung der EWIV:
Aufgrund ihres beschränkten Anwendungsbereichs ist der EWIV kein allzu großer Erfolg beschieden. Die meisten EWIV wurden von Rechtsanwälten und Freiberuflern gegründet.

2.2.2. Die Europäische Aktiengesellschaft (Societas Europaea)

Die grundsätzliche Bedeutung der Europäischen Aktiengesellschaft (SE):
Die SE wurde gegründet für große, europaweit agierende Unternehmen. Allerdings ist die betreffende Rechtsgrundlage (Verordnung) sehr allgemein formuliert, was eine weit reichende Ergänzung durch nationales Recht erforderlich machte und so den supranationalen Charakter der SE beschränkte.

Die Gründung der SE:
Als eine juristische Person, kommen für die SE vier Arten der Gründung in Betracht:

- Die **Verschmelzung von nationalen Aktiengesellschaften,** deren Sitze in einem Mitgliedstaat sein müssen. Weiters müssen zumindest zwei der nationalen Aktiengesellschaften dem Recht verschiedener Mitgliedstaaten unterliegen.

- Die **Gründung einer Holding-SE**, bestehend aus Kapitalgesellschaften. Zumindest zwei der Kapitalgesellschaften müssen dem Recht verschiedener Mitgliedstaaten unterliegen oder die Gesellschaft hat seit mindestens zwei Jahren eine dem Recht eines anderen Mitgliedstaates unterliegende Tochtergesellschaft oder Zweigniederlassung.

- Die **Gründung einer Tochter-SE** durch juristische Personen des öffentlichen oder privaten Rechts (und anderer im Artikel 48 Abs. 2 EG-Vertrag genannten Gesellschaften). Diese Gründungsart ist nicht auf bestimmte Gesellschaftsformen beschränkt, allerdings müssen darüber hinaus die gleichen Voraussetzungen wie bei der Holding-SE erfüllt sein.

- Die **Umwandlung einer Aktiengesellschaft in eine SE**, vorausgesetzt die Aktiengesellschaft hat seit mindestens zwei Jahren eine Tochtergesellschaft (eine Zweigniederlassung ist hier nicht ausreichend).

Der Sitz der SE:

Gemäß Artikel 7 SE-Verordnung, *muss sich der Sitz der SE in jenem Mitgliedstaat der Gemeinschaft befinden, in dem auch die Hauptverwaltung liegt.*

Die Sitzverlegung:

Eine Sitzverlegung ist ohne die Auflösung der SE mit anschließender Neugründung erlaubt. Allerdings können der Sitz der Hauptverwaltung und der Satzungssitz nur gemeinsam verlegt werden. Darüber hinaus haben die zuständigen nationalen Behörden gegen einen Wegzug ein Einspruchsrecht, aus Gründen des öffentlichen Interesses.

Das Kapital einer SE:

Die SE muss über ein gezeichnetes Kapital von zumindest 120,000 EUR verfügen. Die Aktionärshaftung ist mit diesem Betrag beschränkt.

Die Organe der SE:

Die Mitgliedstaaten sind berechtigt, ein monistisches- („one-tier"-) oder dualistisches („two-tier") System zu errichten. Im angelsächsischen monistischen System gibt es nur einen Verwaltungsrat („board of directors"), wohingegen bei dem, im deutschsprachigen Raum vertretenen, dualistischen System, eine Trennung von exekutiven Aufgaben und Überwachungstätigkeiten stattfindet. Das exekutive Organ (Leitungsorgan) besteht dabei aus geschäftsführenden Direktoren, der Aufsichtsrat setzt sich aus Experten und Arbeitnehmervertretern zusammen.

Die dem monistischen- und dualistischen System gemeinsamen Bestimmungen:

- Die Organe werden auf sechs Jahre ernannt.
- Gesellschaften und andere juristische Personen können Organe sein.
- Alle Organe haben eine Verschwiegenheitspflicht.

- Entscheidungen werden mit einfacher Mehrheit gefällt, bei einer Anwesenheit von zumindest der Hälfte der Mitglieder.
- Ist in der Satzung nichts anderes geregelt, hat der Vorsitzende ein so genanntes Dirimierungsrecht, das ihn ermächtigt, bei Stimmengleichheit zu entscheiden.
- Die Mitgliedstaaten können entscheiden, welche Arten von Geschäften als zustimmungspflichtig in die Satzung aufzunehmen sind.
- Die Haftung der Organe ist genauso geregelt, wie die Haftung der Organe von nationalen Aktiengesellschaften (d.h. eine höhere oder niedrigere Haftung für SE-Organe ist nicht zulässig).

Bestimmungen für das dualistische System:
- Die Mitglieder des Leitungsorgans führen die Geschäfte in eigener Verantwortung.
- Die Anzahl der Mitglieder ist in der Satzung geregelt.
- Die Mitglieder werden vom Aufsichtsrat ernannt und abberufen.
- Ein Geschäftsführer kann bestellt werden.
- Der Aufsichtsrat überwacht die Tätigkeit des Leitungsorgans. Daher hat das Leitungsorgan den Aufsichtsrat zumindest alle drei Monate über den Gang der Geschäfte der SE zu informieren.
- Die Mitglieder des Aufsichtsrats werden durch die Hauptversammlung bestellt. Der Aufsichtsrat wählt einen Vorsitzenden.

Bestimmungen für das monistische System:
- Die Mitglieder werden durch die Hauptversammlung ernannt.
- Ein Geschäftsführer kann bestellt werden.
- Das einheitliche Verwaltungsorgan muss zumindest alle drei Monate zusammenkommen, um den Gang der Geschäfte zu diskutieren.
- Der Vorsitzende muss ein Aktionärsvertreter sein, wenn mehr als die Hälfte der Mitglieder von Arbeitnehmern vertreten wird.

Die Besonderheiten der Hauptversammlung:
- Die Organisation, der Ablauf und das Abstimmungsverfahren der Hauptversammlung werden in den nationalen Rechtsvorschriften geregelt.
- Allerdings muss eine Hauptversammlung zumindest einmal pro Jahr, innerhalb von sechs Monaten nach Schluss des Geschäftsjahres, einberufen werden.
- Darüber hinaus hat eine Kapitalminderheit von 10% das Recht, eine Hauptversammlung einzuberufen.
- Die Entscheidungen werden mit einfacher Mehrheit getroffen, obwohl andere Mehrheiten erlaubt sind, wenn sie in der Satzung oder den nationalen Rechtsvorschriften geregelt sind.

Die Arbeitnehmermitbestimmung:

Auf diesem Gebiet unterscheiden sich die nationalen Rechte relativ stark voneinander, wobei in einigen Mitgliedstaaten überhaupt keine diesbezüglichen Regelungen vorhanden sind. Demzufolge war dieses Thema zwischen den Mitgliedstaaten heftig umstritten. Schließlich einigte man sich auf die Errichtung eines so genannten „Vermittlungsausschusses der Arbeitnehmer", der von den Unternehmen, welche die SE bilden, gegründet werden muss. Ein solcher Ausschuss hat die Aufgabe, die Verhandlung über die Teilnahme der Arbeitnehmervertreter in der SE mit dem entsprechenden SE-Organ zu führen.

Die Regelungen über den Jahresabschluss:

Die Regelungen über den Jahresabschluss werden in den nationalen Rechtsvorschriften geregelt.

Die Umwandlung einer SE:
- Nach frühestens zwei Jahren ist eine Rückumwandlung der SE in eine Aktiengesellschaft, nach dem Recht des Sitzstaates erlaubt (d.h. ohne eine Auflösung mit anschließender Neugründung).
- In Bezug auf Umstrukturierungen kann die SE Subjekt von innerstaatlichen und grenzüberschreitenden Verschmelzungen, Spaltungen und Umwandlungen sein. Spaltungen zur Neugründung einer SE sind allerdings davon ausgenommen.

Die praktische Bedeutung der SE:

Europaweit wurden ca. 240 SE's gegründet – die Mehrheit davon nach dem monistischen System.

2.2.3. Die Europäische Genossenschaft (Societas Cooperativa Europaea)

Die Regelungen betreffend eine Europäische Genossenschaft (SCE) entsprechen im Wesentlichen jenen der SE.

2.2.4. Die Europäische Privatgesellschaft (Societas Privata Europaea)

Um kleine und mittlere Unternehmen in Europa zu unterstützen, wird zurzeit die Errichtung einer Europäischen Privatgesellschaft (SPE) im EP diskutiert. Die SPE soll folgende Merkmale aufweisen:

- im Gegensatz zur SE und zur EWIV wird bei der Gründung einer SPE kein grenzüberschreitendes Element verlangt;
- es gibt keine Beschränkung der Gründungsarten (im Gegensatz zu den vier Gründungsarten einer SE);
- der Sitz der Hauptverwaltung und der Satzungssitz dürfen in unterschiedlichen Mitgliedstaaten liegen;
- eine Sitzverlegung ist vorgesehen;
- die Ergänzung durch nationales Recht soll nur in beschränktem Maße stattfinden;
- die Satzung kann frei bestimmt werden;
- das Mindestkapital beträgt 1 Euro.

2.3. Die Harmonisierung der nationalen Gesellschaftsrechte

Wie bereits erwähnt, soll eine Harmonisierung der nationalen Gesellschaftsrechte (erfolgt durch Richtlinien) sowohl Mindeststandards, als auch gleiche Wettbewerbsbedingungen schaffen. Bis jetzt sind folgende Richtlinien erlassen worden:

Die Publizitätsrichtlinie:

- Gegenstand der Richtlinie ist die Aktiengesellschaft (AG) sowie die Gesellschaft mit beschränkter Haftung (GmbH).

- Die Richtlinie regelt die Offenlegung in einem Register, die Gültigkeit der von der Gesellschaft eingegangen Verpflichtungen sowie die Kontrolle der Gründung.

Die Kapitalrichtlinie:
- Gegenstand ist die AG.
- Die Richtlinie regelt die Gründung der AG zu einem ziffernmäßig fixierten Grundkapital, die Kapitalaufbringung, die Kapitalerhaltung, Kapitalerhöhung und Kapitalherabsetzung sowie die Gleichbehandlung der Aktionäre.

Die Fusionsrichtlinie:
- Gegenstand ist die AG.
- Die Richtlinie regelt Verschmelzungen durch Aufnahme sowie Verschmelzungen zur Neugründung. Die Verschmelzung zweier GmbHs ist ausgenommen.

Die Jahresabschlussrichtlinie:
- Gegenstand sind Kapitalgesellschaften.
- Die Richtlinie regelt die Verpflichtung des Verwaltungs-, Leitungs- und Aufsichtsorgan, für die Aufstellung und Veröffentlichung des Jahresabschlusses zu sorgen.

Die Spaltungsrichtlinie:
- Gegenstand ist die AG.
- Die Richtlinie regelt die Spaltung zur Neugründung sowie die Spaltung durch Übernahme, obwohl die Mitgliedstaaten nicht verpflichtet sind, diese Rechtsinstitute einzuführen.

Die Richtlinie über den konsolidierten Jahresabschluss:
- Gegenstand sind Kapitalgesellschaften.

Die Abschlussprüfungsrichtlinie:
- Die Richtlinie regelt die Qualifikationsanforderungen des Abschlussprüfers.

Die Zweigniederlassungsrichtlinie:
- Gegenstand ist die AG sowie die GmbH.
- Die Richtlinie regelt die Gründung von Zweigniederlassungen (d.h. Zweigniederlassungen von EU-Unternehmen sowie von Gesellschaften aus Drittstaaten).

Die Einpersonen-GmbH-Richtlinie:
- Die Mitgliedstaaten sind verpflichtet diese Unternehmensform zuzulassen.

Die Übernahmerichtlinie:
- Gegenstand ist die börsennotierte AG.
- Die Richtlinie regelt die Gleichbehandlung der Wertpapierinhaber der Zielgesellschaft, den Ausschluss von Minderheitsaktionären („squeeze out") und das Andienungsrecht von Inhabern verbleibender Wertpapier („sell out").

Die Richtlinie über die Verschmelzung von Kapitalgesellschaften aus verschiedenen Mitgliedstaaten:
- Gegenstand ist die Kapitalgesellschaft (AG, GmbH, Genossenschaften).
- Die Mitgliedstaaten sind verpflichtet, grenzüberschreitende Verschmelzungen von Kapitalgesellschaften zuzulassen.

Die Aktionärsrechtrichtlinie:
- Gegenstand ist die börsennotierte AG.
- Die Richtlinie stärkt die Aktionärsdemokratie durch, z.B. die Möglichkeit, auch schriftlich abstimmen zu können.

2.4. Grundfreiheiten und Gesellschaftsrecht

2.4.1. Die Niederlassungsfreiheit

Die primäre Niederlassungsfreiheit:

Die primäre Niederlassungsfreiheit umfasst die Gründung und Leitung von Unternehmen (d.h. ein Mitgliedstaat darf nicht die Gesellschaftsgründung durch Staatsbürger eines anderen Mitgliedstaates verbieten oder Ausländer gegenüber Inländern diskriminieren). Neben natürlichen Personen ist auch die Gesellschaft selbst (d.h. juristische Personen des öffentlichen und privaten Rechts, die einen Erwerbszweck verfolgen) Gegenstand der primären Niederlassungsfreiheit.

Die sekundäre Niederlassungsfreiheit:

Artikel 43 Abs. 1, 2. Satz EG-Vertrag erlaubt die Gründung von Agenturen, Tochtergesellschaften und Zweigniederlassungen. Dieses Recht bezeichnet man als sekundäre Niederlassungsfreiheit.

Die Verbindung mit einem Mitgliedstaat:

Artikel 48 Abs. 1 EG-Vertrag: *„Für die Anwendung dieses Kapitels stehen die nach den Rechtsvorschriften eines Mitgliedstaats gegründeten Gesellschaften, die ihren satzungsmäßigen Sitz, ihre Hauptverwaltung oder ihre Hauptniederlassung innerhalb der Gemeinschaft haben, den natürlichen Personen gleich, die Angehörige der Mitgliedstaaten sind."*

Gemäß Artikel 48 muss daher eine Gesellschaft:

- nach den Rechtsvorschriften eines Mitgliedstaates gegründet sein und
- ihren Satzungssitz, ihre Hauptverwaltung oder ihre Hauptniederlassung innerhalb der Gemeinschaft haben.

Die Bedeutung dieses Artikels löste heftige Diskussionen aus:

- Nach einer Auffassung muss lediglich eines der oben genannten Kriterien (d.h. Satzungssitz, Hauptverwaltung oder Hauptniederlassung) erfüllt sein. Das bedeutet, dass eine in GB registrierte Gesellschaft mit ihrem Verwaltungssitz in Österreich von den zuständigen österreichischen Behörden akzeptiert werden müsste.

- Nach anderer Auffassung können die Mitgliedstaaten darüber entscheiden, ob sie an den Sitz der Hauptverwaltung (Österreich) oder an den Satzungssitz (GB) anknüpfen wollen. Das bedeutet, dass eine in GB registrierte Gesellschaft mit ihrem Verwaltungssitz in Österreich von den zuständigen österreichischen Behörden nicht akzeptiert werden müsste, weil eine Gesellschaft in Österreich registriert sein muss, um nach österreichischem Recht als Gesellschaft anerkannt werden zu können!

Die wichtigsten EuGH Entscheidungen:
- **Daily Mail, 1988:** „Daily Mail plc." war in GB registriert und wollte den Sitz der Hauptverwaltung (d.h. nach britischem Recht damit auch seinen Steuersitz!) in die Niederlande verlegen. Allerdings erfordert eine Sitzverlegung nach britischem Steuerrecht die Genehmigung der zuständigen britischen Finanzbehörde. Eine solche Genehmigung wurde nicht erteilt. Der Entscheidung des EuGH zur Folge, können die Mitgliedstaaten über eine Sitzverlegung frei entscheiden und daher kann eine Verweigerung des Wegzugs, nach derzeitigem Stand des Gemeinschaftsrechts, nicht als ein Verstoß gegen die Niederlassungsfreiheit gesehen werden. Diese Entscheidung war ein ziemlicher Rückschlag für die Niederlassungsfreiheit von Gesellschaften!
- **Centros, 1999:** Ein dänisches Ehepaar registrierte eine „private limited company by shares" in GB, mit der Absicht, ihre Geschäfte durch eine Zweigniederlassung ausschließlich in Dänemark auszuführen. Die dänischen Behörden untersagten die Registrierung der Zweigniederlassung aus Gründen der Umgehung nationaler Rechtsvorschriften. Der Entscheidung des EuGH zur Folge, darf die Registrierung einer Zweigniederlassung selbst dann nicht untersagt werden, wenn die Gesellschaft in GB keinerlei Geschäftstätigkeit entfaltet (diese Entscheidung erlaubt die Gründung von so genannten Briefkastenfirmen).
- **Überseering, 1999:** Die Kapitalgesellschaft Überseering wurde in den Niederlanden registriert und hatte ihren Sitz der Hauptverwaltung in Deutschland. Während eines Gerichtsverfahrens in Deutschland verweigerten die deutschen Behörden Überseering die Rechte einer Partei, weil die Gesellschaft in den Niederlanden registriert war. Der Entscheidung des EuGH zur Folge, stellt dies einen Verstoß gegen die Niederlassungsfreiheit dar.

- **Inspire Art, 2003:** Gemäß dieser EuGH-Entscheidung, war es den Niederlanden nicht erlaubt, Regelungen zu erlassen, welche so genannte formal ausländische Gesellschaften (d.h. Gesellschaften, welche in einem anderen Mitgliedstaat registriert sind und ihre Geschäftstätigkeit durch eine Zweigniederlassung ausschließlich in den Niederlanden entfalten) schlechter behandeln als inländische Gesellschaften (z.B. im Hinblick auf eine strengere Haftung).

Die Konsequenz dieser drei Entscheidungen ist, dass Gesellschaften in jenen Mitgliedstaaten gegründet werden können, welche die besten Voraussetzungen bieten (z.B. das niedrigste Mindestkapital) sowie ihre Geschäftstätigkeit durch Zweigniederlassungen ausschließlich in anderen Mitgliedstaaten entfalten können. Darüber hinaus besitzen solcherart gegründete Gesellschaften die volle Rechts- und Parteifähigkeit und dürfen gegenüber inländischen Gesellschaften in keiner Weise diskriminiert werden. All dies führte etwa zu einer vermehrten Geschäftstätigkeit von britischen „private limited companies" in Deutschland!

- **Sevic-System, 2005:** Sevic-Systems, mit Sitz in Deutschland, schloss einen Fusionsvertrag mit einer in Luxemburg ansässigen Gesellschaft. Die zuständigen deutschen Behörden verweigerten diese grenzüberschreitende Verschmelzung mit der Begründung, dass eine Verschmelzung ohne vorherige Auflösung der Gesellschaft nur für innerstaatliche Fusionen in Betracht käme. Der Entscheidung des EuGH zur Folge, stellt dies einen Verstoß gegen die Niederlassungsfreiheit dar.
- **Cartesio, 2006:** Einen weiteren Rückschlag (nach der Entscheidung Daily Mail) stellte das Cartesio-Urteil dar. Cartesio, eine ungarische Personengesellschaft, wollte ihren Sitz der Hauptverwaltung, unter Beibehaltung ihres Satzungssitzes, von Ungarn nach Italien verlegen. Die zuständigen ungarischen Behörden untersagten dies und verlangten eine vorherige Auflösung der Gesellschaft. Der Entscheidung des EuGH zur Folge können die Mitgliedstaaten über den Wegzug einer Gesellschaft bestimmen (d.h. es ist kein Verstoß gegen die Niederlassungsfreiheit, wenn die nationalen Behörden einen Wegzug nicht ohne vorherige Auflösung gestatten). Allerdings hat der EuGH zusätzlich festgestellt, dass ein Mitgliedstaat (im konkreten Fall Ungarn) eine Gesellschaft nicht daran hindern kann, sich in eine Gesellschaft des Zielstaates (im konkreten Fall Italien) um-

zuwandeln, wenn das Recht des Zielstaates eine solche Umwandlung vorsieht.

2.4.2. Die Kapitalverkehrsfreiheit

Wie bereits erwähnt *(siehe oben, die Kapitalverkehrsfreiheit)*, neigen die Mitgliedstaaten dazu, ihre Schlüsselindustrien durch so genannte Exklusivrechte zu schützen.

Beispiel: der Volkswagen Fall: Der Entscheidung des EuGH zur Folge verstößt das VW-Gesetz, aus folgenden Gründen, gegen die Kapitalverkehrsfreiheit:

- die Beschränkung der Stimmrechte der Aktionäre auf 20%, auch wenn diese einen höheren Aktienanteil haben;
- das Entsenderecht des Staates zum Aufsichtsrat der Volkswagen AG;
- die Herabsetzung der Sperrminorität.

Als Konsequenz dieser so genannten „Golden share" Fälle stellte der EuGH folgende Grundsätze auf:

- Jedes unverhältnismäßige Einflussrecht des Staates stellt eine Beschränkung der Kapitalverkehrsfreiheit dar.
- Sogar die Gewährung von Exklusivrechten in der Satzung wird als Verstoß gewertet.
- Der EuGH prüft eine etwaige Rechtfertigung sehr streng.
- Aktionäre, die mit Exklusivrechten des Staates nicht einverstanden sind, können sich an ein nationales Gericht wenden ("private enforcement").

VI. Ausgewählte Politiken

1. Die Gemeinsame Agrarpolitik

Die wichtigsten Ziele der Gemeinsamen Agrarpolitik (GAP):
- die Steigerung der Produktivität;
- die Ermöglichung eine angemessenen Lebensstandards;
- die Marktstabilisierung;
- die Sicherstellung des Bedarfs;
- die Bereitstellung von Nahrung.

Die Hauptprinzipien der GAP:
- **Der Gemeinsame Markt für landwirtschaftliche Produkte:** Einige Reformen waren aufgrund der enormen Kosten dieses Politikbereiches notwendig *(siehe unten)*.
- **Gemeinschaftspräferenz:** Die landwirtschaftlichen Produkte der EU haben gegenüber importierten Gütern einen Preisvorteil.
- **Gemeinsame Finanzierung:** Sämtliche Ausgaben werden mit Hilfe spezieller Fonds *(siehe unten)* finanziert, die aus Geldern der Mitgliedstaaten gespeist werden.

Die Instrumente zum Schutz des gemeinsamen Agrarmarktes:
- **Garantierte Mindestpreise und Exportsubventionen:** Der garantierte Mindestpreis macht die EU Produkte, im Vergleich zu ausländischen Gütern, teurer. Solch hohe Preise führen zu Überproduktion („Milchseen und Butterberge") und erfordern daher Subventionen, um die Produkte wettbewerbsfähig zu halten.
- **Importzölle:** Dieses Instrument schützt die EU Produkte vor Niedrigpreisimporten.
- **Mengenmäßige Beschränkungen:** Dieses Instrument bewahrt den EU Markt vor einer Überschwemmung mit ausländischen Produkten, d.h. vor einem erhöhten Angebot mit Preisabfall.

- **Quotensystem:** Dieses Instrument versucht die Balance zwischen Angebot und Nachfrage innerhalb der EU dadurch zu halten, indem die Produktion von Waren, die für die europäische Wirtschaft wichtig sind, beschränkt werden (z.B. Zucker).

Die Reformen von 2003:

- **Entkopplung:** Die finanzielle Unterstützung der Bauern wird nicht mehr von deren Produktionsmenge abhängig gemacht.
- **Cross-Compliance:** Die Zahlungen an die Bauern werden mit der Einhaltung von Standards in den Bereichen Lebensmittelsicherheit und Tierschutz verbunden.
- Neue Prioritäten wurden gesetzt hinsichtlich der Entwicklung des ländlichen Raums und des Umweltschutzes.
- Die Zahlungen an landwirtschaftliche Großbetriebe wurden gekürzt sowie eine generelle Haushaltsdisziplin, verbunden mit einem Abbau von Subventionen in einzelnen Bereichen, sichergestellt.

Die Finanzierung der GAP:

Neben der Regionalpolitik ist die GAP die bei weitem teuerste Gemeinschaftspolitik, mit einem Ausgabenanteil von über 30% (2008) vom Gesamtbudget. Seit dem Jahre 2007 wird die GAP durch zwei neue Fonds finanziert:

- **Der Europäische Garantiefonds für die Landwirtschaft** (EGFL), welcher Direktzahlungen an die Bauern leistet sowie Maßnahmen zur Regelung des Agrarmarktes (z.B. Interventionen, Exportrückerstattungen) finanziert;
- **Der Europäische Landwirtschaftsfonds für die Entwicklung des ländlichen Raums** (ELER), welcher die Programme der Mitgliedstaaten hinsichtlich der Entwicklung des ländlichen Raums finanziert.

2. Die Regionalpolitik

Die Europäische Union stellt kein einheitliches Gebiet dar, sondern besteht sowohl aus sehr reichen, als auch armen Regionen. Diese Unterschiede versucht die europäische Regionalpolitik auszugleichen.

Die Bedeutung der europäischen Regionalpolitik ist in den letzten Jahren erheblich gestiegen. Diese Entwicklung spiegelt sich auch im Finanzaufwand wieder: Zu Beginn machte das Budget der Regionalpolitik lediglich 5% der Gesamtausgaben aus, wohingegen heute mehr als ein Drittel des Gesamtbudgets in diesen Politikbereich fließen. Die Verteilung der Mittel erfolgt dabei in einem komplexen System, wo unterschiedliche Ziele, Fonds, Verfahren und Akteure miteinander verknüpft sind.

Seit 1957 wurde die Regionalpolitik durch vier Strukturprogrammperioden reformiert. In der aktuellen Periode 2007–2013 können mehr als 300 Milliarden Euros, auf drei Ziele, durch drei verschieden Fonds, verteilt werden:

1. Konvergenz: Dieses Ziel bezieht sich in erster Linie auf die neuen, ärmeren Mitgliedstaaten und fördert das Wirtschaftswachstum sowie die Schaffung von Arbeitsplätzen in selbigen (d.h. in Mitgliedstaaten deren BIP-pro-Kopf weniger als 75% des EU-Durchschnitts darstellt).

Fonds: Drei Fonds finanzieren dieses Ziel mit etwa 250 Milliarden Euros.

- Der **Europäische Fonds für regionale Entwicklung** (EFRE) zur Unterstützung entwicklungsrückständige Regionen;
- Der **Europäische Sozialfonds** (ESF) zur Bekämpfung von Arbeitslosigkeit;
- Der **Europäische Kohäsionsfonds** zur Förderung von Projekten betreffend Transport und Umwelt.

2. Wettbewerbsfähigkeit und Beschäftigung: Dieses Ziel hilft den etwas reicheren Mitgliedstaaten (die armen Mitgliedstaaten werden durch das Konvergenz-Ziel gefördert!), mit wirtschaftlichen und sozialen Veränderungen umzugehen, auf dem Weg zu einer wissensbasierten Gesellschaft, bei einer gleichzeitig niedrigen Arbeitslosenrate.

Fonds: Zwei Fonds finanzieren diese Ziel mit etwa 50 Milliarden Euros.

- EFRE;
- ESF.

3. Territoriale Zusammenarbeit: Dieses Ziel bezieht sich auf die grenzüberschreitende Zusammenarbeit der Regionen sowie die Förderung von kleinen und mittelständischen Unternehmen.

Fonds: Ein Fonds finanziert diese Ziel mit etwa 8 Milliarden Euros.

- EFRE

3. Die Gemeinsame Außen- und Sicherheitspolitik

Die Entwicklung einer Gemeinsamen Außen- und Sicherheitspolitik:

Wie bereits erwähnt, waren die Mitgliedstaaten in den ersten Jahren nach der Gründung der Gemeinschaften aufgrund ihres Souveränitätsdenkens nicht bereit, ihre nationalen Außen- und Sicherheitspolitiken nach Brüssel zu transferieren. Demzufolge scheiterten auch die folgenden Projekte:

- die Europäische Verteidigungsgemeinschaft (1952);
- die Europäische Politische Gemeinschaft (1953);
- die Europäische Politische Union (1962).

Erst mit der Einheitlichen Europäischen Akte (1985/87) wurde die so genannte **Europäische Politische Kooperation** (der Vorgänger der Gemeinsamen Außen- und Sicherheitspolitik) in das Gemeinschaftsrecht integriert. Allerdings war diese politische Kooperation nicht allzu intensiv, weil keinerlei verbindliche Rechtsvorschriften existierten und sämtliche Entscheidungen im Konsens zu treffen waren.

Aus politischer Sicht konnte man die Gemeinschaft daher als einen wirtschaftlichen Riesen, aber politischen Zwerg sehen. Allerdings begannen sich Anfang der 1990iger Jahre die Dinge zu ändern – internationale Konflikte, wie der Golfkrieg oder der Krieg in Ex-Jugoslawien, erforderten koordinierte Gemeinschaftsaktionen.

Diese Entwicklungen führten schließlich mit dem Vertrag von Maastricht zur Gründung einer Gemeinsamen Außen- und Sicherheitspolitik als die zweite Säule (intergouvernemental).

Neben einer gemeinsamen Außenpolitik war somit auch die Errichtung einer Sicherheits- und Verteidigungspolitik von Nöten. Die dabei aufkommenden Probleme können am besten wie folgt beschrieben werden:

- Die Mitgliedstaaten sind nicht gewillt diesen sehr nationalen Bereich abzugeben.
- Vier Mitgliedstaaten (Finnland, Irland, Österreich und Schweden) sind neutral.
- GB ist militärisch eher mit den USA verbunden.
- Frankreich will militärisch unabhängig bleiben.

Zusätzlich zu diesen Problemen zeigte der Balkan Krieg der 1990iger Jahre die Schwächen gemeinsamer europäischer Militäraktionen auf. Allerdings war es auch gerade dieses Unvermögen, gemeinsam handeln zu können, das mit der Formulierung der so genannten **„Petersberger Aufgaben (1992)"** den Grundstein für eine **Europäische Sicherheits- und Verteidigungspolitik** (ESVP) legte, deren Ziele wie folgt definiert werden können:

- die Durchführung von humanitären Projekten und Rettungseinsätzen;
- die Erfüllung von friedenserhaltenden Aufgaben;
- die Bewältigung von Krisen und Förderung von friedensschaffenden Maßnahmen.

Allgemein gesprochen, kann die ESVP am besten wie folgt beschrieben werden:

- Die europäische Sicherheitspolitik wird nicht als ein Konkurrent der NATO, sondern vielmehr als eine Ergänzung selbiger gesehen.
- Die Entscheidungen werden intergouvernemental getroffen.
- Eine europäische Armee existiert nicht, allerdings:
  - Eine schnelle Eingreiftruppe („European Rapid Reaction Force"), bestehend aus 60,000 Soldaten, wurde im Jahre 2003 eingerichtet. Diese ist einsatzbereit binnen 60 Tage und agiert auf Basis der „Petersberger Aufgaben" (Headline Goal 2003).
  - Eine schnelle Eingreifkampftruppe („Rapid Reaction Battle Group"), bestehend aus 1,500 Soldaten (aus drei bis vier Mitgliedstaaten), die binnen zweier Wochen weltweit einsatzbereit sind, um in UN-genehmigten Operationen agieren zu können.
  - Eine europäische Gendarmerietruppe („European Gendarmerie Force") ist eine Polizeieingreiftruppe, die auf Krisenmanagement spezialisiert ist und innerhalb von 30 Tagen einsatzbereit ist.

Die Westeuropäische Union:
- 1947: Mit dem **Brüsseler Pakt** wurde die **Westunion** (WU) als eine Partnerschaft der Sicherheit gegründet.
- 1954: Mit den **Pariser Abkommen** wurde die **Westeuropäische Union** (WEU) zwischen den sechs Gründungsmitgliedern der Gemeinschaften gegründet.
- Im Gegensatz zur NATO, verpflichtet die WEU ihre Mitglieder zu einer unbedingten Beistandspflicht im Falle eines Angriffs von außen.
- Bis in die 1990iger Jahre hatte die WEU keine nennenswerten Aktivitäten. Zu einer Aufwertung der WEU kam es, als diese mit der Erfüllung der „Petersberger Aufgaben" betraut wurde. In weiterer Folge wurden allerdings zunehmend Funktionen der WEU auf die GASP sowie die ESVP übertragen (die „Petersberger Aufgaben" wurden mit dem Vertrag von Amsterdam [1997/99] in das Gemeinschaftsrecht übertragen.). Trotzdem konnte eine vollständige Verschmelzung von WEU und EU bisher noch nicht erreicht werden.
- Die WEU hat zehn Vollmitglieder, sechs assoziierte Mitglieder, fünf Teilnehmer mit Beobachterstatus und sieben assoziierte Partner.

Die wichtigsten Organe der GASP in hierarchischer Ordnung:
- Der Europäische Rat, der politische Leitlinien vorgibt.
- Der Ministerrat für allgemeine Angelegenheiten und Außenbeziehungen *(siehe oben, der Rat)*, der Gemeinsame Aktionen und Gemeinsame Standpunkte, basierend auf den politischen Leitlinien des Europäischen Rates, beschließt.
- Der Ausschuss der Ständigen Vertreter *(siehe oben, der Rat)*, der als ein Filter zwischen dem Ministerrat und dem Politischen und Sicherheitspolitischen Komitee agiert.
- Das Politische und Sicherheitspolitische Komitee (PSK), das, unterstützt durch Arbeitsgruppen und Ausschüsse, Angelegenheiten der ESVP behandelt.

Die Rechtsakte der GASP:

Wie bereits erwähnt *(siehe oben, Primäres- und Sekundäres Gemeinschaftsrecht)*, erlässt der Europäische Rat allgemeine politische Leitlinien und Gemeinsame Strategien. Basierend auf diesen Leitlinien und Strategien beschließt der Rat, z.B. Gemeinsame Aktionen, Gemeinsame Standpunkte, Beschlüsse und Erklärungen. Demzufolge werden die wichtigsten Entscheidungen der GASP vom Europäischen Rat einstimmig beschlossen, wohingegen der Rat nur die ausführenden (exekutiven) Entscheidungen trifft.

Die Kommission und das EP haben im intergouvernementalen Bereich der GASP eine traditionell schwache Position.

Der Hohe Vertreter der GASP:

Dieses Amt wurde mit dem Vertrag von Amsterdam (1997/99) eingerichtet, um die Zusammenarbeit der Mitgliedstaaten zu verbessern.

Die wichtigsten Änderungen durch den Vertrag von Lissabon:

- Obwohl das Amt eines europäischen Außenministers nicht eingeführt wird, werden die Kompetenzen des Hohen Vertreters mit denen des Kommissars für auswärtige Beziehungen verbunden. Der Hohe Vertreter wird auch mit dem Amt des Vizepräsidenten der Kommission betraut.
- Die Dreisäulenstruktur der EU aus dem Vertrag von Maastricht wird beseitigt. Die frühere zweite Säule wird umbenannt in **„Auswärtiges Handeln der Union"**, bleibt allerdings weiterhin intergouvernemental organisiert.
- Durch eine **„strukturierte Zusammenarbeit im Rahmen der Union"** können die Mitgliedstaaten, die über eine entsprechende militärische Kapazität verfügen, enger zusammenarbeiten. Diese strukturierte Zusammenarbeit kann auch zu einem gemeinsamen Verteidigungssystem führen!
- Eine Solidaritätsklausel wird eingeführt, durch welche die Mitgliedstaaten, im Falle eines bewaffneten Angriffs auf das Hoheitsgebiet eines Mitgliedstaates, alle in ihrer Macht stehende Hilfe und Unterstützung zu leisten haben.

4. Die Handelspolitik der Europäischen Union

Die EU ist, als einer der so genannten „Global Players", ein wichtiger Akteur im internationalen Handel. Dies hat im Wesentlichen zwei Gründe:

- die wirtschaftliche Stärke der EU – der EU-Handel macht über 25% des weltweiten BIPs aus;
- die Marktgröße der EU – mit beinahe 500 Millionen Menschen sind andere Länder hinsichtlich ihrer Exporte vom EU Markt abhängig.

Die gemeinsame Handelspolitik fällt in den Bereich der ausschließlichen Kompetenz der europäischen Gemeinschaften. Es können folgende Instrumente zur Gestaltung der Handelspolitik unterschieden werden:

- der gemeinsame Zolltarif;
- die Importregulierung;
- die handelspolitischen Schutzinstrumente;
- die Exportkontrollen;
- die Präferenzabkommen.

<u>Der gemeinsame Zolltarif:</u>

Wie bereits mehrfach erwähnt, ist die EU eine Zollunion (d.h. sie verfügt über einen gemeinsamen Außenzoll).

- Dieser gemeinsame Zolltarif legt für jedes importierte Produkt, anhand eines Codes, in einer Datenbank namens TARIC („Tarif intégré des Communautés européennes"), die Zollsätze der einzelnen Produkte fest. Die Mitgliedstaaten sind dazu verpflichtet, diesen gemeinsamen Zolltarif anzuwenden.
- Eine solche Bestimmung des gemeinsamen Zolltarifs erfordert auch eine Bewertung des Produkts, basierend auf dessen Exportpreis.
- Darüber hinaus sind die Importeure manchmal verpflichtet, den Ursprung ihrer Produkte klarzustellen, um die Feststellung zu ermöglichen, ob bestimmte handelsbezogene Maßnahmen anwendbar sind (z.B. die Maßnahme einer Zollbefreiung; der Ursprung eines Produktes wird in dem Land gesehen, in dem die letzten substanziellen Arbeitsschritte durchgeführt wurden: „A" importiert elektronische Einzelteile in die Gemeinschaft und baut diese dort zu einem Videorecorder zusammen – letzter substantieller Arbeitsschritt?).
- Zölle können auch ausgesetzt werden (z.B. um Rohstoffe für die EU-Industrie bereitzustellen). Diese Aussetzung kann zur Gänze

oder nur teilweise erfolgen, muss sich aber jedenfalls auf eine unbestimmte Menge beziehen (Antidumpingzölle sind davon nicht erfasst und wenn sich die Zollaussetzung auf eine beschränkte Menge bezieht, liegt eine Quote vor!).

Die Importregulierung:

Obwohl die EU über ein relativ liberales Importregime verfügt, können einige Importregulierungen erwähnt werden:

- **Die Importlizenzierung:** Davon sind spezielle Produkte erfasst, welche einer Importkontrolle unterliegen. Der Import dieser Produkte darf von der EU beobachtet werden (um etwa Zollbetrug zu vermeiden), allerdings ohne den Marktzutritt zu beschränken (z.B. die Beobachtung von Stahlimporten).
- **Die mengenmäßigen Beschränkungen** (Quoten): Diese umfassen Textilquoten (z.B. betreffend China) und Zollquoten (d.h. ein niedriger Zoll wird nur für eine beschränkte Importmenge erlaubt).
- **Schutzmaßnahmen:** Diese sind etwa notwendig, um den EU-Markt vor gefälschten Produkten zu schützen.

Die handelspolitischen Schutzinstrumente:

Die EU ist berechtigt, handelspolitische Maßnahmen (z.B. in Form von Zollerhöhungen) gegen Dumping- oder subventionierte Importe aus Drittländern zu ergreifen. Darüber hinaus kann die EU ihre Industrien vor einem erhöhten Import von einzelnen Produkten durch Einfuhrquoten und die Verhängung von Schutzmaßnahmen (etwa betreffend chinesische Produkte) schützen *(siehe oben, Importregulierung)*.

1. **Antidumpingmaßnahme:** Um Antidumpingzölle verhängen zu können, müssen drei Voraussetzungen vorliegen:

    - Dumping muss festgestellt werden;
    - eine materielle Verletzung (oder eine Gefahr einer Verletzung) der EU-Industrie;
    - die verhängte Maßnahme muss im Interesse der gesamten Gemeinschaft sein.

2. **Antisubventionsmaßnahme:** Um die EU-Industrie vor subventionierten Importen zu schützen, müssen drei Voraussetzungen vorliegen:
   - eine Subventionierung (d.h. eine Exportsubventionierung oder die Subventionierung eines bestimmten Unternehmens) muss gegeben sein;
   - eine materielle Verletzung (oder eine Gefahr einer Verletzung) der EU-Industrie;
   - die verhängte Maßnahme muss im Interesse der gesamten Gemeinschaft sein.

Gemäß Artikel 87 EG-Vertrag sind gewisse Subventionen erlaubt oder können zumindest gestattet werden (z.B. Subventionen zum Ausgleich der durch die Teilung Deutschlands bedingten Nachteile; Subventionen zur Förderung bestimmter Wirtschaftszweige; de-minimis-Subventionen [d.h. Subventionen von maximal 200,000 Euros, innerhalb von drei Jahren], etc.).

3. **Schutzmaßnahmen:** Um Schutzmaßnahmen (d.h. hauptsächlich Quoten) verhängen zu dürfen, müssen zwei Vorrausetzungen vorliegen:
   - ein plötzlicher Importanstieg von einzelnen Produkten;
   - die Verursachung (oder Gefahr) eines ernsthaften Schadens der EU-Industrie.

4. **Die Verordnung über Handelshemmnisse:** Gemäß dieser Verordnung können EU-Unternehmen sowie Regierungen der Mitgliedstaaten die Kommission ersuchen, gegen Handelshemmnisse in Drittstaaten sowie gegen unfaire Handelspraktiken solcher Staaten, welche der EU Schaden zufügen, vorzugehen (z.B. durch ein WTO Streitbeilegungsverfahren).

Exportkontrollen:

Grundsätzlich können EU-Unternehmen ihre Produkte frei in Drittländer exportieren. Allerdings gibt es für einzelne Produkte Exportkontrollen. Für folgende Güter ist daher eine Lizenz notwendig:

- dual-use-Produkte: solche Produkte können sowohl für zivile als auch für militärische Zwecke verwendet werden (z.B. nukleares Material, Chemikalien, etc);
- gefährliche Chemikalien;
- Kulturgüter.

Präferenzabkommen:

Manchmal behandelt die EU bestimmte Handelspartner besser als andere:

- die Mitglieder des Europäischen Wirtschaftsraums (d.h. Island, Liechtenstein, Norwegen);
- die Mitglieder der Abkommen mit den Ländern Mittel- und Osteuropas;
- die Mitglieder der Abkommen mit den Mittelmeerstaaten (z.B. Ägypten, Israel, Türkei);
- die Mitglieder der Abkommen mit den AKP-Staaten (Staaten in Afrika, der Karibik und im Pazifischen Ozean).

Die EU im System der Welthandelsorganisation:

Die europäischen Gemeinschaften **und** jeder einzelne Mitgliedstaat sind Mitglieder der Welthandelsorganisation (WTO). Allerdings sind die WTO-Regelungen nicht direkt anwendbar, weil sie nach Auffassung des EuGH nicht genügend klar und präzise formuliert sind *(siehe oben, Das Prinzip der unmittelbaren Wirkung von Gemeinschaftsrecht)*.

Autoren und Co-Autoren

Dr. Martin Helmuth Ruelling arbeitete als Rechtsanwalt in Österreich und Brasilien. Er hat ein Doktorat in Europarecht sowie ein Masterdiplom in Europäischen Studien. Zurzeit unterrichtet er Europäische Studien an der Universität EAFIT in Medellin / Kolumbien und schreibt an seiner zweiten Dissertation in Politikwissenschaft.

Karin Ioannou Wokoun hat ein Masterdiplom in Anglistik und Romanistik. Zurzeit beschäftigt sie sich mit interkulturellem Konfliktmanagement, Business English sowie der Übersetzung von Filmen und Kunstbüchern.

Ursula Froese hat ein Masterdiplom in Vergleichender Literaturwissenschaft von der Université de Montréal in Kanada. Sie hat zahlreiche Artikel und politikgeschichtliche Dokumente ins Englische, Deutsche und Französische übersetzt und arbeitet zurzeit in Wien als Redakteurin im Sekretariat der OSZE.

Rosa Perez de Silva studierte am Britisch-Kolumbianischen Institut in Medellin und erlangte das Certificate of Proficiency der Universitäten Cambridge und Michigan. Sie arbeitet seit 18 Jahren als Simultandolmetscherin und Übersetzerin.

Florence Le Clézio ist Assistentin für Presse- und Öffentlichkeitsarbeit bei der OSZE in Wien. Florence hat ein Diplom in Anglistik (Université d'Angers, France), unterrichtete Französisch als Fremdsprache und ist als Übersetzerin, Redakteurin und Korrekturleserin in französischer und englischer Sprache tätig.

Anna Allen hat ein Masterdiplom in Erziehung und war als Lektorin für Englisch und Französisch am South Devon College sowie an der University of Plymouth beschäftigt bevor sie England verließ, um in Kapstadt, Südafrika, TEFL Kurse in einer Sprachschule abzuhalten.

The European Union:
History, Institutions, Law, Policies

Introduction

If we talk about the "old continent", we should first of all know what exactly Europe is.

The name Europe comes from the Arabic word "Erep", which means Occident. From an eastern point of view, around 2,500 years ago, this term was used for Greece in order to contrast it with the Islamic world.

If we look at Europe geographically, the northern, southern and western borders are clearly defined, unlike the eastern part which is only assumed to be the Ural. As a consequence, Russia has its biggest territory in Asia, whereas most of its people live in the European part. Subsequently, viewed socio-politically, Russia could be a European country.

The discussion about Turkey's membership of the European Union is still controversial. However, it is a fact that only 3% of its territory belongs to Europe. On the other hand, Turkey is a member of European organisations, like the Council of Europe, which – viewed politically – makes it a European country.

In addition to this confusing situation, not all countries in "core-Europe" are members of the European Union (e.g. Switzerland, Norway, Liechtenstein).

As we have seen, even nowadays it is not easy to talk about Europe as a continent!

This unclear situation might be a product of European history itself which has been rather diversified and especially violent: different Empires, like the Roman Empire or the Empires under Charlemagne and Napoleon as well as a lot of wars – including border changes until the 1990s (e.g. German unification and the Yugoslavian war) – have formed European history.

However, it is not an aim of this book to discuss historical unification-attempts which have had two things in common: they have never been peaceful and they have all failed.

In the book at hand, the beginning of the European integration was set at the end of the Second World War. This war lasted from 1939-1945 and took the lives of around 55 million people. At the end of this cruel part of history, European peoples seemed ready for a peaceful life and started building up their own organisations and common institutions.

In our first part we take you through the history of the European Communities, having divided it into different time schedules.

The institutional part outlines European institutions – including the "Big Four" – the European Commission, the Council, the Parliament, and the European Court of Justice, as well as advisory bodies and financial institutions.

The law chapter deals with Primary law and Secondary law, the main procedures and principles, as well as the four freedoms: the Free Movement of Goods, Free Movement of Persons, Free Movement to provide Services, and Free Movement of Capital. This chapter also includes an excursus about Competition and Company Law.

Last but not least we analysed the most important policies of the European Union –including the Agriculture Policy, Regional Policy, Common Foreign and Security Policy and Trade Policy.

I. The history of the European Communities

1. The period after the Second World War

After the Second World War, Europe was completely disorganised: Germany and Austria were occupied by the four allies (USA, USSR, France, and GB) and, moreover, especially the US and the USSR tried to influence the continent in order to establish their own political interests. These political fights between the West and the East were the basis of the so-called Cold War.

However, this Western and Eastern influence also led to a kind of common European thinking. The European states, in particular the former colonial powers, wanted to play an important role on the international policy-stage again (i.e. Europe was supposed to be the third power together with the US and the USSR.).

Generally speaking, there were two facts that encouraged European unification:

- the destroyed European countries (including the allied states) and
- the ambition to become a global power again.

In his speech on 19 September 1946, the British Premier Minister, Winston Churchill, suggested a kind of United States of Europe (with France and Germany as a basis) supported by GB and the US. Consequently, Western Europeans started to build their first organisations step by step:

- 1948: The **Organisation for Economic Cooperation** (OEEC). The US provided money for this organisation, primarily, in order to build up the European economy (Marshall Plan). However, this was not just a generous gift as the US also needed a trade partner!
- 1949: The **North Atlantic Treaty Organisation** (NATO) was founded as a security organisation to protect Western Europe from the USSR and its communism-expanding policy.
- 1949: The **Council of Europe** – a political organisation that mainly focuses on the protection of human rights and democracy.

Almost simultaneously with the founding of an economical-, a security- and a political organisation in Western Europe, the USSR started building up its own organisations for Eastern Europe: KOMINFORM, COMECON and Warsaw Pact.

2. The founding of the Communities

Although the first steps had already been taken, the situation in Europe was far from being perfect. France, in particular, was still afraid of Germany because of the war. So, how could these two states get together in order to build further integration projects?

Actually, it was the Frenchman Jean Monnet, who came up with the idea of creating a common coal and steel market for France and Germany. So, what were the motives of this brilliant strategist?

- First, he considered harmonisation of the coal and steel production between France and Germany as being good for the economy.
- Second, Germany had a lot of coal and steel, which allowed France to benefit from this.
- Third, Germany was under control regarding coal and steel production, which made another war unlikely.
- Fourth, together, France and Germany could gain a leadership role in Europe (actually, it was meant for France alone, whereas Germany should only enable a French leadership!).

What was necessary to realise such a project?

- First, a common market for coal and steel should be created without requiring customs duties.
- Second, in order to organise the market, both countries should transfer the state-competences of the coal and steel sector to a so-called **High Authority**.

Due to the transfer of competences to an institution (High Authority), the **European Coal and Steel Community** (ECSC) was the first so-called supranational organisation that was also open to other countries.

However, there was one problem: Monnet, the mastermind and international coordinator, was not a politician and without political supporters this idea could not be translated into action initially. Finally, it was Robert Schuman, the French foreign minister, who eventually succeeded in having the ECSC-Treaty between France, Germany, Italy, and the BENELUX (Belgium, the Netherlands and Luxembourg) signed and ratified in 1952.

And what about GB?

The British saw themselves as observers and promoters but not as active members of the ECSC. Besides, they were economically more connected to the Commonwealth and strictly against any supranationalism (i.e. the transfer of national competences upon an institution).

After having achieved this success, the continental Europeans were motivated and ready for further unifications:

- First, a **European Defence Community** (EDC) was to be created. However, the problem was that NATO already was a defence organisation and the US would have only accepted a European army under NATO control. In the end the project failed anyway because the French parliament did not ratify the treaty (France did not trust the system of an international army because the US did not support French soldiers in the colonial war of Indochina).
- At the same time as an EDC, the **European Political Community** (EPC) was planned to be founded. Yet, the member states were neither ready for a European constitution nor a European government as they did not want to lose too much sovereignty.

Although the failing of those two projects was quite a setback, Monnet had another idea: the founding of a **European Atomic Energy Community** (EURATOM) and a **European Economic Community** (EEC).

According to Monnet, EURATOM would:

- make Germany stay away from solo projects,
- bring France more money for this expensive field and
- provide energy for the member states.

On the other hand, the assumption was that an EEC, with the goal of not only creating a common market for coal and steel, would improve the economic situation in general. However, the set-up of a common market requires two things:

- The establishment of a Customs Union (free trade between the member states plus common external tariff; unlike a Free Trade Area, where every member state keeps its own external tariff).
- The free circulation of goods, services, persons, and capital as well as the organisation of the agriculture sector.

After Monnet had found Henri Spaak, the Belgian foreign minister, to support him in order to realise those projects, the negotiations started:

- Germany did not like EURATOM because it was to pay for it.
- France was afraid of an open market because of the German economical strength. The French government wanted to accept the EEC only if its over-sea-dependencies (e.g. French Guyana) were integrated in the common market.

Moreover, the founders had to ask themselves, how many competences they wanted to transfer to the required institutions. The answer was simple: not too many! The states wanted to keep their sovereignty and established the following body structure:

ECSC	EURATOM	EEC
High Authority	Commission	Commission
Council	Council	Council
Common Assembly		
Court of Justice		

Unlike the ECSC, with the High Authority as its power centre, the main decision-making institution of EURATOM and EEC was the Council. In those times the Common Assembly (the later European Parliament) was nothing more than an advisory forum.

The beginning was quite confusing: there was one High Authority, two Commissions and three Councils, as well as one Common Assembly and one Court of Justice for all three organisations.

However, ECSC, EURATOM and EEC were also the first supranational organisations which required at least two of the following requirements to be fulfilled:

- to have their individual institutions;
- to be authorised to produce legal acts;
- to have majority decision;
- own jurisdiction.

Finally the two new treaties **("Treaties of Rome")** were signed by all six member states of the ECSC in 1957 (and ratified in 1958).

3. The years of the build-up of the Communities

As already discussed above, although three treaties were signed in the 1950s, none of them was actually signed by GB. Besides the previously mentioned observer- and promoter status and the decline of supranational organisations, GB had three other reasons for not signing:

- The connection with the Commonwealth – including cheap importation of agricultural products.
- An advantage in the atomic sector which GB did not want to share.
- From the point of view of economics, GB was more connected with the US in general.

Although GB saw itself as a promoter of European unification at first, this generous role quickly changed. Instead of the EEC, a Free Trade Area (between the OEEC members) should be created in a counter-offensive without involving agriculture policy. This would have brought an enormous advantage for GB because of its connection with the Commonwealth (i.e. the cheap importation of agricultural goods!). Consequently, this was not considered an acceptable alternative for continental Europe and this suggestion did not find any supporters.

In 1960 the **European Free Trade Association** (EFTA) was founded as a further counter-programme. However, without having a common external tariff, this model could not compete with the Customs Union of continental Europeans. As a consequence, most EFTA-countries applied for accession to the European Communities. Today only Iceland, Switzerland, Norway, and Liechtenstein are still EFTA members.

What concrete moves did the six member states of the Communities now have to make in order to create their Common Market?

- First, they had to start building up a Customs Union, which could be realised by 1968.
- Second, being the most important sector, the agriculture policy had to be organised. The main goals of this policy-sector during the post-war-area were the provision of food and an increase of productivity. It was France, in particular, that had a great interest in this field because of its huge national agriculture sector. The strat-

egy was that every member state had to pay in a common agriculture budget. The money from this budget went then back to the farmers of the member states. However, this highly expensive procedure only had one main winner: France! Nevertheless the system turned out to work well and the common market for the main agricultural products could finally be realised by 1970.

However, not everything was perfect:

1. Oil was becoming more and more important, which subsequently weakened the ECSC. Moreover, cheap coal from the US as well as cheap steel from GB, US, Japan, and the USSR started flooding the market.

2. The EURATOM project finally failed: France used the Community only for payments without sharing its knowledge. Additionally, the French government did not want to buy cheap uranium from the US. France preferred the very expensive natural African uranium in order to stay independent. In fact, the relations between the States and France were not the best after the aforementioned Indochina war (the US did not support French troops in its colonial-war!).

    So far there has not been any common energy policy on a European level! Some countries are pro-atomic (e.g. France), some are strictly against this type of energy source (e.g. Austria).

3. In 1959 Charles de Gaulle became France's new president. His Community policy might be described as follows:

    - Only to use the Community to his advantage (e.g. atomic energy, agriculture).
    - No membership of GB (in the meantime GB had started to apply for membership because the continental-system of the Customs Union was working better than EFTA! Despite the British interest in joining the Communities, an application was rejected in 1961 and 1967, because of de Gaulle).
    - No relations with the US.
    - No more rights for the European Parliament; the member states should keep the power.
    - No qualified majority vote (QMV) in the Council; the states should stay sovereign (which means, decisions could only be taken unanimously!).

- In de Gaulle's view, France should be number one in Europe.

De Gaulle's Community-hostile policy as well as a Commission reform proposal, in which customs duties would be a part of the Community budget (so called **Own Resources,** which would also be of French interest because of enhancing the funds!), were the starting points for the first crisis: if this Commission proposal had come into force, the European Parliament would also have needed more controlling- and administrative rights. However, such an increase of parliamentary rights and the planned QMV in the Council (whereby decision taking would have become easier) were unacceptable for the nationalistic de Gaulle. Despite the definitely welcome strengthening of the agriculture budget through the comprehension of customs duties, de Gaulle was suddenly against everything!

As a consequence, this crisis led to the so-called ***"Empty Chair Policy, 1965 / 66"***. France did not send any ministers or officials to the European institutions, with the result that the Council could not work.

After seven months this first crisis finally ended with the ***Luxembourg Compromise (1966)*** bringing the following results:

- A QMV was not established.
- Every member state could keep its veto if so-called vital interests were affected – which, in fact, could be anything (Spain especially was famous for making use this veto in order to get more Community funding.)! However, in case there was a veto, the well-functioning of the Community should not be blocked again. Generally speaking, the Luxembourg Compromise did not abolish the veto right of the member states but enabled the Community to carry on working after there had been a veto.

Another step forward was the ***Merger Treaty (1965 / 67)*** which unified the institutions of all three organisations. From then on, there have been only one Commission, one Council, one Parliament, and one Court of Justice.

4. An atmosphere of hope

In 1969 Georges Pompidou followed de Gaulle as French president. Pompidou was also state-focused but slightly more flexible and diplomatic than de Gaulle had been.

Thus, three new targets were put on the agenda: **completion, deepening and widening:**

1. The completion of the common market with a reformation of the agriculture sector because the agriculture policy was considered too expensive! In addition to that, the European Parliament (EP) requested more rights.

2. A deepening offensive was to create an **Economic and Monetary Union** (EMU) until 1980 and to transfer more policies to Brussels. However, the realisation of the EMU was not that easy to achieve. In 1973 the oil crisis caused trouble, the Bretton Woods-system (i.e. each European currency was closely bound to the US dollar) collapsed – inflation, unemployment, recession, and a weakening of the dollar were to follow.

   As a first consequence, a **European Monetary System** (EMS) was founded in 1978. Accordingly, all European currencies were then connected with the **European Currency Unit** (ECU) which represented an average value of all currencies and thus led to stable exchange rates.

   As already mentioned, a European Political Community failed in the 1950s in the same way as a European Defence Community did as the states were not willing to lose their sovereignty.

   In 1970 another attempt was made in order to coordinate the foreign policy of the member states. The so-called **European Political Cooperation**, the precursor of the **Common Foreign and Security Policy** (CFSP) – representing the second pillar of the European Union *(see below, Maastricht Treaty)* – was established as an intergovernmental cooperation in which the member states can take the decisions only unanimously.

   In order to discuss important matters on the highest political level, the **European Council** (composed of the Heads of States and Governments of the member states) was founded in 1974 *(see below, institution-part)*.

   In 1979, the EP was directly elected by European citizens for the very first time. However, up to now there has not been a unified election system.

3. A widening offensive enhanced the member state number:
   - 1973: GB (finally!), Ireland and Denmark;
   - 1981: Greece;

- 1986: Spain and Portugal.

At that point twelve member states had joined the Communities by 1986.

5. On the way to a European Union

Again, new targets were put on the agenda:
- the creation of a political union was planned and
- more policies should be transferred to Brussels.

However, those projects required a new treaty as the founding treaties alone were no longer appropriate.

Thus, the **Single European Act (SEA, 1985 / 87)** was to be the first major change in the founding treaties.

In the SEA the following changes were regulated:
- The QMV was extended to major political areas. This was necessary to realise the Internal Market (the Lisbon Treaty would no longer distinguish between the terms Common- and Internal Market).
- The integration of the European Political Cooperation.
- The implementation of new Community policies: e.g. environmental protection, research and technology, etc.
- A deadline for the completion of the Internal Market (1.1.1993).
- Legal recognition for the European Council.
- New legislation procedures: Assent- and Cooperation procedure *(see below, sources and procedures of European law).*
- More rights for the EP.

With the SEA the crisis of the 1970ies ("Eurosclerosis") seemed to be overcome, which made Europe ready for further projects:
- The establishment of a Common Market does not only require the set-up of a Customs Union and the building up of a common agriculture sector, but it is also necessary to realize the four freedoms (goods, services, persons, capital).
- In 1985 / 90 the **Schengen Agreement** was concluded with the goal of eliminating border controls and to enforce controls at the external borders of "Schengenland". As a consequence, rules concerning asylum, immigration and the fight against international crime had

- to be enacted. Currently there are 22 EU-states members of Schengen (plus three non-EU member states: Norway, Iceland and Switzerland), whereas there are five EU member states that are not included (GB, Ireland, Bulgaria, Romania and Cyprus).
- The last step in establishing an Internal Market was the harmonisation of the national laws, which has led to a lot of rules enacted on a European level.
- In 1992 the **European Economic Area** (EEA) was set-up in order to connect EFTA with the European Communities. Accordingly, 80 % of the Internal Market legislation is valid within this area (except agriculture, fishery and rules concerning Customs Union). Apart from the 27 EU member states, there are three additional EEA-member states: Norway, Iceland and Liechtenstein.

However, some problems had to be overcome:

- The farmers were overproducing, which was a result of an incorrect funding policy *(see below, agriculture policy)*.
- Spain and Portugal blocked the Council with their veto as soon as they did not receive more Community money.
- This Community-hostile behaviour of some member states and a wrong agriculture policy were the main reasons why the Community itself needed more money. The so-called **Traditional Own Resources** (TOR, agriculture and sugar duties plus customs duties) were no longer sufficient. In addition, **VAT Own Resources** (value added tax) and **GNI-Own Resources** (gross national income) had to be established. From then on, wealthier countries had to pay more than poorer member states into the Community budget. Today, VAT- and GNI-Own Resources make up more than 80 % of the budget!
- Apart from the realisation of the Internal Market, it was important to build up the **Economic and Monetary Union**. It goes without saying that Germany, the economic leader, was not very interested in giving up its strong "Deutsch Mark" currency. The impetus came with the break-down of communism in 1989. Francois Mitterand, the French president at the time, accepted a reunification between the two German countries only under the condition that German chancellor, Helmut Kohl, agreed to introduce a common currency.

The deal came into force and the steps for a Monetary Union were fixed as follows:
- first, the completion of the Internal Market;
- second, the creation of a **European System of Central Banks**;
- third, the creation of a **European Central Bank** and the establishment of a single currency (Euro).

In order to create a political union, another treaty was required: ***Maastricht (1992 / 93)***, with the following news:
- The Treaty of Maastricht created the European Union as a 3 pillar structure:

European Union

First Pillar	Second Pillar	Third Pillar
European Communities	Common Foreign and Security Policy	Police and Judicial Cooperation in Criminal Matters

The first pillar includes the three organizations, EEC, EURATOM and ECSC (the Coal and Steel Community was integrated in the EEC in 2002) which are supranational (i.e. decisions are taken by the institutions); the second and third pillar are intergovernmental (i.e. the decisions are unanimously taken by the states and not by the institutions). The European Union itself is the roof of the three pillars, thus consisting of supranational (first pillar) and intergovernmental elements (second and third pillar).

Furthermore, the Treaty of Maastricht brought:
- The extension of the QMV.
- The establishment of a Co-decision procedure (i.e. the EP decides together with the Council, thus granting the European Parliament more power concerning legislation).
- The development of a timetable for the foundation of the Economic and Monetary Union (introduction of the Euro by 2002).

- The transfer of new policies to the first pillar (e.g. public health and consumer protection, etc.).
- The implementation of an EU-citizenship, thus including the following rights for every EU-citizen: the right for free movement and residency, the right to vote in another member state, the petition right, the diplomatic protection of every member state.
- The set-up of the Subsidiarity principle (i.e. decisions should be taken as closely as possible to the citizens, *see below, the main principles of European law).*

6. On the way to a new crisis?

A further enlargement took place in 1995: the three former EFTA members, Austria, Finland and Sweden joined the EU. Norway applied twice, but the two negative referenda of 1972 and 1994 have kept it outside the EU, mainly because of its oil resources and fishery policy.

After the latest enlargement the EU had 15 member states, thus requiring the conclusion of a new treaty:

The Amsterdam Treaty (1997 / 99, with the following amendments:
- Creation of an **"area of freedom, security and justice",** with the transfer of the common asylum and immigration policy from the third to the first pillar.
- Strengthening of the second pillar (Common Foreign and Security Policy, CFSP) by introducing the office of a High Representativ, who is elected by the national governments and represents the joint-diplomacy of the member states. In addition, s/he holds the post of Secretary General of the Council.
- Extension of QMV.
- Establishment of an **enhanced cooperation procedure** enabling some member states to join more integration programmes than others (multiple-speed Europe, e.g. GB and Sweden have not joined the Monetary Union).

In order to prepare the EU for the so-called Eastern expansion, a further treaty was required:

The Nice Treaty (2001 / 03), with the following amendments:
- Reform of the Commission: only one Commissioner per country (which limits the maximum to 25); before the Nice Treaty was introduced, the big countries had had two Commissioners.
- A maximum of 732 seats in the Parliament.
- A new weighting of the Council votes *(see beyond, Council).*
- The QMV in the Council has been changed and extended *(see beyond, Council).*
- The introduction of **Article 7 EU-Treaty**: *if there is a risk of serious breach of liberty, democracy, human rights or rule of law (no one is superior to the law), the EU can impose sanctions upon the member state.*
- The proclamation of the Charter of Fundamental Rights. Although there already was the European Convention for the Protection of Human Rights which had been concluded by the Council of Europe, the European Union wanted to have its own Charter!

In 2004 the Eastern enlargement took place. From then on, ten new member states have joined the EU: Cyprus, The Czech Republic, Slovakia, Hungary, Poland, Latvia, Estonia, Lithuania, Malta, and Slovenia;

After the Community had been enlarged further with the joining of Bulgaria and Romania in 2007, the EU currently holds 27 member states. Turkey, Croatia and Macedonia are waiting for an accession.

The consequences of this major expansion are obvious:
- All the new member states are granted more money from the Community budget than they actually pay in.
- Corruption is a big problem (in particular in Bulgaria and Romania).
- Another treaty is required in order to accomplish the leftovers of the Treaty of Nice.

In order to avoid rushed enlargements, the EU provides a procedure for new member states to access. The pre-requisites for accession are summarised, in what is known, as the four ***Copenhagen Criteria of 1993:***
- stability of democracy and rule of law, respect for human rights, and protection of minorities;

- efficient market economy;
- acceptance of the acquis communautaire (the whole community law);
- political commitment to the goals of the EU.

At this point, it is left to the reader to assess if the integrating of member states always takes place according to the four mentioned criteria!

As already mentioned above, any enlargement mostly requires a new treaty. After the Eastern enlargement had occurred, the Nice Treaty could barely deal with the upcoming challenges. As a consequence, the ***Treaty of Establishing a Constitution for Europe (TEC, also Constitutional Treaty, 2001)***, with the following news was concluded:

- change of the QMV;
- extension of the Co-decision Procedure;
- appointment of the President of the European Council;
- downsizing of the number of Commissioners by 2014;
- appointment of a European Foreign Minister;
- incorporation of a Charter of Fundamental Rights into the Treaty;
- introduction of European Laws instead of Regulations (in fact, this was only a change in the term).

However, this treaty finally failed due to the two negative referenda in France and the Netherlands. The reasons for this failure could be seen in:

- A general frustration about the EU and its politics detached from its citizens. The EU is mostly seen as an economic monster which brings about maximum advantages to the big international enterprises only. There are many rich countries in Europe (with reference to the GDP per capita), but a lot of people struggle nevertheless because industry does not pass on at least some of its profits to its employees. Although this is not the EU's fault – but primarily a consequence of globalisation – people blame the EU (as a promoter of globalization) when a company in Germany dismisses its employees and moves to Romania in order to be more profitable.
- In addition, EU scandals are very popular newspaper headlines in general and upset people.

- A bad information policy: European politicians did not succeed in explaining the necessity of a new treaty in order to keep the EU working. On the other hand, decisions over the heads of EU citizens no longer work and have given the EU critics more and more momentum.
- Blaming the EU for bad national politics. Currently the populists have an easy game in many member states: a negative EU policy guarantees an election success! The fact, that EU politicians are mainly second-class as well as the nationally discontinued models does not make the situation any better.
- Particularly in the Netherlands a fear of possible access by Turkey had led to increased contributions have been noticed.

Generally speaking, the EU has to change its citizen policy as quickly as possible, which doubtless requires a lot of work. A general frustration over the years and the dealing behind closed doors have led to the phenomenon that people are actually not interested in what is going on in Brussels. Everybody is next to his/her own and hardly anybody feels like a European but still more like a German or Frenchman. Consequently, the main challenges for the future are the abolishment of frustration and disinterest as well as the creation of a kind of positive vibe with charismatic politicians in Europe.

It will be obvious when talking about the next treaty-negotiation that the aforementioned changes have not been made so far. After the TEC failed, the European Heads of State or Government signed the so-called *Treaty of Lisbon (Reform Treaty, 2007)*, with the following amendments:

- No European Foreign Minister, no European Laws.
- The granting of legal personality for the EU as such (i.e. the EU has rights and duties including the competence to conclude treaties – till then only the first, supranational pillar had legal personality).
- The change of the three-pillar-structure due to a merger of pillar one and three. The former second pillar is renamed **External Action of the Union** (although remaining intergovernmental).
- The limitation of the maximum number of seats in the European Parliament to 750 plus the president.
- The Co-decision procedure is transformed into the ordinary procedure.

- Public Council-meetings should make the EU more transparent, although most of the decisions are taken in the COREPER and not at a ministerial level (*see beyond, Council*)!
- The appointment of the President of the European Council *(see beyond, European Council)*.
- The QMV is changed *(see beyond, Council)*.
- The limitation to only 18 Commissioners by 2014 (not every member state has one).
- A closer co-operation between the Commission and national Parliaments. National Parliaments can give an opinion to a Commission draft if the draft does not correspond with the Subsidiarity principle.
- The establishment of a solidarity clause: in case of an armed attack against a member state, the other member states shall mobilize all means necessary for assistance (i.e. also military means).
- No incorporation of the Charter of Fundamental Rights, although it has legal value. In addition, an accession of the EU to the European Convention for the Protection of Human Rights is foreseen.
- The introduction of an exit clause for the very first time, thus allowing member states to leave the EU.

It had been planned for the Reform Treaty to come into force in June 2009. However, the Treaty then failed due to a negative referendum in Ireland, which actually caused a shock among pro-Europeans. The reasons of the Irish **"No"** were similar to the above-mentioned reasons concerning the failure of the Constitutional Treaty. However, there is one big difference: Ireland used to be the poorest country of the European Communities and thus received a lot of support from the Communities. It is therefore seen as somewhat unfair if the Irish now block reforms in order to punish their own national politicians.

How does the EU deal with this situation now? The same way it always does in such situations: it keeps waiting and offers some advantages for the "community-hostile country" (in case Ireland), so that the Irish will hopefully accept the Treaty in a second referendum. So far this strategy has always been successful if the population was of a different opinion concerning European matters from its politicians. Subsequently, the Reform Treaty will come into force, still remaining the same complex, reader-unfriendly text. The only question is when this is going to happen.

II. The European Institutions

1. The European Commission

The Commission is the initiative-making-, executive-, and supervisory body of the Communities. Therefore it is also called the "watchdog" or "engine of the Communities".

Seat of the Commission:
- Brussels

Tasks of the Commission:
- ensures that the European Law is correctly applied by the member states;
- checks the implementation of directives *(see beyond, sources and procedures of European law)*;
- can sue the member states;
- initiates the legal process (legislation task);
- can be empowered by the Council to implement legal acts (Comitology task);
- negotiates treaties and represents the EC in international organisations;
- administrates, e.g. the finances and different funds (e.g. agriculture, regional policy).

Appointment of the Commission President and the Commissioners:
- Commission President: the Heads of State and Government select a candidate, the EP assents.
- Commissioners: the Council of Ministers decides in accordance with the President of the Commission upon the proposals of the member states.
- Formal appointment act: through the Council; the EP assents to the whole body.

Tasks of the President:
- approves the list of the proposed Commissioners;
- is entitled to sort the portfolios,
- guides the Commission;
- is the Head of the internal organisation;
- appoints the Vice Presidents;
- is entitled to make a Commissioner resign.

Commissioner-mandates expire:
- automatically, after five years;
- if a Commissioner dies;
- if s/he resigns by her/himself;
- if the Court of Justice rules against him/her;
- in case of a vote of non-confidence by the EP;
- if the Commission President asks him/her to resign.

Who can become a Commissioner?

So far there has been one Commissioner from each member state. Commissioners have to be independent and have worked at ministry level. Their task is to work for Europe without dedicating themselves to any other activities or following instructions of the member states. The Commissioners also co-operate with the other institutions and must respect the secrets of their job.

What happens if a Commissioner dies?

The Council appoints a new member and the Commission President agrees. However, the Council can also decide not to fill the vacancy in case the death occurred less than three months before the official end of terms.

Structure and decision-making:

The President is the Head of the Commission – the 27 Commissioners represent the College. In addition, every Commissioner has his / her own Cabinet as well. College and Cabinet are called the political level of the Commission.

The so-called service level is formed by the:
- Directorate General (DG) with assistance of the Secretary General;
- Directorates;
- Units.

The decision-making procedure starts as follows:
- Someone in the Commission comes up with an idea to regulate something. This might often be initiated by one of the powerful lobbying-groups in Brussels.
- Consulting-experts are asked to evaluate this idea.
- Communication takes place between the DGs involved in the matter (Inter-service-meetings, e.g. disputes often occur between DG environment and DG transport and energy).
- The leading-DG (the DG the idea was developed by) consults the DG legal service.
- The impact assessment is carried out; economic effects are proved.

The result is a draft which first passes through all the stages within the service-level (Unit – Directorate – DG) and then the stages within the political level (Cabinet – Heads of the Cabinet – Commissioners). If an agreement has been found between the Heads of the Cabinet, there are no further discussions on the topic. If no agreement between the Heads of the Cabinet has been reached, the draft goes up to the Commissioners. It is then the College of the Commissioners that takes the final decision. Yet, even in this case, there are four different procedures:
- Oral procedure: decisions are taken by simple majority and in private.
- Written procedure: decisions are taken by simple majority and in private.

- Empowerment procedure: the Commission empowers one or several Commissioners to decide.
- Delegation procedure: the Commission empowers a Directorate-General or a Head of Department to decide.

Main amendments after the Reform Treaty:
- The President is nominated by the European Council.
- The Commissioners are going to rotate as of 2014. Subsequently, only two thirds of the member states will then be represented – in fact, there will be 18 Commissioners for 27 member states.
- National Parliaments can give their opinions on a Commission draft in case the draft is not in harmony with the Subsidiarity principle.

2. The European Council

The idea, of bringing together the Heads of State and Governments of the member states in so-called informal meetings, actually goes back to the 1960s. Since 1974 meetings have taken place on a regular basis, four times a year. The European Council was first officially mentioned in the Single European Act (1986 / 87). Its functions were then defined in the Maastricht Treaty and it will be considered as an institution in the Lisbon Treaty.

Tasks of the European Council:
- Being the highest political instance on European level, it provides the impetus for European integration concerning enlargement and treaties.
- It determines general political goals.
- It has the legislation competence in the intergovernmental area of the EU (e.g. it enacts Common Strategies) as the highest body of this field.

Who are the members of the European Council?
- Heads of State and Government;
- The President of the Commission;

- Foreign Ministers;
- One Commission-representative of the DG affected by the agenda of the meeting.

The presidency in the European Council?

The presidency in the European Council changes simultaneously with the presidency in the Council (every 6 months; the Council President is the respective Head of State or Government). To improve the continuity of the work of the European Council, the Reform Treaty introduces a two and a half year period for the Council President. Apart from this, the President has not more competences than the current Council President.

3. The Council of Ministers

First, there are a few terms which should be clear:

- **Council of Europe:** a political organisation, founded in 1949, mainly dealing with human rights and democracy protection *(see above, the period after the Second World War)*.
- **European Council:** the highest political body of the EU *(see above, European Council)*.
- **Council of Ministers** (also called Council or Council of the EU): the main legislative institution of the EU.

Second, it is important to know about the different kinds of majorities (examples based on 99 votes):

- Unanimity: all votes are required (99 votes).
- Absolute majority: more than half of the votes are required (50 votes).
- Simple majority: e.g. if the required quorum – needed for a decision – is 51 votes, a simple majority means 26 votes (i.e. more than half).
- Qualified majority: e.g. decisions have to be taken by a two thirds majority (66 votes). The majority vote in the Council will be discussed below.

Seat of the Council:
- Brussels, some meetings take place in Luxembourg.

Tasks of the Council:
- to fulfil the legislative task: the Council is still the main institution;
- to transfer legislative tasks upon the Commission and specific Committees (Comitology);
- to coordinate the economic policies of the member states;
- to fulfil tasks in the scope of the second and third pillar (intergovernmental). In this field the Council takes decisions based on the guidelines of the European Council (executive task of the Council);
- to fulfil the budgetary task;
- to conclude international agreements.

Presidency in the Council:

The presidency-country should bring the EU forward and try to solve problems without nationalizing. It also has a mediator function. The presidency is held for six months by one member state (the same country as in the European Council), under the leadership of the respective Head of the State or Government.

Structure of the Council:

The Council is composed of ministers of the member states. The respective specialist ministers meet in their subject areas. Currently there are nine such areas.

Three examples:
- the General Affairs and External Relations Council which is joined by the foreign ministers of the member states in order to coordinate Council meetings and organise European summits. It has further tasks in the CFSP, the European Security and Defence Policy, and concerning foreign trade, etc;
- the ECOFIN, where the finance- and economic ministers meet;

- the Council of Ministers for Agriculture and Fisheries, etc.

Decision-making in the Council:

The Council receives a Commission proposal that goes straight to a working group consisting of experts. After having been discussed in the working groups, the proposal is sent to the COREPER (Committee of Permanent Representatives). There are two such Committees:

- COREPER I (Deputies of the Permanent Representatives): dealing with special issues (e.g. Internal Market);
- COREPER II (Permanent Representatives of the member states): dealing with political issues (e.g. Enlargement).

COREPER acts on a diplomatic level; its members, the Permanent Representatives (and their deputies), are Ambassadors who know each other very well. As soon as they get the Commission draft, they start negotiating it:

- If there is no agreement in COREPER, the draft is sent back to the working groups or goes up to the ministers. However, in general the problems can be solved below ministry-level. Only around 5% have to be decided by the ministers.
- If the ministers get the draft and there has already been an agreement in COREPER, the ministers approve the draft without a debate.
- If no agreement has been reached in COREPER, the ministers should first find a consensus (a voting only takes place if the ministers can not reach a consensus and, of course, no agreement has been reached in the COREPER).
- If there is no consensus, the ministers decide unanimously by simple majority or – in most cases – by qualified majority (80%). As regards qualified majority, every minister represents a different number of votes weighted after the population of the respective member state (e.g. the Minister of Germany represents 29 votes – the Minister of Malta 3). In total there are 345 votes.

The qualified majority vote (QMV):

The qualified majority procedure was blocked by the Luxembourg Compromise (1966, *see above, the years of building up the Communities*) and established by the Single European Act (1986 / 87) in order to ensure a better decision-making process. The qualified majority procedure is now designed for over 80% of the Council decisions (although a consensus is found for almost all decisions).

What is necessary for a decision to be taken by qualified majority?

- 73.91% of the votes (255);
- more than half of the member states (14);
- 62% of the European population if only one member state requires it.

Main amendments after the Reform Treaty:

- Introduction of public Council meetings.
- Replacement of the current presidency system by a new rotation system.
- Replacement of the hitherto qualified majority vote by a double majority by 2017: decisions will then be made with an assent of 55% of states representing at least 65 % of the population.

4. The European Parliament

Seat of the EP:

- Strassbourg (plenary session: twelve times a year, one week each);
- Brussels (mini plenary sessions);
- Luxembourg (Secretariat-General).

Members of the EP:

The European citizens are represented by 785 MEPs (Members of the European Parliament) appointed for a period of five years. The number of seats of each member state depends on the size of the population of the state, e.g. Germany has 96 seats, whereas Malta only has 6. However, there is still no uniform election law to the EP!

Tasks of the EP:

- to share its legislative power with the Council. The degree of influence of the EP depends on the procedure *(see below, creation of secondary law)*;
- to make use of its entitlement to monitor the Council and the Commission through Investigation Committees and enquiries;
- to vote in case there is a lack of confidence regarding Commissioners and enforce the Commission in its entirety to resign (vote of non-confidence);
- to make use of its right to reject the budgetary-draft of the Commission concerning **non-obligatory expenditures** as, e.g. for structural measures, research and technology. Concerning **obligatory expenditures** the Council has the final say as, e.g. agriculture;
- to assent to the election of the Commission and its President;
- to agree to enlargement and association.

The limits of competence:

- The EP has no co-decision rights regarding intergovernmental issues.
- The EP cannot produce legal acts (it has no initiative right, only the Commission is entitled to do so).

Structure and decision-making:

The EP elects one President and 14 Vice-Presidents for a period of two and a half years. As mentioned above, the EP's influence on the production of legal acts depends on the legislative procedure (Consultation-, Co-operation-, Co-decision- and Assent procedure, *see below, creation of secondary law).*

There are currently seven parliamentary groups in the EP that are composed of MEPs from different countries sharing the same political inclinations:

- The European People's Party (centre-right; support integration).
- The Group of the Party of European Socialists (co-operation is sometimes difficult because of the ideological diversity).

- The Alliance of Liberals and Democrats for Europe (centre-right-leftist; they often cooperate with the People's Party).
- The European Greens – European Free Alliance (they sometimes have difficulty being in line with each other).
- The European United Left – Nordic Green Left (left-wing socialists, former communists).
- Independence and Democracy (euro-sceptic; strive for a Europe of sovereign member states).
- The Union for Europe of the Nations (former Gaullists).

How does the EP make a decision?
- The Commission proposal goes straight to a Committee where the draft is discussed (there are 20 permanent Committees in the EP).
- A "Rapporteur" is nominated; he acts as a spokesperson, explaining the Committee's view in the plenary.
- The MEPs vote on the draft.

Main amendments after the Reform Treaty:
- The limitation to 750 (plus the President's seat) as the maximum number of seats in the EP. Subsequently, no member state may have less than 6 or more than 96 seats.
- The distinction between obligatory and non-obligatory expenditures will be abandoned, thus empowering the EP to influence matters formerly belonging to obligatory expenditures as well (especially agriculture).
- The Co-decision procedure is further extended (i.e. strengthening of the legislative task).

5. The Court of Justice

The Court of Justice is the EU's jurisdiction and consists of three bodies:
- The European Court of Justice (ECJ);
- The Court of First Instance (CFI);
- The European Union Civil Service Tribunal (CST).

The Court safeguards the correct interpretation, application and development of EU law and is the only institution with the competence to impose fines on member states.

Seat of the Court:
- Luxembourg

Members of the ECJ:
- 27 judges, who are appointed by the member states for a period of six years.
- 8 Advocates General (AG), who assist the ECJ and give recommendations as well as legal opinions which serve as the basis of the ECJ final decision.

Internal Organisation of the ECJ:
- The ECJ sits in Chambers (consisting of, e.g. three or five judges).
- The procedures are mostly written (appeals cannot be lodged).
- The internal language is French.

Tasks of the ECJ:
- to settle disputes between the EU and member states, between member states themselves, and between institutions;
- to interpret European law at the request of courts of the member states (preliminary ruling);
- to produce legal opinions regarding the compatibility of international agreements with the Community Treaties at the request of the EP, the Council, the Commission or the member states.

The most important procedures used in the ECJ:
1. Actions taken in case of failure to fulfil obligations:
   - The Commission gets notice of a breach against European Law in a member state.
   - The Commission writes a letter to the respective member state.

- The member state lays down its opinion.
- The Commission responds by stating its opinion.
- The member state is engaged to stop the breach. If the state does not comply, the Commission sues the member state.
- Fines can be imposed in the subsequent Court decision.

2. Preliminary ruling:
   - The national courts may (and sometimes must) interrupt the national trial and refer to the ECJ, asking it to clarify a point concerning the interpretation of Community law.

3. Further possible procedures:
   - Actions for annulment;
   - Actions for failure to act;
   - Actions for damages.

Court of First Instance (CFI):
- The number of 27 judges can be exceeded.
- No Advocates General.
- The CFI only serves as addressee for specific complaints (e.g. complaints from individuals related to the failure to act, invalidity and compensation claims).
- Appeals can be lodged at the ECJ.

European Union Civil Service Tribunal (CST):
- Limited to seven judges.
- No Advocates General.
- Only in charge in case of disputes between Institutions and staff members.
- Appeals can be lodged at the CFI and – in exceptional cases – at the ECJ.

6. The European Court of Auditors

Although this institution is named "court", its function is not judicial. As a representative of the European taxpayer, it is also seen as the "watchdog" over the EU´s money.

Seat of the Court:
- Luxembourg

Members of the Court:
- 27 members,
- nominated by the member states,
- appointed by the Council for a period of six years after having consulted the EP.

Tasks of the Court:
- controls all accounts on a European level (incomes and expenditures);
- controls the money to ensure that it is used in a lawful manner;
- draws up an annual report about its control activity;
- is entitled to inform OLAF (**European Office for the Combat of Fraud**) if the Court detects fraud or irregularities. However, the Court itself is not entitled to impose sanctions.

7. Advisory bodies of the European institutions

7.1. The Economic and Social Committee

The Economic and Social Committee (ESC, founded in 1953) is an advisory body representing different interest groups. However, it does not have the status of a European institution.

Seat of the ESC:
- Brussels

Members of the ESC:
- 344 members,
- proposed by the member states,
- appointed by the Council for 4 years.
- The members represent various categories of economic and social life.

Tasks of the ESC:
- It must be consulted regarding employment- and health-related issues, etc.
- It is consulted regarding the Internal Market, consumer affairs, etc.
- It is entitled to issue an opinion upon its own initiative if it considers such action appropriate. However, this opinion is not legally binding!

Structure of the ESC:
- The ESC consists of:
- representatives of employers' associations and employees;
- various other interest groups (e.g. farmers, consumers' representatives, etc.).

7.2. The Committee of the Regions

The Committee of the Regions (founded in 1993) is an advisory body representing the regional and local interests in Europe. It does not have the status of a European institution.

Seat of the Committee of the Regions:
- Brussels

Members of the Committee of the Regions:
- 344 members,
- proposed by the member states,

- appointed by the Council for 4 years.

Tasks of the Committee of the Regions:
- serves as compulsory consultant for education-, health-, environment-related issues, etc;
- can be asked as consultant for industry-, consumer affairs-related issues etc;
- can issue its opinion on regional interests. However, this opinion is not legally binding!

8. Financial institutions in Europe

8.1. The European Central Bank

In order to reach the last step of establishing a European Monetary Union *(see above, on the way to a European Union)*, it was necessary to create a financial institution in Europe.

Seat of the ECB:
- Frankfurt / Main

Organisation of the European financial system:

Due to the fact that not all member states have joined the European Monetary Union, a three pillar system had to be established for the financial sector:
- **The European System of Central Banks** (ESCB): the European Central Bank (ECB) plus Central Banks of the Eurozone as well as Central Banks of the non-Eurozone as not all member states wanted to introduce the Euro.
- **EuroSystem**: European Central Bank plus Central Banks of the Eurozone.
- **European Central Bank**: an independent and supranational financial institution with legal personality, which can even sanction the member states.

Tasks of the ECB:
- definition and implementation of monetary policy;
- conduction of foreign exchange operation;
- management of the official foreign reserves;
- promotion of the functioning of payment systems;
- collection of statistical information;
- supervision of credit institutions and the stability of the financial system;
- issuance of Euro banknotes.

Structure of the European financial system:
- **Executive board:** as a body of the ECB, it is responsible for current transactions and executes the instructions of ECB Governing Council.
- **ECB Governing Council:** as a body of the EuroSystem, it is the highest instrument in monetary policy, setting out the guidelines.
- **ECB General Council:** as a body of the ESCB, it coordinates the monetary policy between members and non-members of the Eurozone.

Two main policy strategies of the ECB:
- If the ECB cuts down interest rates, loans get cheaper. This policy is used as a measure to fight recession.
- If the ECB raises interest rates, loans get more expensive. This measure is taken if the economy does well.

8.2. The European Investment Bank

The European Investment Bank (EIB) is a financial instrument of the EU, whose shareholders are the member states of the EU. It does not have the status of a European institution.

Seat of the EIB:
- Luxembourg

Tasks of the EIB:
- It provides loans to public and private institutions in harmony with the objectives of the EU which are, e.g. regional development, environment, transport, energy, etc.
- The EIB usually provides 50% of the total costs at low interests.
- The main focus is on countries in Eastern Europe and the so called ACP-states (African-, Caribbean-, Pacific states).

European Investment Bank group:
It is formed by the EIB plus the European Investment Fund.

8.3. The European Investment Fund

Seat of the EIF:
- Luxembourg

The European Investment Fund does not directly finance the enterprises but provides money for private banks. Its shareholders are:
- The European Investment Bank;
- The Commission;
- European banks.

9. The Agencies of the European Union

Community agencies are institutions under European public law with legal personality. They are created by an act of Secondary Community Law. Being spread over Europe, every member state wants to have an agency as a status symbol.

There are two types of agencies:
- **Executive Agencies** which are involved in individual projects of limited duration.
- **Regulatory Agencies** which are permanent institutions.
- Agencies themselves are divided into:

- Agencies of the first pillar (e.g. FRONTEX, the European Agency for the Management of Operational Cooperation at the External Borders).
- Agencies of the second pillar (e.g. EDA, the European Defence Agency).
- Agencies of the third pillar (e.g. EUROJUST, the European Judicial Authority and EUROPOL, the European Police Authority).
- Executive Agencies (e.g. PHEA, the Public Health Executive Agency, 2005-2010).

Tasks of the agencies:
- to link the EU with its citizens;
- to advise the Commission and produce opinions.

III. EU legislation

1. The legal nature of the EU

In order to find out what the EU actually de jure is, we first have to distinguish between two terms:
- **Federal States:** e.g. the US, i.e. individual states that work as one state.
- **Confederations:** e.g. the Commonwealth in which states are united in a common allegiance belonging to the Crown. Nevertheless, they do not operate as one state.

The EU itself is not a state. It does not have its own peoples. It neither has its own territory nor a competence-competence (i.e. only the member states can decide what they want to regulate on a European level). Generally speaking, the EU is less than a Federal State as it lacks a constitution, but it is more than a Confederation as it has an Internal Market and its own institutions. As joint federation of countries the EU can therefore be defined as a unique formation, consisting of supranational and intergovernmental elements.

2. Sources and procedures of European Law

2.1. Primary Law and Secondary Law

Community law can be divided into a primary- and a secondary category.

The Primary Law comprises mainly the following:
- Treaties which were enacted in order to create the Communities.
- Treaties that have been enacted in order to amend the original Treaties.
- General principles of law (e.g. fundamental rights, principle of democracy, etc.).
- Common law (e.g. the state secretaries can act for their ministers on a European level).

The Secondary Law mainly includes the following:
- Legislation enacted by the institutions of the Communities (e.g. Regulations).
- Case law that is derived from the judgements of the Court.
- International agreements concluded by the Communities.

Secondary law must not amend or breach against Primary law, whereas its interpretation and concretion are possible.

Legal acts of the supranational area:
- **Regulation:** legal act which is legally binding and directly applicable in all member states.
- **Directive:** legal act which is not directly applicable. It must be implemented into national law.
- **Decision:** legal act which is legally binding and only directly applicable for the addressee (e.g. one member state).
- **Opinion:** an act which is not legally binding but of political importance.
- **Recommendation:** an act which contains a non-legally binding request of the Commission or the Council (addressees are mainly member states).

Opinions and Recommendations are also characterised as soft-law, which means, that breaching against them does not lead to any legal consequences.

Examples for legal acts of the intergovernmental area:
- **General Guidelines** and **Common Strategies** of the European Council;
- **Joint actions, Common positions, Decisions** and **Declarations** of the Council.

2.2. The creation of Secondary Law

In principle, the Council is the main legislative body of the Communities and is thus involved in all legislative procedures. However, the importance of the European Parliament has particularly increased due to the introduction of the Co-decision procedure in the Maastricht Treaty.

The four main legislative-procedures are:
- Consultation procedure;
- Cooperation procedure;
- Co-decision procedure;
- Assent procedure.

Consultation procedure:
1. The requirement of a legal base (the respective Treaty Article).
2. The Commission enacts a draft.
3. The EP gives its opinion to the draft.
4. The Council adopts the draft. However, it does not need to act on the EP's amendments.

The Consultation procedure is applied to the following policy areas:
- Common Agriculture Policy;
- Competition;
- Police and Judicial Cooperation in Criminal Matters;
- Common Trade Policy, etc.

Cooperation procedure:
1. The requirement of a legal base.
2. The Commission enacts a draft.
3. The EP gives its opinion.
4. The Council adopts a common position:

- The EP can say YES or do not do anything. In both cases the Council adopts the draft with QMV.
- The EP can say NO. In this case the Council can only adopt the draft unanimously.
- The EP can propose amendments. If so, the draft goes back to the Commission. If the Commission accepts, the Council adopts with QMV. If the Commission does not accept, the Council can only adopt unanimously.

The Cooperation procedure is now only used in the field of the Economic and Monetary Union.

Co-decision procedure:
- The requirement of a legal base.
- The Commission enacts a draft.
- If the EP agrees the Council can adopt.
- If there are amendments of the EP:
    - Council can say YES and adopt.
    - Council can say NO, make its own amendments (i.e. common position) and send the draft back to the EP.
- EP can say YES to those amendments. If so, the Council can adopt.
- If the EP does not do anything, the Council can adopt.
- The EP can say NO. In this case, the whole proposal fails.
- The EP can propose its own amendments. Then the draft goes to a Conciliation Committee which consists of members of the EP and the Council.
- If there is no agreement in this Committee, the proposal fails.
- If there is an agreement, the Council and EP are to agree.
- The Co-decision procedure is applied to the following policy areas:
- transport, harmonization of the Internal Market, customs, social policy, environment, industry, health and consumer affairs, etc.

Assent procedure:

In this procedure the EP can either accept or reject decisions of the Council. Although the EP does not have the authority to amend, the legal act can not be enacted without the EP's approval.

The Assent procedure is used in the following policy areas:
- accession of new member states;
- election of the Commission President;
- conclusion of international agreements;
- sanctions against member states which breach against Article 7 EU-Treaty (European fundamental rights), etc.

Commitology:

As the Council usually has a lot of work, it can transfer legislative tasks upon the Commission and specific Committees. Those Committees consist of government representatives of the member states and are to supervise the Commission. Currently there are five Commitology procedures:

1. **Advisory procedure** – applied to issues of minor political importance:
   - The Commission enacts a draft.
   - The Committee gives its opinion.
   - The Commission takes the opinion into consideration as far as possible.

2. **Management procedure** – applied to agriculture and fishery:
   - The Commission enacts a draft.
   - The Committee gives its opinion.
   - The Commission can take the opinion into account. If it does not like to follow the opinion, it has to notify the Council; in this case the Council can also adopt a different measure.

3. **Regulatory procedure** – used for the protection of human-, animal- and plant health:
   - The Commission can only adopt if the Committee agrees. If the Committee disagrees, the draft goes to the Council.
   - The Council decides after consulting the EP.

4. **Regulatory procedure with scrutiny** (new since 2006):
   - As can be seen above, the EP has so far not been represented strongly in the Commitology-procedures. It didn't have a right to block proposals of the Commission as only the Committees could do so. If the Committees did block a proposal, it was referred to the Council alone. In the Regulatory procedure with scrutiny the EP is now entitled to block Commission proposals.

5. **Safeguard procedure:**
   - This procedure is used if the Commission decides on safeguarding measures (e.g. measures during the time of "mad-cow disease" [BSE]). In this case the Commission decides alone, i.e. without the Committees but must inform the Council and the member states. The Council may amend the decision at the request of a member state.

3. The main principles of European law

3.1. The Principle of Conferral

Only the member states can conclude treaties and amend competences on a European level. The European Communities (EC – representing the first pillar and formed by the European Economic Community and EURATOM) do not have a so-called competence-competence (i.e. they are not allowed to regulate everything which is of political interest; furthermore, the enacting of every legal act requires a legal base in the Treaties).

The Principle of Conferral says **if** the EC are entitled to act, thus protecting the sovereignty of the member states.

- The competence-areas of the EC are distinguished as follows:
- **Exclusive competencies:** the EC take all the decisions unilaterally.

- **Competing competencies:** the member states may only decide if the EC do not decide, i.e. the EC have predominance over member states.
- **Parallel competencies:** although both, the EC as well as the member states are entitled to decide, the European law is stronger if there is a clash with member state rules.

However, the Principle of Conferral not only refers to the relation Community–member states but also to the relation between the Community institutions as every institution can only act if the Treaties entitle it to do so.

3.2. The Principle of Supranationality

In order to fulfil the requirements of a supranational organisation at least two of the following features are needed:
- the production of legal acts;
- a majority decision;
- institutions;
- own jurisdiction.

As regards the EC, all four requirements are fulfilled!

3.3. The Principle of Subsidiarity

Introduced by the Maastricht Treaty, the Principle of Subsidiarity promotes a three-level Europe (European-, national-, regional level) and stipulates that decisions should be made as closely as possible to the citizen. The Community should only act if the member state-level is not appropriated or an issue might be better handled on European-level. The Principle of Subsidiarity does not comprise exclusive competences!

Further, the Principle of Subsidiarity is completed by the **Principle of Proportionality**. Subsequently, if the Community can act in different ways, it has to choose the measure which protects the interests of the member states the most.

3.4. The Principle of Equality or Non Discrimination

Primary law refers to the principle of equality on a number of occasions, whereas discrimination might occur directly or indirectly *(see also below, Free Movement of Goods)*:

- **Article 12** EC-Treaty prohibits discrimination on grounds of nationality.
- **Article 34(2)** EC-Treaty prohibits discrimination between producers or consumers within the Community.
- **Article 141** EC-Treaty regulates equal pay between men and women.
- **Article 13** EC-Treaty provides the Community with the authority to legislate in order to prohibit discrimination based on *sex, racial or ethnic origin, religion or belief, disability, age or sexual orientation.*
- In addition, the Court of Justice has developed further general principles of non-discrimination *(see below, Four Freedoms).*

3.5. Fundamental Rights

According to **Article 6** EU-Treaty (amended by the Treaty of Amsterdam), the Union:

- is founded on the principles of liberty, democracy, respect for human rights and fundamental freedoms, and the rule of law;
- shall accede to the European Convention for the Protection of Human Rights and Fundamental Freedoms and shall respect fundamental freedoms as they result from the constitutional traditions common to the member states constituting general principles of community law.

In addition, a Charter of Fundamental Rights has also been drawn up. The legal status of the Charter is still debated, but at present it is not legally binding (however, the Reform Treaty provides legal value!).

3.6. The Principle of Supremacy

The Treaties do not provide a solution to what happens if the national law of the member states and the European law are in conflict.

Therefore it has been up to the ECJ to solve the problem. In the case **Costa / ENEL (1964),** the ECJ ruled that Community law (Primary law and Secondary law) should be supreme over all forms and sources of national law – even the national constitutional law.

3.7. The Principle of Direct Effect

In the case **Van Gend en Loos (1963)** the ECJ provided a judgement in order to create the doctrine of direct effect of Community law:

Van Gend had imported chemicals from Germany into the Netherlands and was required, by Dutch law, to pay customs duty to the Dutch authorities. Van Gend claimed that this was an infringement of Community law (Customs Union!). The Dutch tribunal referred the question to the ECJ (preliminary ruling, *see above, Court of Justice*).

According to the Court, Community law does not only provide the member states but also individuals with rights and obligations. However, not all Treaty-Articles are capable of having such a direct effect. Treaty Articles have to be:

- clear and precise (without further concretion; self-executing character);
- unconditional (no conditions or caveats are foreseen in the Treaty Article);
- without any requirement for further implementing measures of the Community or the member states.

The principle created in Van Gend has now been further developed:

- As already mentioned in the Van Gend doctrine, **Treaty Articles** are only capable of having a direct effect if they comply with three criteria and if they are enforced against the state.
- In addition, the Court has stated that rights and obligations contained in Treaty Articles may be enforced not only against the state but also against **other individuals**. We therefore have to distinguish between two types of direct effect:
    - **vertical direct effect:** refers to the relation between the individual and the state, like in Van Gend: the private company Van Gend against a Dutch authority!

- **horizontal direct effect:** refers to the relation between individual and individual, e.g. two privates (a company or a single person) against each other.
- As regards **Regulations** the Court ruled that they should have the same vertical and horizontal direct effect as Treaty Articles.
- **Decisions** are only vertically and horizontally directly effective for the addressee.
- As regards **Directives** it first has to be mentioned that they are not directly applicable. This means they provide no rights for individuals until the Directive is incorporated into member states'-law.
- However, the Court also has decided that if a Directive has NOT been properly implemented into national law (e.g. not in time, not fully or wrongly), direct effects (only vertically direct effects!) should be possible under the three Van Gend criteria (although if you look at the third criterion, *"no further implementing measure shall be required"*, this criterion can never be fulfilled by Directives because they have to be implemented into national law; therefore the Court has ruled that the third criterion is fulfilled if the member state does not implement the Directive in time).

The following two cases illustrate the consequences of those ECJ-judgements:

- GB did not implement the so-called equal-treatment directive which provides an equal treatment between men and women.
- In the cases **Marshall** and **Tate & Lyle,** employees felt discriminated in their jobs (Marshall worked for the state, Roberts for a private company) and therefore filed a claim based on the equal- treatment directive. Taking into consideration the above-mentioned, we get to the following result:
    - Directives can also have a direct effect (vertically direct effect) if they are not implemented into national law.
    - GB did not implement the Directive.
    - Only Marshall succeeded because only she worked for the state! A Directive only has a vertically direct effect!

3.8. The Principle of Indirect Effect

As mentioned above, Directives do not have a horizontally direct effect. Under the Principle of Indirect Effect, national courts have the obligation to interpret and apply national law in a manner that is consistent with the wording and purpose of Directives, even if they have not been implemented so far. This enables not-implemented Directives to have an effect on the judgments of national courts!

3.9. State Liability for Damages

In the **Francovich**-case, Italy has not implemented a Directive giving a minimum standard to the employees in case of a company's insolvency. To achieve such standards, Italy (and the other member states) should set up a public fund.

Because of the not-implemented Directive, Mr. Frankovich, a worker, whose company had to close, did not receive any funds.

The ECJ has ruled that if a member state fails to incorporate a Directive into national law, an individual, who suffers damage as a consequence, may claim compensation from the state under the following conditions:

- the Directive must confer a right on individuals;
- the breach must be sufficiently serious;
- there must be a direct causal link between breach and damage (i.e. if Italy had implemented the Directive, the workers would have got their money).

IV. Four Freedoms of the EC-Treaty

1. Free Movement of Goods

A free movement of goods between the member states can only be realised if monetary barriers and non-monetary barriers are eliminated.

1.1. The elimination of monetary barriers

In order to eliminate monetary barriers between the member states, the following three measures are required:

Removal of customs duties in order to create a customs union:
- The Customs Union between the member states had been established in 1968.

Prohibition on new customs duties and charges having an equivalent effect (CHEE):
- What are goods? Products that can be valued in money and are capable of forming the subject of a commercial transaction.
- What is a CHEE? Any monetary charge imposed on goods by reason of the fact that they cross the frontier.
- The purpose for the duty / charge is irrelevant!

As a consequence, all duties and CHEE are unlawful (except charges levied for, e. g. animal inspection, but then they have to refer to domestic goods as well!).

Prohibition on discriminatory internal taxation:
- Taxation is unlawful if it – directly or indirectly – discriminates against imported products or protects domestic ones:

Example: although beer and wine are similar goods, member state "A" has a higher tax on beer in order to protect its wine industry → discrimination of foreign beer importers (direct discrimination).

1.2. The elimination of non-monetary barriers:

Non-monetary barriers (like Quotas) can also hinder a free movement of goods. In order to eliminate non-monetary barriers, the following measure is required:

<u>The prohibition of quantitative restrictions and measures having an equivalent effect (MHEEs):</u>

- What is a quantitative restriction? A national measure which establishes a maximum amount of goods that can be imported or exported during a specified time period; this action is implemented to protect domestic goods.
- What are MHEEs? Measures which hinder the community trade by making importation more difficult (or costly) or by favouring domestic products.

Example: French farmers blocked their roads in order to hinder the Spanish importation of agricultural goods. According to the ECJ, the French government has not done enough to stop those blockades → MHEE.

- **Dassonville formula:** if a national law hinders the importation of goods from another member state, this law is not applicable on this case. As a consequence, the member states have very little scope in their trading rules. **All** trading rules, which are capable of directly or indirectly hindering the intra-Community trade, are to be considered as MHEEs.

Example: Cassis-de-Dijon case: according to the ECJ, all goods, which are lawfully produced in a EU member state, can also be sold in any other EU state.

The German food manufacturer REWE had been prevented from importing the French liqueur known as Cassis-de-Dijon (with 20%-alcoholic content) by the German federal monopoly administration for spirits because German law required a minimum alcoholic content of 32%. According to the ECJ, the import embargo imposed by the federal monopoly administration infringes EC-law. A justification of such an import-embargo is only admitted under Article 30 EC-Treaty or under the so-called "Cassis-de-Dijon-formula" (e.g. effective tax regulation, the protection of public health, the purity of traded goods, and consumer protection). In addition, measures, which impose an import embargo, always have to be proportional!

In short, the case can be illustrated as follows:
- The measure, taken by the German Administration for Spirit, was considered as unlawful under the Dassonville formula.
- Germany tried to justify the import-embargo with the protection of its own consumers, stating that consumers would be confused when finding beverages with different alcoholic content under the name liqueur in supermarkets.
- The ECJ did not follow the German view arguing that the consumer would be able to recognise the different alcohol content, because of the label. The German measure of an import embargo was hence not proportional and therefore an MHEE.

<u>Measures outside the scope of Dassonville formula:</u>

The following measures are not MHEEs:
- certain selling arrangements related to marketing and advertising if they are not product-related and not discriminating.

Example: if all shops have to be closed on Sunday, this measure is not product-related and affects national and foreign goods alike. Therefore such a measure is not prohibited under the Dassonville-formula.

BUT: Although the prohibition of advertising of alcoholic beverages in Sweden is not directly discriminating as it affects national and foreign beverages alike, foreign goods are affected more because they are less well-known than the domestic ones. Subsequently, such a measure is considered as indirect discrimination and thus an MHEE, although Sweden could justify its measure on grounds of Art. 30 (*see below*)!

<u>Measures which can be justified on grounds of Article 30 EC-Treaty:</u>

Some prohibitions concerning the import of products of other member states are lawful because domestic measures can be justified on the grounds of:

- public morality;
- public security or policy;
- protection of the health and life of humans, animals or plants;
- protection of national treasures;
- protection of industrial and commercial property.

Although Article 30 does not mention it explicitly, every measure, which imposes an import embargo, has to comply with the principle of proportionality which says whether the measure in question is really required or might be softened.

Example: "A" wanted to import life-size love dolls into the UK. The dolls were seized under UK law but the law did not contain a similar ban on the domestically manufactured love dolls. Subsequently, "A" claimed that the UK law was not complying with the Dassonville-formula. The UK then wanted to justify its measure by basing it on public morality, but the Court did not follow this justification attempt because the measure only affected the imported dolls. This measure is thus seen as MHEE!

2. Free Movement of Persons

Although every EU citizen has the right to move from his/her home-state to another state in order to work, set up a business or provide a service, only a few Europeans do so.

The Free Movement of Persons can be divided into two groups:

- Free Movement of Workers;
- Freedom of Establishment.

Who is a Union citizen?

A union citizen holds the nationality of one member state. There are two types of union citizens:

- non-economically active persons: students, retirees, the rich;
- economically active persons: employees/workers, the self-employed, service-providers.

2.1. Free Movement of Workers

Who is a worker?

According to a wider definition of the word, a worker works under the control of somebody and receives a salary. However, a worker is also somebody who has lost his/her job or only works part-time.

What are the rights of workers from other member states?

Every EU-citizen is entitled to the following:

- accept job-offers, reside in the respective member state, and remain there after working;
- stay in a host-country for 3 months, whereas a worker can, of course, also stay longer but will then have to register him/herself;
- receive permanent residency after having worked in the respective country for 5 years;
- receive social advantages:
- **Example:** bringing his/her partner into the host state if the domestic law treats married and unmarried couples alike.

Example: receiving unemployment benefit in case of job-losing. However, the worker has to fulfil the same national requirements as nationals do, e.g. having worked in the host-country for a minimum period of time.

What about discrimination?

Direct discrimination based on the grounds of nationality is always prohibited. Indirect discrimination, i.e. something can be fulfilled more easily by nationals, can be justified under four conditions (Gebhard-formula). Subsequently, national rules must be:

- applied in a non-discriminatory manner,
- justified by imperative requirements in the general interest,
- suitable for securing the attainment of the objective they pursue and
- must not go beyond what is necessary in order to attain it (proportionality).

Example: The **Groener case:** Ms Groener, a Dutch national, was not appointed to a teaching post at an Irish college when she failed an oral test in Gaelic language. This test was applied to both, national and migrant workers. Yet, national workers could pass the test far more easily than migrant workers. Although this might be seen as a case of indirect discrimination, Ireland could justify the test under the Gebhard-formula as it is of general interest to Ireland to encourage the use of Gaelic.

<u>When is a worker entitled to stay in a host-country permanently?</u>
- a worker is entitled to stay in the host-country if he/she worked in the host-country for five years or
- reached the retirement age of the host-country after having worked in that country for at least 12 months **and** having resided there continuously for at least three years.

<u>Who is considered as family member?</u>
Family-members are:
- a spouse;
- a partner of a registered partnership providing that the host-country acknowledges such partnerships as equal to marriages;
- direct descendants, who are under the age of 21 or dependants of the worker, spouse or partners;
- direct ascendants, who are dependent on the worker, spouse or partner;
- dependent family members, who shared the same household in the home-state or need personal care.

In general, family members have the same rights as workers. However, if they are non-EU citizens, they can only stay in the respective host-country for 3 months unless they have a residence card.

<u>Are there any restrictions?</u>
Member states may deny workers the right of free movement on grounds of:
- public policy;

- public security and public health.

In addition, those limitations require:
- proportionality and
- a present, genuine, and sufficiently serious threat for the host-country.

Example: French Prostitutes-case: French prostitutes were denied entry to Belgium on grounds of public policy, despite the fact that prostitution is not illegal in Belgium. This is hence a non-proportional, discriminating measure.

2.2. Freedom of Establishment

EU citizens have the right to establish a business in a host-country under the same conditions as nationals.

<u>What is an establishment?</u>

The ECJ has defined establishment as the exercise of an economic activity through a permanent base (concerns the self-employed and companies!) in another member state for an indefinite period. While the self-employed (the freedom of establishment is affected) run their own business, workers (the free movement of workers is affected) work under the control of another, thus receiving a wage or salary.

However, there have been problematic developments: companies, which are established in one member state, wish to transfer their seat to another member state for tax reasons *(see below, Company Law)*.

<u>What are the rights of self-employed?</u>

The self-employed have the same rights as workers *(see above, Freedom of Workers)*.

<u>How to deal with different qualification-requirements?</u>

There are different qualification-requirements in order to run a business in almost every member state. Although harmonisation legislation has been enacted in a first attempt, it has only been realised for a few occupational categories as it has turned out to be too complex. In a second attempt, a so-called recognition system concerning qualification-requirements was established, according to which:

- The host-country must acknowledge the qualification-requirements, in case they are equivalent.
- The respective country must provide reasons for its decision if it considers the qualification-requirements as not equivalent.
- The country may require further trainings (e.g. additional exams for lawyers) in case the qualification-requirements are only partly equivalent.

Are there any restrictions?

(See above, Freedom of Workers).

Example: Dutch coffee shop owners are not entitled to run their business in Germany, as coffee shops are bars in which the smoking of marijuana is legalized.

3. Free Movement to Provide Services

What is the difference between an establishment and the providing of a service?

- Establishment: the setting up of a permanent base in the host country.
- Service-providing: an economic activity is temporarily provided in the host-country without giving up the permanent base in the home-state (there has to be an inter-state element as well as a temporary element).

The Free Movement to Provide Services has become very important these days because a huge part of economic performance is made in the service sector (e.g. telecommunication, medical treatment, etc.).

The service must be provided for remuneration:

Example: A cable TV provider gets money from fees and advertising revenues, whereas a street musician does not get remunerations as s/he does not receive money on a regular base.

What about the rights of service providers?

A service provider has no residence rights or rights to remain in the host country, although s/he has the right to exit his/her respective home country and enter a host-country.

How can the interstate element be realised?

- actively: a service provider crosses the border, e.g. a French lawyer acts in a German lawsuit;
- passively: a service receiver crosses the border, e.g. a German tourist spends his/her holiday in a hotel in France;
- service itself crosses the border: e.g. a broadcasting service;

What about discrimination?

All discrimination based on nationality is illegal. If a national rule is not directly but indirectly discriminatory, it may, however, be justifiable under the Gebhard-formula *(see above, Free Movement of Workers)*.

What about service provision in the social sector?

Example: does a German health insurance company (HIC) have to reimburse its client's medical treatment costs in Austria?

Every single case requires individual approval: if equal treatment is available in Germany in time and if there is a contract with a HIC in Germany, the German HIC does not have to pay for treatment in Austria.

Are there any restrictions?

(See above, Freedom of Workers).

How to deal with different qualification requirements?

Example: the recognition system for lawyers: if a lawyer is admitted to the bar in his/her home-country, he/she can also temporarily act in the respective host country.

What about the Service-Directive?

After having been proposed by the Commission, the Service-Directive was heavily discussed by the member states – in particular, the **Country**

of Origin Principle has brought up a lot of criticism. Under this principle, e.g. Polish plumbers would be able to provide services in, e.g. GB, under Polish law, entailing all the negative consequences, like wage-dumping or social-dumping. Since the Commission proposal has been amended by the EP and the Council, the Country of Origin Principle is no longer expressively mentioned but still valid. However, the following areas are excluded:

- public healthcare;
- legal and social service;
- temporary employment agencies;
- the financial-sector, etc.

The Service-Directive has to be implemented by the member states into national laws by December 2009.

4. Free Movement of Capital

The Free Movement of Capital comprises two types of freedoms:

- the Free Movement of Capital itself and
- the Free Movement of Payments

In order to enable those freedoms, restrictions on inter-state-payments and on the movement of capital between the member states shall be prohibited. In this context, the Free Movement of Payments has to be seen in connection with other freedoms as, e.g. the Free Movement of Workers and the Freedom of Establishment. Accordingly, the member states shall not restrain those freedoms by prohibiting the payment of workers' inter-state-salaries or companies' returns.

However, it is not always easy to see, which freedom is actually affected by a restriction! A lot of overlapping with other freedoms occurs, making it crucial to ask about the main focus of the freedom:

- The main focus is on capital if there is no establishment in the host country (e.g. portfolio investments).
- The Freedom of Establishment is mainly affected if there is an investment with an establishment in the host-country.

<u>Are there any restrictions?</u>

(See above, Freedom of Workers).

Example: measures against money laundering.

<u>Are there any obstructions?</u>

In practise, obstructions of this freedom often occur in national tax laws in order to lure investors and keep capital in the home state.

Example: Golden share cases (where national key-industries are protected, *see also below, Company Law*).

Elektra (a Spanish energy company) wanted to buy 25% of the shares of the French company Elf. However, the deal was not made as the French law states that if the purchase of shares exceeds 20%, the French Minister for Economic Affairs has to approve the deal, which he did not, stating that a foreign company might endanger the national energy provision. Although the ECJ accepted such a justification on grounds of public policy, the Court also ruled that the requirement of an approval of the Minister was not proportional because first, the law mentioned no reasons according to which the Minister was entitled to deny such a purchase and second, as there was a lack of legal actions against the decisions of the Minister. Subsequently, France could not inhibit the purchase.

V. Excursus: The European Competition Law and Company Law

1. The European Competition Law

As already mentioned above, the primary goal of the Community is to create an Internal Market by abolishing trade barriers, establishing the four freedoms, and harmonizing the legal policies. However, it has also been important, in this context, to ensure that the competition within the Internal Market is not distorted.

In order to establish a fair Competition law, two measures had to be taken:

- the prohibition of anti-competitive agreements and other restrictive practices;
- the abuse of a dominant market position.

1.1. The prohibition of anti-competitive agreements and other restrictive practices (Article 81 EC-Treaty)

Article 81(1) prohibits "all **agreements** between **undertakings,** decisions by **associations of undertaking**s **and concerted practices** which may **affect trade** between member states and which have as their **object or effect** the prevention, restriction or distortion of competition within the common market".

<u>What is a cartel?</u>

In the light of Article 81, four preconditions have to be fulfilled in order for a cartel to be considered as such:

- there needs to be an agreement or a concerted practise between at least two entrepreneurs;
- the agreement must be suitable to affect trade between member states;
- the agreement must have the object or effect to prevent, restrict or distort competition within the common market (e.g. agreements which *fix prices, limit or control production or share markets* etc.);
- the agreement must have a sufficient effect on Europe-wide trade (de minimis rule: the undertaking's market share has to be at least 10%).

What is an undertaking?

An undertaking is defined as any type of entity ranging from a single individual to a multinational corporation that is capable of providing an economic activity.

What is an association of undertakings?

An association of undertakings consists of trade associations and includes non-binding recommendations and decisions of such associations which can be effective instruments in order to restrict competition.

What are agreements?

Like the term undertaking, the term agreement also has been widely interpreted. Subsequently, there has to be differentiated between:

- formal agreements (e.g. contracts) and informal agreements (e.g. gentleman's agreement);
- vertical agreements (e.g. between producers and distributors) and horizontal agreements (e.g. between producers).

What is a concerted practice?

A concerted practice is a form of coordination between undertakings in which the stage of an agreement has not been reached (i.e. a type of behaviour).

Which agreements may affect trade between member states?

Generally speaking, it must be possible to foresee that the agreement in question may have an influence on trade between member states.

As a consequence, the following agreements come within the scope of Article 81:

- agreements which have the distortion of competition as their **object** or
- agreements which have the distortion of competition as their **effect**.

Subsequently, the object of an agreement and the effect of an agreement are considered separately:

- Agreements with an anti-competitive object breach Article 81 in any case (e.g. entrepreneurs act concertedly in order to enhance their profits. In this case the parties involved are not even entitled to talk to each other, although adducing evidence that communication takes place might be difficult!).
- As regards agreements whose object is not anti-competitive, their impact (effect) has to be considered (e.g. if the goal of such an agreement is the development of better products, entrepreneurs might not have a bad intention, although the effect might be a cartel, which is even more difficult to prove!).

What are the consequences of infringing Article 81?

Such agreements will be void unless an exemption is provided.

What are exemptions?

As already said before, certain agreements are not within the scope of Article 81 (de minimis rule). Moreover, certain agreements are exempted because of their positive effects on trade:

- Agreements improving the production or distribution of goods or promote technical or economic progress.
- Agreements allowing consumers to enjoy a fair share of the resulting benefit (e.g. transport-market: consumers are allowed to enjoy a fair share of the resulting benefit by using public transports).

BUT, exempted agreements must not:

- impose restrictions on the undertakings, which are unnecessary for the above-mentioned objectives;
- allow undertakings with a large market share to eliminate competition.

What about the enforcement of Article 81?

The enforcement is shared between the Commission, national competition authorities, and national courts which are able to impose fines.

1.2. The abuse of a dominant market position (Article 82 EC-Treaty)

Trade can not only be affected by anti-competitive agreements and other restrictive practices – it can also be influenced by the abuse of a dominant market position. In this context it is not the dominance as such that is prohibited – it is the abuse of the dominance that is against the law.

<u>What is considered a dominant position?</u>

In order to assess "dominance", it is necessary to analyse the so-called "relevant market" (i.e. the exact nature of a market) and to clarify the following questions:

- Can the demand be substituted, i.e. can the product in question be replaced?

Example: **United Brands-case**: in the light of the Commission the relevant product market of a major supplier of bananas in Europe was bananas and not fruit as the undertaking (United Brands) argued. Consequently, according to the Commission, a rise in banana prices would not result in a switch of consumers to other fruits. The ECJ has also ruled that the relevant product market is bananas as some consumers of bananas are unable to switch to hard fruits (e.g. the toothless, elderly and very young people).

- Can the consumers switch to a supplier that is located in their vicinity in case the prices are increased?
- Can the offer be substituted, i.e. can an entrepreneur easily enter the market?
- Can the products be seasonally replaced (e.g. in summer, bananas compete with citrus fruits)?

Having determined the relevant market, it is now necessary to consider whether an undertaking is dominant in the respective market or not. Dominance is defined as a position of economic strength which allows undertakings to prevent an effective competition in the relevant market or act without considering competitors or consumers (i.e. the larger the market share [over 50%] the more likely dominance exists.).

As mentioned above, market structures have to be considered as well (i.e. a market-share between 40 and 50% might be considered as dominant if the second biggest competitor only has a 10% market share) as well as additional factors (e.g. an undertaking has a high market share, but it is relatively easy to enter this market; an undertaking has a low market share, but it is difficult to enter this market because of the high investment costs).

What is considered as abuse?

A dominant position in a relevant market alone is not sufficient in order to infringe Competition law. However, if this dominant position is combined with an abusive behaviour, Article 82 EC-Treaty is breached. The following examples are considered to be an abusive behaviour:

- the refusal to issue a licence if the development of a new product gets avoided (e.g. Microsoft);
- the commitment of purchasers and suppliers, e.g. by means of discounts;
- the fixing of inflated prices;
- the reduction of the offer – followed by a price-increase;
- the discrimination of trading partners (e.g. loyal customers are favoured).

What about exemptions?

There are no exemptions to be obtained.

What about the enforcement of Article 82?

The Commission has the authority to investigate and enforce rules with assistance from national authorities.

What about mergers and takeovers?

Mergers and takeovers which have a European dimension must be notified to the Commission if they have a worldwide turnover threshold of 5 billion Euros and a Community threshold of 250 million Euros.

2. The European Company Law

The subjects acting in the Internal Market are mainly entrepreneurs – almost all of them being organised as companies. Subsequently, Community law must assure that, e.g. a German citizen can found (or participate in) a company in France under the same conditions as a French citizen can. Additionally, the company itself must be protected by the four freedoms, i.e. in particular the Freedom of Establishment and the Freedom to Provide Services. Moreover, a company must be entitled to found branches and subsidiaries.

However, the national company laws differ considerably from each other. Thus, in order to establish a European Company law, those national laws have to be harmonised. Such a harmonisation that leads to minimum-standards is also essential in order to avoid the so-called "Delaware-effect". According to this effect, the companies choose the country with the company-friendliest legal system, with the effect that other countries adopt its legal systems, which is, in fact, a "race to the bottom". Besides harmonisation of the national laws, two other measures need to be taken in order to establish a European Company law:

- The restrictive national rules have to be abolished in order to enable transnational mobility (i.e. transnational transfer of seats and transnational mergers) and
- European companies have to be established.

2.1. The sources of European Company Law

As regards the Primary law, the Treaties provide the following law-sources:

- **Article 43** EC-Treaty (Freedom of Establishment).
- **Article 56** EC-Treaty (Freedom of Capital).
- **Article 294** EC-Treaty (*"member states shall accord nationals of the other member states the same treatment as their own nationals as regards participation in the capital of companies or firms"*...).
- **Article 293** EC-Treaty (refers to the conclusion of international agreements; however, so far none of such agreements have been ratified!

- **Article 308** EC-Treaty (which is the legal source of enacting Regulations, *see below*).
- **Article 12** EC-Treaty (including a general prohibition of discrimination).

Concerning the Secondary law, the following sources have to be mentioned:

- **Directives** (which harmonise the national company laws, *see below, the harmonisation of national company laws.*).
- **Regulations** (enabling the Community to establish its own supranational European companies).
- **Recommendations** (a pre-stage for legally binding acts).

2.2. The European Companies

Currently there are three European forms of companies:

- European Economic Interest Grouping (EEIG);
- European Company (Societas Europaea);
- European Cooperative Society (Societas Cooperativa Europaea).

2.2.1. The European Economic Interest Grouping (EEIG)

What is the EEIG's legal nature?

- The EEIG has the ability to be a subject of rights and obligations.
- It can be both, creditor and debtor; it is capable of being a party to legal proceedings.
- Whether the EEIG has its own legal personality, i.e. a real legal personality or an only partially legal personality is up to the member states to decide. Subsequently, e.g. France introduced a real legal person, whereas Austria established a partnership with an only partially legal personality.

What about its structure?

- The EEIG provides the possibility of a transnational cooperation of companies as, e.g. common distribution and research. Although it

is not expressively prohibited to make profits, the object of the EEIG must not be the realisation of profits.
- It must not have more than 500 employees.
- It must not exercise holding functions.
- An EEIG must not be a member of another EEIG.

What about its formation and registration?

Two criteria are required for the formation of an EEIG:
- contract for the formation;
- registration to the national register of the state in which the EEIG has its seat.

The seat must be within the Community either in the state in which the central administration is located or one of the members has his/her seat. In the latter case the EEIG has to act there in reality, i.e. it has to be the principle place of business.

Additionally, in other member states, subsidiaries can be formed and registered (secondary establishment, *see below, freedoms and company law*).

Who can be members of an EEIG?

Members can be:
- natural persons provided they act entrepreneurially or
- legal entities and other companies but no further EEIG!

The members must at least come from two different member states. As mentioned above, natural persons have to register themselves in the state in which a member has his/her seat provided that the EEIG acts there in reality. Companies have to be registered in the state in which the central administration is based.

How to transfer a seat of an EEIG?

Generally speaking, it is possible to transfer the seat of an EEIG from one member state to another (primary establishment, *see below, freedoms and company law*). However, the national authorities of the hitherto state of seat can oppose a seat-transfer on grounds of public interest. Creditors do not have such an opposition right, but they have to be informed about a seat-transfer in time, so that they can file their claims.

Who are the organs of an EEIG?

The EEIG has at least two organs:

- the entirety of members and
- a manager who represents the EEIG and is liable for his/her acting.

The entirety of members takes the decisions and can also give instructions to the manager.

What about liability?

- The members are personally and unlimitedly liable for the debts of the EEIG, although a creditor must demand payment from the EEIG first. However, if the EEIG does not accomplish, the members can be addressed.
- A member, who joins the EEIG at a later point of time, is liable for past debts. However, such a liability can be excluded if it is registered.
- The liability for members, who ceased to be a member, is limited to a maximum of five years.

What about assignment of a membership, admission and withdrawal?

- The assignment of the membership requires the acceptance of the other partners (such an acceptance is not allowed to be given beforehand in the formation contract).
- The admission of new members likewise requires the acceptance of the other partners. As above, this acceptance is not allowed be given beforehand either.
- The member, who ceased to be a member (e.g. due to death, exclusion, etc.), is entitled to get the values of his rights and obligations and is obliged to pay a contribution for loss.

What about winding-up?

It is the task of the partners or national courts to decide about the winding-up.

What about the financial accounting?

The states are free to regulate the obligation to fulfil the financial accounting requirements in their national laws.

What about taxation?

Profits and losses are exclusively taxed at the partners' expenses.

What is the EEIG's general importance?

Due to its limited scope, the EEIG has not proved a great success so far. Most EEIGs have been founded by lawyers and freelancers.

2.2.2. The European Company (Societas Europaea)

What is its general significance?

The European Company (SE) was created for large-scale, Europe-wide operating enterprises. However, the respective source of law (i.e. Regulation) is kept very general and thus requires an extensive completion of national rules, which actually limits the SE's supranational character.

How about the formation of a SE?

As a legal entity, the SE can be formed in four different ways, i.e. as a:

- **merger of national public limited companies** whose seats must be in a member state. In addition, at least two of the national public limited companies must be from different member states.
- **formation of a Holding SE** formed by companies with limited liability. At least two of the companies with limited liability must be from different member states or the company must have had a branch or subsidiary in another member state for at least two years.
- **formation of a Branch SE** formed by legal entities of public or private law and other entities mentioned in Article 48 (2) EC-Treaty (i.e. this formation type is not only provided for companies with

limited liability; apart from this, the same requirements as mentioned above have to be fulfilled).
- **conversion of a public limited company into a SE** provided that the public limited company has had a branch for at least two years (a subsidiary alone is not sufficient!).

Where does the SE have its seat?

According to Article 7 SE-Regulation, *the registered office of an SE shall be located within the Community, in the same Member State as its head office.*

How to transfer the seat?

A transfer of the seat is permitted without the winding up of the SE at first and new

formation thereafter. However, the central administration and the registered office can only be transferred as one.

Moreover, the national authorities have the right to oppose an intended seat-transfer on grounds of public interests.

What about the capital stock?

The SE must have a capital stock of at least 120,000 EUR. The shareholders' liability is limited to this amount.

Who are the organs of the SE?

The member states are entitled to introduce a one-tier- or a two-tier system. With the Anglo Saxon one-tier board, managing executives are represented in the board as well, whereas there is an executive and a supervisory board in the Germanic countries. The executive board includes the team of executives, whereas the supervisory board is made up of outside experts along with employee-related representatives.

Mutual regulations of one-tier and two-tier systems:
- The organs are appointed for six years.
- Companies and other legal entities are entitled to be organs.
- All organs have an obligation of secrecy.

- Decisions are taken with a quorum of half of the members by simple majority.
- If there are no other rules in the statutes, the chairman has a so-called "casting vote" which enables him/her to decide in case of an equality of votes.
- The member states can decide what types of business dealings that require an approval of the organs must be part of the statutes.
- The liability of the organs is regulated in the same way as the liability of the organs of national public companies in the national laws (i.e. a higher or lower liability for SE-organs is prohibited!)

Conditions limited to the two-tier system:

- The members of the executive board act under their own responsibility.
- The number of members is laid down in the statutes. The respective members are nominated and removed by the supervisory board.
- A manager can be nominated.
- The supervisory board supervises the acting of the executive board. Thus, the executive board has to inform the supervisory board about the SE's performance at least every three months.
- The members of the supervisory board are appointed by the general meeting. The supervisory board appoints a chairperson.

Conditions limited to the one-tier system:

- The members are nominated by the general meeting.
- A manager can be nominated.
- The entire board has to meet at least every three months in order to discuss the performance.
- The chairman has to be a shareholders' representative if more than half of the members are represented by employees.

What are the specifics of a general meeting?

- The organisation, proceedings, and voting procedure of the general meeting are regulated in the national laws.
- However, a general meeting has to take place at least once a year within six months after the end of the financial year.
- Moreover, a minority holding of 10% has the right to convene a general meeting.
- Decisions are taken by simple majority, although other majority votes are also permissible if they are laid down in the statutes or in the national laws.

What about employee participation?

National laws differ a lot from each other in this field and, in fact, there is no regulation at all in some member states. Subsequently, this issue, which had been strongly discussed by the member states, finally resulted in the introduction of a negotiation committee of employees that has to be established by the companies forming an SE. It is the task of such committees to negotiate the participation of employees in the SE with the respective SE organ.

What about annual accounts?

Annual accounts are drawn up according to national laws.

The Conversion of a SE

- After two years, a re-conversion of a SE into a public limited company according to the law of the seat-state is permissible (i.e. without liquidation and new formation!).
- As regards reorganisations, the SE can be subject to domestic and transnational mergers, demergers or conversion, whereas demergers by means of new formation are excluded.

The SE's general importance

Around 240 SEs have been founded Europe-wide – the majority being established as one-tier boards.

2.2.3. The European Cooperative Society (Societas Cooperativa Europaea)

The rules of the European Cooperative Society (ECS) are almost the same as those of the SE.

2.2.4. The European Private Company (Societas Privata Europae)

In order to support small and medium sized enterprises in Europe, the establishment of a European Private Company (SPE) is currently being discussed in the European Parliament. The characteristics of a SPE are intended to be the following:

- In contrast to an SE and EEIG, there is no requirement of a transnational element (concerning formation).
- There is no limitation to specific formation-types (in contrast to the four formations of an SE).
- The central administration and registered office are permitted to be in different member states.
- A seat-transfer is admitted.
- Completion by national law should only take place to a limited extend.
- The statutes can be formed autonomously.
- The minimum capital is set at 1 Euro!

2.3. The harmonisation of national company laws

As already mentioned above, the harmonisation of the national laws should result in an introduction of minimum standards and equally competitive conditions. Harmonisation of national laws can be realised through Directives. So far the following Directives have been enacted:

The publicity Directive:
- Its subjects are public limited companies and private limited companies.
- It regulates the publication in a register, the validity of the company's obligations, and the control of the formation.

The capital Directive:
- Its subjects are public limited companies.
- It regulates the formation of a public limited company with a fixed stock, the raise of capital, the maintenance, increase and reduction of capital, as well as the equal treatment of shareholders.

The merger-Directive:
- Its subjects are public limited companies.
- It regulates the mergers by means of acquisition and by means of new formation.
- However, mergers between private limited companies are excluded.

The annual accounts Directive:
- Its subjects are companies with limited liability.
- It regulates the duty of the boards to draw up and publish the annual accounts.

The demerger Directive:
- Its subjects are public limited companies.
- It regulates demergers by means of new formation and by means of acquisition, although the member states are not engaged to introduce this legal institution.

The consolidated annual account Directive:
- Its subjects are companies with limited liability.

The annual audit Directive:
- Lays down the qualification requisites for the annual auditor.

The subsidiary Directive:
- Its subjects are public limited companies and private limited companies.

- It regulates the formation of subsidiaries (i.e. subsidiaries of EU-companies and subsidiaries of non-EU-companies likewise!).

The Directive about single-member limited-liability companies:
- Member states are engaged to admit the formation of this form of company.

The acquisition Directive:
- Its subjects are listed public limited companies.
- It regulates the equal treatment of holders of the securities of an offeree company, the right of squeeze out, and the right of sell out.

The Directive about mergers of companies with limited liability from different member states:
- Its subjects are companies with limited liability.
- The member states are engaged to admit transnational mergers of companies with limited liability.

The shareholder rights Directive:
- Its subjects are listed public limited companies.
- The Directive strengthens the democracy of the shareholders by, e.g. enabling written votes.

2.4. Freedoms and Company Law

2.4.1. The Freedom of Establishment

What is the meaning of the Primary establishment?

The primary establishment comprises the formation and direction of companies (i.e. a member state is not allowed to prohibit company formation by a citizen of another member state and is not allowed to discriminate foreigners compared to nationals). In addition to natural persons, the company itself (i.e. legal entities of public- and private law with a pecuniary reward) is also a subject of the freedom of establishment.

What is the meaning of the Secondary establishment?

Article 43 (1) EC Treaty covers the formation of agencies, branches and subsidiaries. This right is called secondary establishment.

What about the connection with a member state?

Article 48 (1) EC-Treaty states that „*companies or firms formed in accordance with the law of a Member State and having their registered office, central administration or principal place of business within the Community shall, for the purposes of this Chapter, be treated in the same way as natural persons who are nationals of Member States.*"

According to Article 48 EC-Treaty a company:

- must be founded according to the law of one member state plus
- it must have its registered office, central administration or the principle place of business within the community.

The actual meaning of this article has been widely discussed:

- According to one opinion, only one criterion of the three criteria mentioned above (i.e. registered office, central administration or the principle place of business) has to be fulfilled. This means that a company registered in GB, which has its central administration in Germany, has to be accepted by the German authorities.
- According to another opinion, it is up to the member states if they refer to the central administration (like Austria) or to the registered office (like GB). This means that a company registered in GB, with its central administration in Austria does not have to be accepted by the Austrian authorities because the company has to be registered in Austria in order to be accepted as company under Austrian law!

What is the main ECJ jurisdiction?

- **The Daily Mail case (1988):** "Daily Mail plc." was originally registered in GB but wanted to transfer its central administration (i.e. under British law this also related to its tax-seat!) to the Netherlands. However, under British tax-law, a seat-transfer required the approval of the British financial authority, which was not given. Yet, according to the ECJ, it is up to the member states to decide about such seat-transfers and therefore it cannot be seen as a breach of the freedom of establishment as things now stand regarding community law. This decision has been, however, quite a set-back for the free movement of establishment of companies!

- **The Centros case (1999):** a Danish couple registered a private limited company by shares in GB and wanted to conduct business via a subsidiary, exclusively in Denmark. The Danish authorities denied the registration of the subsidiary on grounds of by-passing national law. According to the ECJ, the registration of a subsidiary must not be denied even if the company does not conduct any business in GB (this decision actually permits so-called letterbox companies!).

- **The Ueberseering case (1999):** Ueberseering, a company with limited liability, was registered in the Netherlands but had its central administration in Germany. During a law-suit in Germany, the German authorities denied Ueberseering its capability of being a party to legal proceedings because the company was registered in the Netherlands. According to the ECJ's ruling, this is a breach of the freedom of establishment.

- **The Inspire Art case (2003):** The Netherlands were not allowed to establish rules that discriminate so-called "formally foreign companies" (i.e. companies which are registered in another member state and conduct business via subsidiaries in the Netherlands) by comparison to national companies (e.g. stricter liability for formally foreign companies).

The consequence of Centros, Ueberseering and Inspire Art has been that companies can be formed in the member state that offers them the best conditions (e.g. the lowest minimum capital) and can exclusively conduct business via subsidiaries in other member states. Additionally, such companies are also capable of being a party to legal proceedings and of holding rights. Furthermore, foreign companies have to be treated the same as national companies. Subsequently, quite a number of British private limited companies conduct business in Germany!

- **The Sevic-Systems case (2005):** Sevic Systems, located in Germany, concluded a merger treaty with a company based in Luxembourg. The German authorities denied such a transnational merger with the argument that a merger without a liquidation of the company was only provided for national mergers. According to the ECJ, this is a breach of the freedom of establishment.

- **The Cartesio case (2006):** another set-back after the Daily Mail decision resulted from the Cartesio decision. Cartesio, a Hungarian private limited partnership, wanted to transfer its central administration from Hungary to Italy by keeping the registered office in Hungary. The Hungarian authorities denied a seat-transfer by demanding liquidation. According to the Court, it is up to the member states to admit seat-transfers (i.e. it is not a breach of the freedom of establishment if national authorities deny seat-transfers!). However, according to the Court, a member state (in the case: Hungary) cannot hinder a company converting into a company of the target state (i.e. Italy) if the law of the target state provides such a conversion.

2.4.2. The Freedom of Capital

As mentioned above *(see above, the freedom of capital)*, the member states tend to protect their key industry by establishing their exclusive rights.

Example: Volkswagen-case: According to the ECJ, the "Volkswagen law" breaches the freedom of capital because of:
- the limitation of the shareholders' voting rights to 20%, even if they own a higher percentage of shares;
- the right of the state to appoint the supervisory board of the Volkswagen AG;
- the diminution of the blocking minority.

As a consequence of these so-called "Golden share cases", the following principles have been established by the ECJ:
- Every disproportionate right of impact of the state is seen as limitation of the freedom of capital.
- Even the establishment of exclusive rights in the statutes can be seen as limitation.
- The EJC proves a possible justification very strictly.
- Shareholders, who do not agree with exclusive rights of the state, can call a national court (i.e. private enforcement).

VI. Selected Policies

1. The Common Agricultural Policy

What are the main objectives of the Common Agricultural Policy (CAP)?
- to increase agricultural productivity;
- to ensure a fair standard of living;
- to stabilise the market;
- to assure the availability of supplies;
- to provide food.

What are the major operating principles of the CAP?
- **Internal Market for agricultural products:** some reforms have been necessary because of the enormous costs of the agricultural policy.
- **Community preference:** the EU's agricultural products have a price advantage compared to imported goods.
- **Joint financing:** all agricultural-expenditures are financed with means of special Funds *(see below)* fed from money of the member states.

Which instruments protect the EU's agricultural market?
- **Guaranteed minimum prices and export subsidies:** the guaranteed minimum price makes the EU's agricultural products more expensive than other products. Subsequently, those high prices lead to overproduction (e.g. "milk lakes" and "butter mountains") and require subsidies in order to keep the products competitive.
- **Import duties:** this instrument protects the EU's agricultural products against low price imports.
- **Quantitative restrictions:** this instrument prevents the EU market from being flooded by imported agricultural products from third countries, which would decrease prices due to the increasing supply.

- **Quota system:** this instrument seeks to maintain a balance between supply and demand within the EU market by limiting the production of those products which are important to the European economy (e.g. sugar).

What do the Reforms of 2003 imply?

- **De-coupling:** separates the financial support for farmers from the amount of production.
- **Cross-compliance:** payments are linked to important issues like food safety and animal welfare.
- New priorities have been given to rural development and environmental protection.
- Payment reductions for large agricultural companies and a general introduction of a budgetary discipline including a decrease of subsidies in specific sectors.

How is the CAP financed?

Besides the Regional Policy, the CAP is by far the most expensive community policy consuming still over 30% (2008) of the total annual expenditures. Since 2007 the CAP has been financed with the help of two new Funds:

- **The European Agricultural Guarantee Fund** (EAGF) which finances direct payments to farmers as well as measures to regulate agricultural markets such as intervention and export refunds.
- **The European Agricultural Fund for Rural Development** (EAFRD) which finances the rural development programmes of the member states.

2. The Regional Policy

The European Union is not a homogeneous territory. There are different regions which vary from very rich areas to very poor ones. To get over this disparity, the European Union practises a Regional Policy.

The importance of the European Regional Policy has been getting higher and higher increasing in the past years. This is also reflected in the financial prioritization: at the beginning, the budget of the Regional Policy was about 5 % of the total of expenditures, whereas it now adds up to more than one third of the total budget. The distribution of the means results from a very complex system that intertwines different aims, funds, procedures and protagonists.

Since 1957 there have been quite a number of reforms in the European Regional Policy which have been laid down in four periods of structure-programmes. In order to distribute more than 300 billion Euros, three objectives and three different Funds have been established for the actual period from 2007 – 2013:

1. Convergence: this objective primarily refers to the new member states, thus promoting economic growth and job creation programmes in the poorer member states (i.e. a GDP per capita that is less than 75% of the member states' average).

Funds: this objective is financed with three Funds with around 250 billion Euros.

- European Regional Development Fund (ERDF): supports poor regions;
- European Social Fund (ESF): fights unemployment;
- European Cohesion Fund (ECF): supports projects related to transport and environment.

2. Competitiveness and employment: this objective helps member states (i.e. member states that are wealthier than the poor member states which are covered by the first objective) to deal with economic and social change on the way to a knowledge-based society under a low unemployment rate.

Funds: this objective is financed with two Funds with around 50 billion Euros.

- ERDF;
- ESF.

3. Territorial Cooperation: this objective deals with the cross-border co-operation between local-, regional- and national regions as well as with the promotion of small and medium-sized enterprises.

Funds: this objective is financed with one Fund with around 8 billion Euros.

- ERDF

3. The Common Foreign and Security Policy

The development of a Common Foreign and Security Policy:

As mentioned above, in the first years after the founding of the Communities, the member states were not willing to transfer their foreign and security policies to Brussels – they wanted to keep their sovereignties. Subsequently, the following attempts failed:

- European Defence Community (1952);
- European Political Community (1953);
- European Political Union (1962).

It was only the Single European Act of 1985/87, when the so-called **European Political Cooperation** (the precursor of the Common Foreign and Security Policy) was finally incorporated into community law. However, this political cooperation was not very intense; no laws having been made and decisions being taken by consensus.

From a political point of view, the Community might therefore best be described as economic giant and political pygmy. However, since the beginning of the 1990s things have started to change – international conflicts, like the Gulf War or the war in former Yugoslavia required coordinated actions of the Community.

These developments finally resulted in the introduction of the Common Foreign and Security Policy as the second (i.e. intergovernmental!) pillar of the Maastricht Treaty.

Furthermore, there was a need to establish a security and defence policy besides a common foreign policy. The problems related to the incorporation of this field can best be described as follows:

- Member states are not willing to give up this highly national policy.
- Four member states (Austria, Finland, Ireland and Sweden) are neutral.
- GB is militarily connected with the US.
- France wants to stay militarily independent.

In addition, the Balkan War of the 1990s illustrated the inability of a joint European military action. However, it was this very weakness of common acting which finally marked the starting point for the development of a

European Security and Defence Policy (ESDP) by establishing the so-called "Petersberg tasks, 1992" defining the following aims of a European security policy:

- setting up humanitarian projects and rescue missions;
- fulfilling peace-keeping tasks;
- offering crisis management and fostering peacemaking.

Generally speaking, the ESDP can best be described as follows:

- Actually, the ESDP can be seen as a complement of the NATO – its security policy is limited to the "Petersberg tasks.
- Decisions are taken intergovernmentally.
- A European army does not exist, however:
  - The **European Rapid Reaction Force** consisting of about 60,000 soldiers was established by 2003. It is capable of being deployed within 60 days in order to operate under the Petersberg tasks (Headline Goal 2003).
  - The **Rapid Reaction Battle Groups** consisting of about 1,500 soldiers of three to four member states, acting in UN-approved operations and capable of being deployed anywhere in the world within two weeks (Headline Goal 2010).
  - The **European Gendarmerie Force** – a European police intervention force specialised in crisis management and capable of being deployed within 30 days.

<u>What is the Western European Union?</u>

- 1947: the establishment of the West Union (WU) as a partnership association for security-related issues is laid down in the **Brussels Pact**.
- 1954: the establishment of the Western European Union (WEU) between the six EC-founding member states is laid down in the **Paris Agreements**.
- Unlike NATO, members of the WEU have the absolute obligation to provide all the military and other aid and assistance in their power, in case of an armed attack against one member state.

- Until the 1990s, there were no major activities of the WEU. In order to fulfil the Petersberg tasks, the WEU has been strengthened, but with the introduction of the CFSP and EDSP, an increasing number of functions have been transferred from the WEU to the EU (e.g. the Petersberg tasks were incorporated into the Amsterdam Treaty in 1997). However, a full merger between the WEU and EU has not been achieved yet.
- The Western European Union has 10 members, 6 associate members, 5 observers and 7 associate partners.

What are the main bodies of the CFSP in a hierarchical order?
- The **European Council** – enacting guidelines.
- The **General Affairs and External Relations Council** (GAERC, *see institutions, Council*) – adopting Common Positions and Joint Actions based on the guidelines of the European Council.
- The **Committee of Permanent Representatives** (COREPER, *see institutions, Council*) – acting as a filter between PSC and GAERC.
- The **Political and Security Committee** (PSC) – actually handling the ESDP and being supported by specialised groups and committees.

What are the legal acts of the CFSP?

As already mentioned above *(see, Primary law and Secondary law)*, the European Council enacts General Guidelines and Common Strategies. Based on those guidelines and strategies, the Council enacts, e.g. Joint actions, Common positions, Decisions and Declarations. Subsequently, all important decisions of the CFSP have to be taken by the European Council unanimously, whereas only executive decisions are taken by the Council.

The Commission and the European Parliament have a traditionally weak position in the intergovernmental area.

What about the High Representative of the CFSP?

This position was laid down in the Amsterdam Treaty (1997) in order to improve the cooperation between the member states.

What are the main amendments after the Reform Treaty?

- Although a EU Foreign Minster is not appointed, the competencies of the High Representative are linked with the competencies of the Commissioner for External relations. In addition, the High Representative is the Vice President of the Commission at the same time.
- The three-pillar structure, laid down in the Maastricht Treaty, is abolished. The former second pillar is now referred to as the **External Action of the Union** – however still remaining intergovernmental.
- A **permanently structured cooperation** within the Union framework in which member states with a certain military capability can work together closely has been introduced (i.e. this permanently structured cooperation might eventually lead to a common defence system!).
- A solidarity clause is introduced, thus engaging the member states in case of an armed attack against one of its members to mobilise all means necessary for assistance.

4. The Trade Policy of the European Union

As the EU is one of the major global players, it is an important factor in international trade. This has two main reasons:

- Its economic power: EU trade accounts for more than 25% of the world GDP (Gross Domestic Product).
- Its market size: with its population of almost 500 million, the EU makes other countries dependent regarding their exports.

The trade policy is an exclusive competence of the European Communities. The most important trade policy instruments are:

- the Common Customs Tariff;
- the Import Regulations;
- the Trade Defence Measures;
- the Export Controls;
- the Preferential Agreements.

What is the Common Customs Tariff?

As mentioned above several times, the EU is a Customs Union (i.e. the same import duties are charged on imported goods from third countries).

- The Common Customs Tariff (CCT) distinguishes the duty rates of each imported product at specific codes in a database called TARIC ("Tarif intégré des Communautés européennes"). The member states are engaged to impose the CCT on imports.
- The determination of the CCT also requires a valuation of the product that is based on the export-price of the product.
- Moreover, importers are sometimes requested to clarify the origin of their goods to determine if certain trade-related measures are applicable (e.g. zero rate of duty – the origin of a product can be determined by the country where the last substantial work has been carried out: "A" imports single electronic component parts into the Community and assembles them to video recorders – last substantial work?).
- Tariff suspensions can be made (e.g. to provide raw materials for EU-enterprises), which permit a total or a partial suspension of duties applicable for an unlimited quantity (anti-dumping duties are not included and if the suspension is restricted to a limited quantity, it is a quota!).

What about import regulations?

Although the EU has a relatively liberal import regime, there are some import regulations to be considered:

- **Import Licensing** concerns specific products which are subject to import surveillance. They may be monitored by the EU in order to avoid customs fraud, without limiting their access (e.g. the monitoring of steel imports).
- **Quantitative restrictions** (Quotas) – they comprise textile quotas (e.g. concerning China) and tariff quotas (i.e. a lower customs duty is only permitted for a limited quantity of imports).
- **Safeguard measures** which, for example, shield the EU from pirated and/or counterfeit products.

What about trade defence measures?

The EU is entitled to impose trade defence measures against dumped or subsidised imports from third countries, thus resulting in higher tariff duties. Moreover, the EU may protect its industry against an increasing number of imports of particular products by import quotas and impose safeguard measures (e.g. against textiles and other products from China).

1. **Anti-dumping:** three conditions have to be fulfilled in order to impose anti-dumping duties.
   - dumping must be determined;
   - a material injury of an EU industry (or a threat thereof);
   - the EU measure must be in the interest of the whole Community.

2. **Anti-subsidy:** in order to protect Community industries against subsidised imports, three conditions have to be fulfilled:
   - a specific subsidy (i.e. an export subsidy or a subsidy for a company) must be given;
   - a material injury of an EU industry (or a threat thereof);
   - the EU measure must be in the interest of the whole Community.

According to Article 87 EC-Treaty, certain subsidies given to EU-industries are (or can be) permitted (e.g. subsidies to compensate disadvantages which have arisen from the division of Germany; subsidies for the promotion of certain branches of the economy; de minimis subsidies [i.e. not more than 200,000 Euros within three years], etc.).

3. **Safeguard measures:** in order to impose safeguard measures (i.e. mainly quotas), two conditions have to be fulfilled:
   - a sudden increase of imports of a particular product;
   - a threat or a cause of a serious injury to EU industry.

4. **The Trade Barriers Regulation:** according to this Regulation, EU-companies and the governments of the member states may request the Commission to deal with trade-obstacles and unfair foreign trade

practises in third countries that cause injury within the EU (as, e.g. through the convention of a WTO dispute settlement).

What about export controls?

Generally speaking, EU companies can freely export their products from the EU to third countries. However, there are some EU export controls for specific products requiring a license:

- dual-use products: such goods can be used for civil and military purpose (e.g. nuclear materials, chemicals, toxins, electronics, etc.);
- dangerous chemicals;
- cultural goods.

What are Preferential Agreements?

Sometimes the EU treats certain countries more favourably than others:

- Members of the European Economic Area (i.e. Iceland, Liechtenstein, Norway).
- Members of the Agreements with the countries of Central and Eastern Europe.
- Members of the Euro-Mediterranean Partnership (e.g. Egypt, Israel, Turkey).
- Members of the African Caribbean and Pacific area (ACP states).

What about the EU in the World Trade Organisation system?

The European Communities **and** each member state are members of the World Trade Organisation (WTO). However, the WTO rules are, according to the ECJ, not directly applicable, mainly because of their lack of precision *(see above, principle of direct effect*

Authors and Co-Authors

Dr. Martin Helmuth Ruelling has worked as a lawyer in Austria and Brazil. He holds a doctorate in European Law and a Master's degree in European Studies. Currently he teaches European Studies at the University EAFIT in Medellin / Colombia and works on his second doctorate in Political Science.

Karin Ioannou Wokoun holds a Master's degree in Anglistics and Romanistics. Her current focus is on Intercultural Conflict Management and Business English coaching as well as on teaching negotiation techniques and how to deliver speeches effectively. She also translates films and art books.

Ursula Froese has a Master's degree in Comparative Literature from the Université de Montréal, Canada. She has translated numerous articles and historical political documents into English, French and German. At present she works in Vienna as an editor in the Secretariat of the OSCE.

Rosa Perez de Silva has the Cambridge and Michigan Proficiency Certificates. She has worked as an official translator in Medellin / Colombia for 18 years.

Florence Le Clézio is Press and Public Information Assistant at the OSCE in Vienna. Florence has a BA in English (Université d'Angers, France), taught French as a second language, translates edits and proofreads texts in English and French.

Anna Allan has a Master's degree in Education. She was a lecturer in English as a Foreign Language and French at South Devon College and the University of Plymouth until she left England for South Africa where she initiated TEFL training in a Cape Town Language Training Centre.

L'Union européenne :
Histoire, Institutions, Droit, Politiques

Introduction

Quand on parle de « l'ancien continent », on doit tout d'abord s'interroger sur le sens de la notion d'Europe. Le nom Europe vient de l'arabe „Erep", signifiant „l'ouest". Cette désignation a été utilisée comme synonyme de la Grèce il y a environ 2.500 ans afin d'exprimer le contraste avec le monde islamique.

En observant l'Europe d'un point de vue géographique, on remarque que les frontières du nord, du sud et de l'ouest sont – contrairement à la frontière de l'est représentée par l'Oural –clairement définies. La Russie a donc la plupart de son territoire en Asie, alors que la plupart des personnes habitent dans la partie européenne du pays. D'un point de vue social, la Russie serait donc un pays européen.

La discussion sur une entrée de la Turquie dans l'Union européenne se déroule également d'une manière controversée. En fait, uniquement 3% du territoire turque sont européens. D'un autre côté, la Turquie est membre de différentes organisations européennes, comme par exemple, le Conseil de l'Europe, ce qui, d'un point de vue politique, fait de la Turquie un état européen. De plus, tous les états de « l'Europe centrale » ne sont pas membres de l'Union européenne. (par exemple, la Suisse, la Norvège, le Liechtenstein).

Comme nous venons de voir, on ne peut de nos jours parler d'une Europe unitaire! Ce flou a pu résulter de l'histoire diversifiée et violente de l'Europe : L'Empire Romain, l'Empire sous Charlemagne, puis sous Napoléon, ainsi qu'un grand nombre de guerres et changement de frontières jusque dans les années 1990 (par exemple, la réunification allemande, la guerre de Yougoslavie) ont marqué l'histoire de l'Europe.

Ce n'est cependant pas le but de ce manuel d'éclaircir les projets d'accord européens, lesquels ont eu, en gros, deux choses en commun : Ils n'étaient pas pacifiques et ils ont finalement tous échoués.

C'est donc la fin de la Seconde guerre mondiale – une guerre ayant duré de 1939 à 1945 et causé environ 55 millions de morts – que nous avons choisi comme événement qui marque le début de l'intégration européenne. Ce n'est qu'à la fin de cet horrible chapitre de l'histoire européenne que les européens se sont avérés prêts à une vie en commun pacifique et ont commencé à fonder des organisations et institutions communes.

Dans notre première partie, nous allons vous guider à travers les différentes époques de l'histoire des Communautés européennes.

Le chapitre qui traite des institutions donne une explication des institutions européennes les plus importantes comme, par exemple, les „quatre Grandes" : La Commission européenne, le Conseil, le Parlement et la Cour de justice des communautés européennes, ainsi que les organes conseillers et les institutions financières.

Les chapitres suivants traitent du droit communautaire primaire et dérivé, les procédés et principes les plus importants ainsi que les quatre libertés principales : La libre circulation des marchandises, la libre circulation des personnes, la liberté de prestation de services et la libre circulation du capital. Le droit de la concurrence et des sociétés sont présentés dans un excursus.

Le dernier chapitre contient une analyse des aspects importants de la politique européenne, telle que la politique agricole commune, la politique régionale, la politique des affaires étrangères et de sécurité commune ainsi que la politique commerciale.

I. L'histoire des Communautés Européennes

1. La période qui suit la Seconde guerre mondiale

Après la fin de la Seconde guerre mondiale, l'Europe était complètement désorganisée : L'Allemagne et l'Autriche étaient occupées par les troupes alliées des Etats-Unis, par l'URSS, la France et la Grande-Bretagne. De plus, les Etats-Unis ainsi que l'URSS essayaient d'influencer l'Europe, afin d'imposer leur propres intérêts politiques. Ces dissensions politiques ont également formé la base de la Guerre froide.

Cette influence de l'ouest et de l'est encouragea une pensée européenne collective. Les Etats européens – surtout les anciennes puissances coloniales – voulaient de nouveau jouer un rôle sur la scène politique internationale (ce qui veut dire que l'Europe devait s'établir comme troisième puissance à côté des États-Unis et de l'URSS).

De manière générale, deux facteurs ont permis la formation de l'Union européenne :

- une Europe détruite (incluant les pays vainqueurs) et
- l'ambition de redevenir une puissance internationale.

Dans son discours du 19 septembre 1946, le premier ministre britannique, Winston Churchill, proposa la fondation d'une sorte d'Etats-Unis d'Europe, dont la base serait la France et l'Allemagne, soutenues par la Grande-Bretagne et les Etats-Unis. Par la suite, les européens de l'ouest on commencé à construire pas-à-pas leur premières organisations communes :

- 1948 : **L'Organisation européenne de coopération économique** (OECE) : Les Etats-Unis fournissaient les moyens financiers à l'organisation, afin de stimuler l'économie européenne (Plan Marshall). Ces prêts n'étaient pas de généreux dons mais servaient plutôt à fournir aux Etats-Unis un partenaire commercial!
- 1949 : **L'Organisation du Traité de l'Atlantique du Nord** (OTAN) fut fondée en tant qu'organisation de sécurité afin de protéger l'Europe contre l'expansion communiste de l'URSS.
- 1949 : **Le Conseil de l'Europe** en tant qu'organisation politique, s'occupant essentiellement de la protection des droits de l'homme et la démocratie.

Parallèlement à cette fondation d'une organisation économique, une organisation de sécurité et une organisation politique en Europe de l'ouest, l'URSS commença à fonder ses propres organisations en Europe de l'est : Le KOMINFORM, le COMECON et le Pacte de Varsovie.

2. La fondation des Communautés

Même si les premiers obstacles furent surmontés, la situation en Europe était loin d'être parfaite. La France, en particulier, était méfiante de l'Allemagne. Les Français étaient encore sous le choc de l'attaque des allemands pendant la Seconde guerre mondiale. Comment pouvait-on réunir ces deux états afin de commencer à lancer des projets d'intégration ?

C'est finalement le français Jean Monnet, qui a eu l'idée de fonder un marché commun du charbon et de l'acier pour la France et l'Allemagne. Quels étaient donc les motifs de cette stratégie prodigieuse ?

- Premièrement, il vit dans l'harmonisation de la production de charbon et d'acier entre la France et l'Allemagne un avantage pour l'économie commune.
- Deuxièmement, l'Allemagne possédait de grands gisements de charbon et d'acier, dont la France pouvait profiter.
- Troisièmement, l'Allemagne serait contrôlée en ce qui concerne la production de charbon et d'acier, ce qui rendrait une guerre improbable.
- Quatrièmement, la France, ensemble avec l'Allemagne, pouvait occuper une position dominante en Europe (en réalité, cela voulait dire « la France avec l'aide de l'Allemagne »!).

Qu'est-ce qui était nécessaire pour réaliser un tel projet ?

- Premièrement, il fallait réaliser un marché du charbon et de l'acier sans douane.
- Deuxièmement, les deux états devaient transférer leurs compétences d'état concernant le charbon et l'acier vers une Haute Autorité afin d'organiser le marché. En raison du transfert de compétences vers une institution propre (Haute Autorité), la **Communauté européenne du charbon et de l'acier** (CECA), la première organisation supranationale, était également ouverte à d'autres états.

Il y avait cependant un problème : Monnet, le « mastermind » et le coordinateur international de ce projet, n'était pas un homme politique et sans soutien politique, un tel projet ne pouvait voir le jour. C'est finalement le ministre français des affaires étrangères, Robert Schuman, qui mena le traité de la CECA vers sa conclusion et sa ratification par la France, l'Allemagne, l'Italie et les pays du BENELUX (Belgique, Pays-Bas et Luxemburg) en 1951/52.

Et où se trouvait la Grande- Bretagne?

Les Britanniques se considéraient comme observateurs, mais pas comme membres actif de la CECA. Par ailleurs, la Grande-Bretagne était, d'un point de vue économique, plus alliée avec le Commonwealth qu'avec l'Europe continentale et un ennemi juré des organisations supranationales (et par conséquent du transfert de compétences de l'état vers des institutions supranationales).

Après ces premiers succès, l'Europe continentale se sentait motivée et prête pour de nouveaux projets :

- Tout d'abord on décida de fonder une **Communauté européenne de défense** (CED). Cependant, l'OTAN existait déjà autant qu'organisation de défense. C'est pour cela que les Etats-Unis acceptaient une armée européenne à condition que celle-ci se trouve sous le contrôle de l'OTAN. Finalement, ce projet échoua car le parlement français ne ratifia pas le traité (la France se méfiait du système d'une armée internationale depuis que les États-Unis n'avaient pas soutenu la France dans sa guerre coloniale en Indochine.).

- Parallèlement à la fondation de la CED, on envisageait la construction d'une **Communauté politique européenne** (CPE). Cependant, les pays membres n'étaient prêts ni à accepter une constitution européenne, ni un gouvernement européen ; on ne voulait pas perdre trop de souveraineté!

Même si l'échec de ces deux projets représentait un coup dur, Monnet avait déjà de nouvelles idées. Une **Communauté européenne de l'énergie atomique** (EURATOM) et une **Communauté économique européenne** (CEE) allaient être fondées. Monnet était de l'avis qu'une Communauté de l'énergie atomique doive :

- empêcher l'Allemagne d'entreprendre les projets individuels ;
- apporter plus de financement à la France pour ce domaine coûteux ;

- fournir de l'énergie aux pays membres.

Une communauté économique, en revanche, allait améliorer la situation économique en général, sans se limiter au marché du charbon et de l'acier. Mais la fondation d'un marché commun nécessitait deux choses :

- La fondation d'une communauté douanière (c'est-à-dire un libre échange entre les pays membres ainsi qu'une douane extérieure commune – contrairement à une zone de libre-échange où chaque pays membre garde ses douanes extérieures).
- La libre circulation de marchandises, des services, des personnes et du capital ainsi que l'organisation agricole.

Après que Monnet a réussi à convaincre Henri Spaak, le ministre belge des affaires étrangères, de réaliser ces projets, les négociations pouvaient commencer :

- L'Allemagne était contre une Communauté de l'énergie atomique, car son seul rôle y serait celui du « payeur ».
- En raison de la puissance économique de l'Allemagne, la France craignait la fondation d'un marché commun et n'était prête à accepter une communauté économique, qu'a condition, que ses départements d'outre-mer (par exemple, la Guyane Française) soient intégrés dans le marché commun.

Une autre question était l'étendue des compétences qui devaient être cédées aux institutions nécessaires. La réponse était simple : Elle ne devait pas être trop étendue! Les États voulaient garder leur souveraineté et créèrent la structure organique suivante :

CECA	EURATOM	CEE
Haute Autorité	Commission	Commission
Conseil	Conseil	Conseil
Assemblée commune		
Cour de Justice		

Contrairement à la CECA dont l'organe centrale était la Haute Autorité, l'organe de décision principal de la Communauté de l'énergie atomique ainsi que de la Communauté économique était le Conseil. A cette époque, l'Assemblée européenne commune (qui plus tard deviendra le Parlement européen) n'était qu'un forum consultatif.

Les débuts prêtaient donc à confusion : Il y avait une Haute Autorité, deux Commissions et trois Conseils, une Assemblée et une Cour de justice pour les trois organisations.

La CECA, EURATOM et la CEE étaient les premières organisations supranationales, à savoir, des organisations qui présentent au moins deux des caractéristiques suivantes :

- ils disposent de leurs propres institutions ;
- ils disposent de leurs propres organes législatifs ;
- ils prennent les décisions à la majorité ;
- ils ont leur propre juridiction.

Finalement, deux traités nouveaux (« Traités de Rome ») furent signés et ratifiés par les six états fondateurs de la CECA (1957/58).

3. Les années de développement des Communautés

Comme nous l'avons dit plus haut, aucun des trois traités conclus dans les années 1950 n'a été signé par la Grande Bretagne. En plus du fait qu'elle avait défini son rôle comme celui d'un observateur et un am des Communautés, et qu'elle refusait les organisations supranationales, la Grande Bretagne avait trois autres raisons d'être réticent par rapport aux Communautés :

- sa relation avec le Commonwealth, qui lui permettait d'importer des produits agricoles bon marché ;
- son avance dans le domaine atomique, qu'il ne voulait pas partager et
- d'un point de vue économique, la Grande Bretagne était alliée plus fortement aux États-Unis qu'à l'Europe continentale.

Même si la Grande Bretagne se voyait ainsi comme ami de l'Union européenne, ces motifs respectables ont commencé à se transformer rapidement. En tant que première contre-offensive menée par la Grande Bretagne, une zone de libre-échange devait être établie entre les membres de l'OECE à la place d'une communauté économique, sans cependant intégrer le secteur agricole. La fondation d'une telle zone de libre échange aurait apporté à la Grande Bretagne – grâce à ses liens avec le Commonwealth et la possibilité d'importer des produits agricoles bon marché – un avantage énorme. Cette proposition n'était donc finalement pas une alternative acceptable pour l'Europe continentale et n'a donc reçu aucun soutien.

En 1960, l'**Association européenne de libre échange** (AELE) fut fondée en tant qu'autre projet pour contrer le projet européen. Mais l'AELE ne pouvait, sans avoir une douane extérieure commune, concourir avec l'union douanière de l'Europe continentale. En conséquence, la plupart des Etats membres de l'AELE se sont portés candidats auprès des Communautés européennes. De nos jours, l'AELE n'est constituée que de l'Islande, la Norvège, la Suisse et le Liechtenstein.

Quels pas concrets les six pays fondateurs des Communautés devaient-ils prendre afin de fonder leur marché commun?

Premièrement, ils devaient créer une union douanière. Celle-ci fut fondée dès 1968.

Deuxièmement, le secteur de l'agriculture, le domaine le plus important de la Communauté, devait être organisé (*voir ci-dessous, La politique agricole commune*), les buts principaux de l'après guerre étant la mise à disposition de denrées alimentaires et l'accroissement de la productivité. En particulier la France, qui disposait d'un grand secteur agricole, était intéressée par ce domaine communautaire. La stratégie suivante fut déterminée : Chaque pays membre devait contribuer au budget agricole commun, sachant que les subventions devaient être versées aux paysans. Ce procédé très coûteux avait cependant un gagnant principal – la France. Néanmoins, le système se développait très bien et le marché commun pour les produits agricoles principaux pouvait être réalisé dès 1970.

Mais tout n'était pas parfait :

1. Le pétrole, devenant de plus en plus important, affaiblissait constamment la CECA. En plus, le charbon bon marché provenant des États-Unis et l'acier bon marché provenant de Grande Bretagne, des Etats-Unis et du Japon, commençaient à envahir le marché.
2. Le projet EURATOM a finalement échoué : La France ne se servait de cette communauté que comme source de fonds, sans cependant vouloir partager son savoir. De plus, la France ne voulait pas acheter de l'uranium bon marché aux Etats-Unis, mais en acquérait chèrement de

l'Afrique afin de rester indépendant. Comme mentionné plus haut, les relations entre la France et les États-Unis n'étaient pas au mieux suite à la guerre d'Indochine pour laquelle la France n'avait pas obtenu le soutien des Etats-Unis.

Une politique commune d'énergie n'a pu être réalisée jusqu'à nos jours. Quelques états, comme la France, se déclarent ouverts à l'exploitation de l'énergie nucléaire; d'autres, comme l'Autriche, s'y opposent strictement.

3. Dans l'année 1959, Charles de Gaulle fut élu nouveau président de la France. Sa politique commune peut être décrite de manière suivante :

- Il se servait de la communauté à son avantage, comme, par exemple, dans les domaines de la politique nucléaire et la politique agricole.
- Il était contre l'adhésion de la Grande Bretagne, qui entre-temps s'était montrée intéressée à une affiliation, car l'union douanière avait beaucoup plus de succès que la zone de libre échange de l'AELE! Malgré l'intérêt britannique, les demandes d'adhésion en 1961 et en 1967 fut refusée par de Gaulle.
- Il ne voulait aucune relation avec les Etats-Unis.
- Il était contre un renforcement du Parlement européen; les décisions devaient être prises par les pays membres.
- Il était contre une majorité qualifiée au Conseil; les états devaient rester souverains, ce qui signifiait cependant aussi, que les décisions ne pouvaient être prises qu'à unanimité!
- D'après de Gaulle, la France devait être numéro un en Europe.

La politique hostile a la Communauté menée par de Gaulle, ainsi qu'une proposition de réforme de la part de la Commission, d'après laquelle les douanes devaient faire partie du budget commun (de ce qu'on appelait les **fonds propres**) – une reforme qui en fait était dans l'intérêt de la France car elle augmentait les moyens pour l'agriculture – constituèrent le début de la première crise. Si cette proposition de la Commission s'imposait, le Parlement européen aurait besoin de davantage de droits de contrôle. Ceci, ainsi que l'introduction envisagée du vote à la majorité qualifiée dans le Conseil (ce qui aurait grandement facilité la prise de décision!) était inacceptable pour le nationaliste de Gaulle. Malgré l'augmentation du budget agricole, qui allait tout à fait dans sons sens, il s'est soudainement déclaré adversaire de toutes ces propositions!

La conséquence était la « **Politique de la chaise vide, (1965/66)** ». La France n'envoyait pas de ministres et fonctionnaires dans les institutions européennes, ce qui avait comme résultat que le conseil ne pouvait pas travailler.

Sept mois plus tard, la crise pouvait être résolue grâce au **Compromis du Luxembourg (1966),** avec le résultat suivant :

- Une majorité qualifiée ne fût pas introduite.

- Chaque pays membre pouvait se servir du droit de veto, si les intérêts vitaux étaient en cause – ce qui pouvait toujours être le cas (surtout l'Espagne se servait souvent de son droit de veto afin d'obtenir plus de fonds communautaires). La prononciation d'un veto ne devait pas bloquer le fonctionnement des Communautés. C'est-à-dire, le Compromis du Luxemburg accordait aux pays membres le droit de veto tout en permettant la communauté de continuer à travailler.

Un autre pas en avant était le **Traité de fusion (1965/67)** qui fusionnait les institutions des trois organismes. Il n'y avait plus qu'une Commission, un Conseil, un Parlement et une Cour de justice.

4. Une atmosphère d'espoir

Dans l'année 1969, Georges Pompidou succédait à de Gaulle comme président français. Pompidou lui aussi était plutôt nationaliste, mais plus flexible et plus diplomate que de Gaulle. On pouvait donc mettre trois buts nouveaux à l'agenda : **l'achèvement, l'approfondissement et l'élargissement** :

1. L'achèvement du marché commun avec une réformation du secteur agricole, car celui-ci était devenu trop cher. De plus, le Parlement européen (PE) exigeait plus de droits.

2. Le projet d'approfondissement visait la fondation d'une Union économique et monétaire (UEM) – ainsi que le transfert d'autres politiques à Bruxelles – avant 1980. Cependant la réalisation d'une UEM n'était pas simple. Dans l'année 1973 la crise du pétrole emmena les pays membres dans de grandes difficultés et le système de Bretton Woods (qui liait toutes les monnaies européennes au dollar américain) s'effondra – la suite était l'inflation, le chômage, la récession et un dollar faible.

C'est ainsi que, comme première conséquence, un Système monétaire européen (SME) fut fondé en 1978, d'après lequel toutes les monnaies européennes étaient liées à une **Unité de compte européenne** (ECU). Cette unité de compte représentait une valeur moyenne de toutes les monnaies et stabilisait les taux du change.

Comme mentionné ci-dessus, la fondation d'une Communauté politique européenne ainsi que celle d'une Communauté européenne de défense avaient échoué dans les années 1950. Dans les années 1970, un nouvel essai de coordination des politiques étrangères des pays membres fut entrepris. La **Coopération politique européenne** (CPE) – le précurseur de la **Politique étrangère et de sécurité commune** (PESC) qui représente le deuxième pilier de l'Union européenne (*voir ci-dessous, Traité de Maastricht ainsi que PESC*) – fut fondée en tant que collaboration intergouvernementale, dans laquelle les Etats membres ne pouvaient décider qu'à unanimité.

Afin de pouvoir discuter des affaires très importantes à haut niveau politique, le Conseil européen fut fondé dans l'année 1974 (*voir ci-dessous, Le Conseil européen*).

Dans l'année 1979 avaient lieu pour la première fois des élections directes au Parlement européen; cependant il n'existe, jusqu'à nos jours, aucun système électoral unitaire.

3. Une offensive d'élargissement augmentait le nombre d'Etats membres :
    - 1973 : la Grande Bretagne (enfin!), l'Irlande et le Danemark ;
    - 1981 : la Grèce ;
    - 1986 : l'Espagne et le Portugal.

Á partir de 1986, les Communautés avaient donc douze pays membres.

5. Sur le chemin vers une Union européenne

On s'efforçait encore une fois à se fixer de nouveaux objectifs :
- la fondation d'une union politique ;
- le transfert d'autres compétences à Bruxelles.

Ceci nécessitait la réalisation d'un nouveau traité, car les traités fondateurs ne pouvaient plus régler ces demandes supplémentaires.

L'Acte unique européenne (AUE, 1985/87) était donc la première grande modification des traités fondateurs et apportait les nouveautés suivantes:

- l'introduction de la décision par un vote à la majorité qualifiée dans les domaines politiques importants, afin de réaliser le marché intérieur (le contrat de Lisbonne ne fait plus la différence entre le marché commun et le marché intérieur!) ;
- l'intégration de la Coopération politique européenne ;
- le transfert d'autres compétences à la communauté (par exemple, la protection de l'environnement, la politique de recherche, etc) ;
- la réalisation du marché intérieur à partir du 1.1.1993 ;
- l'existence du Conseil européen fut consacrée ;
- l'introduction de nouvelles procédures législatives (procédure de l'avis conforme et la procédure de coopération *(voir ci-dessous, Les sources et procédures du droit européen)* ;
- le Parlement européen a obtenu plus de droits.

Avec la AUE la crise des années 1970 (« l'Euroslerose ») pouvait être surmontée, ce qui rendait possible de nouveaux projets :

- La fondation d'un marché commun exigeait non seulement l'introduction d'une union douanière et la reconstruction du secteur agricole, mais aussi la réalisation des quatre libertés principales, pour les marchandises, les services, les personnes et le capital.
- Dans les années 1985/90 l'**Accord Schengen** fut signé et ratifié, avec le but de réduire les contrôles douaniers au sein de la communauté et de renforcer les mêmes aux frontières extérieures de l'espace Schengen. A ce but, de nombreux règlements, concernant l'asile, l'immigration et la lutte contre le terrorisme international, devaient être adoptés. A l'instant il y a 22 Etats membres de l'Accord Schengen parmi les Etats membres de l'Union européenne plus trois pays non membres (la Norvège, l'Islande, la Suisse). Les pays suivants ne sont cependant pas membres de l'Accord Schengen : la Grande Bretagne, l'Irlande, la Bulgarie, la Roumanie et la Chypre.
- Le dernier pas envers le fondement d'un marché intérieur était l'harmonisation des droits nationaux, ce qui amena à une grande somme de règlements à l'échelle européenne.

- Dans l'année 1992, l'**Espace économique européen** (EEE) a été fondé, afin de lier l'AELE aux Communautés. Suite à cela, environ 80% de la législation du marché intérieur est valide dans l'EEE (à l'exception de l'agriculture et la pêche ainsi les règlements concernant l'union douanière). L'EEE comporte les 27 pays membres de l'Union européenne ainsi que la Norvège, l'Islande et le Liechtenstein.

Cependant il y avait des problèmes qui devaient être résolus :

- A la suite d'une mauvaise politique de subvention, les agriculteurs produisaient trop (*voir ci-dessous, La politique agricole*).
- L'Espagne et le Portugal bloquaient régulièrement le Conseil en se servant de leur droit de veto, afin de recevoir plus d'argent des communautés.
- Ce comportement hostile à la communauté de quelques Etats membres et une mauvaise politique agricole étaient les raisons principales pour le besoin d'argent des communautés. Les encaissements des **Ressources propres traditionnelles** (prélèvements agricoles et droits de douane) n'étaient plus assez. Il fallait donc introduire les ressources propres provenant de la taxe sur la valeur ajoutée et les ressources propres fondées sur le PNB, où les pays plus riches devaient payer des cotisations plus élevées au budget commun que les pays membres plus pauvres. Aujourd'hui les ressources propres provenant de la taxe sur la valeur ajoutée et les ressources propres fondées sur le PNB représentent plus de 80% du budget.
- Á côté de la fondation du marché intérieur, la fondation d'une Union économique monétaire (UEM) devint de plus en plus importante. Cependant l'Allemagne, en tant que plus grande force économique, n'avait aucune ambition d'abandonner la forte « Deutsche Mark ». Ceci changea cependant lors de l'effondrement du communisme dans l'année 1989. François Mitterand, le président français, ne voulait accepter la réunification de l'Allemagne qu'à condition que le chancelier allemand Helmut Kohl accepte une monnaie commune. L'affaire réussit et les pas vers une UEM pouvaient être définis de façon suivante :
    - premièrement, l'achèvement d'un marché commun ;
    - deuxièmement, la fondation d'un Système européen des banques centrales ;

- troisièmement, la fondation d'une Banque centrale européenne et l'introduction d'une monnaie commune (l'euro).

Afin de pouvoir fonder une union politique, un nouveau traité était nécessaire : Le **Traité de Maastricht (1992/93),** avec les nouveautés suivantes :
- Le traité de Maastricht fondait l'Union européenne comme un système de trois piliers :

L'Union européenne

Premier pilier	Deuxième pilier	Troisième pilier
Communautés européennes	Politique étrangère et de sécurité commune	Coopération policière et judiciaire en matière pénale

Le premier pilier comporte trois organisations : CEE, EURATOM et l'ancienne CECA (cette dernière est intégrée dans la CEE depuis 2002) et est organisé de manière supranationale (c'est-à-dire, les décisions sont prises par les institutions). Le deuxième et le troisième pilier sont par contre intergouvernementaux (c'est-à-dire, les décisions ne sont pas prises par les institutions mais par les pays membres). L'Union européenne elle-même est en quelque sorte le toit sur les trois piliers et est donc constituée d'éléments supranationaux (premier pilier) et intergouvernementaux (deuxième et troisièmes piliers).

En outre, il y avait des nouveautés suivantes :
- L'extension de la procédure du vote à la majorité qualifiée.
- L'introduction de la procédure de codécision (c'est-à-dire que le Parlement européen décide en commun avec le Conseil et dispose donc d'une plus grande influence.).
- Le développement d'un plan pour la fondation de l'UEM, avec l'introduction de l'euro en 2002.
- Le transfert d'autres compétences aux Communautés (par exemple, la protection des consommateurs et la santé publique, etc).
- L'introduction de la citoyenneté communautaire avec les droits suivants : Le droit de libre circulation et la liberté d'établissement, le

droit de vote, le droit de pétition, protection diplomatique de chaque Etat membre.
- L'introduction du principe de subsidiarité (c'est-à-dire que les décisions sont prises le plus proche possible des citoyens, *voir ci-dessous, Les grands principes du droit européen*).

6. Sur le chemin vers une nouvelle crise?

Le prochain élargissement a eu lieu dans l'année 1995 avec l'adhésion de trois anciens membres de l'AELE : la Finlande, l'Autriche et la Suède. La Norvège a posé sa candidature deux fois, cependant l'adhésion échouait dans les années 1972 et 1994 à la suite de deux référendums négatifs. Les raisons pour cela étaient, premièrement, la richesse de la Norvège en pétrole et, deuxièmement, sa politique de pêche, que l'on ne voulait pas adapter aux directives de l'Union européenne.

Après cet élargissement, l'Union européenne comportait 15 membres, ce qui rendait indispensable un nouveau traité :

Le Traité d'Amsterdam (1997/99), avec les innovations suivantes :
- La création d'un espace de liberté, de justice et de sécurité, avec le transfert de la politique commune d'asile et la politique d'immigration du troisième au premier pilier.
- Le renforcement du deuxième pilier (PESC), par la nomination d'un Haut représentant élu par les gouvernements nationaux afin de représenter une diplomatie commune des Etats membres. Le Haut représentant a en même temps le poste de Secrétaire général du Conseil.
- L'extension de la procédure de vote à la majorité qualifiée.
- L'introduction **d'une procédure de coopération renforcée,** qui offre la possibilité aux pays membres de participer à des programmes d'intégration (c'est-à-dire une Europe à vitesses différentes, par exemple, la Grande Bretagne et la Suède ne participent pas à l'Union monétaire).

Afin de préparer l'Union européenne à un élargissement aux pays de l'est d'Europe, un autre traité fût indispensable :

Le Traité de Nice (2001/03), avec les innovations suivantes :

- réforme de la Commission (seulement un commissaire par Etat membre et un maximum de 25; avant Nice les grands Etats disposaient de deux commissaires) ;
- un maximum de 732 sièges dans le Parlement ;
- nouvelle pondération des voix au sein du Conseil *(voir ci-dessous, Le Conseil)* ;
- modification et extension de la procédure de vote à la majorité qualifiée *(voir ci-dessous Le Conseil)* ;
- la rédaction de l'article 7, selon lequel le Conseil peut imposer des sanctions en cas de violation ou risque de violation des droits fondamentaux ;
- proclamation de la Charte des droits fondamentaux de l'Union européenne. Même s'il existait déjà une Convention européenne des droits de l'homme, conclue par le Conseil de l'Europe, l'Union européenne tenait à l'idée d'une propre charte.

Dans l'année 2004 s'effectuait l'élargissement vers l'est avec dix nouveaux Etats membres : la Chypre, la République Tchèque, la Slovaquie, l'Hongrie, la Pologne, la Lettonie, l'Estonie, la Lituanie, Malte et la Slovénie.

Après un autre élargissement dans l'année 2007, la Bulgarie et la Roumanie furent accueillies dans les Communautés. L'Union européenne a actuellement 27 Etats membres – la Turquie, la Croatie et la Macédoine ont un statut de candidat.

Les conséquences de cet élargissement, le plus grand à ce jour, sont évidentes :

- Tous ces nouveaux pays membres reçoivent plus qu'ils ne contribuent au budget communautaire.
- La corruption représente un grand problème (surtout en Bulgarie et Roumanie).
- Un nouveau traité est indispensable afin de compléter les « leftovers » de Nice.

Pour éviter des élargissements précipités, l'Union européenne dispose d'une procédure d'accession de nouveaux Etats membres. Les « **critères** de Copenhague (1993) »** nomment les conditions auxquelles l'adhésion d'un nouveau pays est soumise :

- la présence d'institutions stables garantissant la démocratie, l'Etat de droit, les droits de l'homme et la protection des minorités ;
- une économie de marché stable ;
- le critère de l'acquis communautaire (l'ensemble du droit communautaire) ;
- la souscription aux objectifs politiques de l'Union européenne.

Comme mentionné ci-dessus, les élargissements ont souvent été suivis par un nouveau traité. Après l'élargissement vers l'est, le contrat de Nice ne pouvait guère maîtriser les nouveaux défis. La conséquence logique était la conclusion d'un nouveau traité : **Le Traité établissant une constitution pour l'Europe (Traité constitutionnel, 2004)** avec les innovations suivantes :

- modification du vote à la majorité qualifiée ;
- extension de la procédure de codécision ;
- nomination d'un président du Conseil de l'Europe ;
- diminution du nombre de commissaires à partir de 2014 ;
- nomination d'un ministre des affaires étrangères européen ;
- l'inclusion de la Charte des droits fondamentaux dans le traité ;
- changement de la désignation des actes législatifs (par exemple, « loi européenne » au lieu de « règlement »).

Cependant le contrat échouait à cause de référendums négatifs en France et dans les Pays-Bas. Comme raisons pour cela on peut nommer :

- La frustration générale du peuple par rapport à l'Union européenne et sa politique éloignée du citoyen : L'Union européenne est vue comme un monstre économique qui ne fait que favoriser les concernes internationaux. En termes du PIB, il y a beaucoup de pays riches en Europe – mais beaucoup de personnes sont loin de mener une vie en aisance. Bien sur, cette situation n'est pas la faute de l'Union européenne et doit être vue plutôt comme conséquence de la globalisation. Mais c'est Union européenne, en tant que promoteur de la globalisation, qui est tenue responsable quand les

gens perdent leurs emplois parce que leur entreprise se déplace en Roumanie, afin de pouvoir faire plus de profit.
- Les scandales concernant l'Union européenne sont de plus des manchettes populaires et renforcent la colère du peuple.
- Une mauvaise politique d'information : Les hommes politiques européens n'étaient pas en mesure d'expliquer la nécessité d'un nouveau traité. Mais il n'est plus possible de prendre des décisions sans tenir compte des citoyens. Une telle politique ne fait que renforcer les voix critiques de l'Union européenne.
- On a voulu punir Union européenne pour le mauvais travail des hommes politiques nationaux. Actuellement, les populistes ont beau jeu en plusieurs Etats membres : Une politique négative envers l'Union européenne leur garantie un succès électoral. Le fait que beaucoup d'hommes politiques de l'Union européenne ne sont que «de seconde ordre» ou des «espèces nationaux en voie de disparition» n'améliore pas la situation.
- notamment dans les Pays-Bas, on a pu constater la peur d'une adhésion possible de la Turquie, qui augmenterait la cotisation.

En somme, l'Union européenne devrait changer sa politique envers des citoyens le plus vite possible, ce qui va sans doute amener à beaucoup de travail. Le mécontentement général de la population avec l'Union européenne, y compris avec sa tendance à faire de la politique à huis clos, aboutit au fait que la population ne s'intéresse plus à ce qui se passe à Bruxelles. Chacun se dit : « mon prochain- c'est moi » ; on ne se sent pas européen mais plutôt allemand ou français. Ainsi, les deux grands défis pour le futur devraient être les suivants : Éliminer la frustration et le désintérêt de la population et créer une ambiance positive en Europe avec l'aide d'hommes politiques charismatiques.

En ce qui concerne les prochains débats sur le traité, il est évident que les changements qu'on vient de mentionner n'ont pas encore eu lieu. Après l'échec du Traité constitutionnel, les chefs d'état et de gouvernement européens ont signé **le Traité de Lisbonne (« Traité modificatif » 2007 »)** avec les modifications suivantes :

- Pas de ministre d'affaires étrangères européen, pas de loi européenne.
- L'Union européenne sera dotée d'une personnalité juridique (c'est-à-dire, elle sera porteuse de droits et de devoirs et capable donc de

conclure des traités; jusqu'à maintenant, ceci n'est possible que pour la partie supranationale de l'Union européenne).

- La fusion du premier et du deuxième pilier. L'ancien deuxième pilier est renommée « action extérieure de l'Union », mais reste néanmoins intergouvernemental.
- Un maximum de 750 sièges (plus le président) dans le Parlement européen.
- La procédure de codécision est affirmée comme procédure législative ordinaire.
- Les rassemblements du Conseil deviennent publics. Ceci est censé rendre l'Union européenne plus transparente, cependant la plupart des décisions sont prises dans le COREPER et non pas à l'échelle des ministres du Conseil. *(voir ci-dessous, Le Conseil).*
- La nomination d'un président du Conseil européen *(voir ci-dessous, Le Conseil Européen).*
- La modification du vote à la majorité qualifiée *(voir ci-dessous, Le Conseil).*
- À partir de 2014, la réduction du nombre de commissaires à 18, en sorte que pas tous les pays membres disposent d'un commissaire.
- Une coopération plus proche entre la Commission et les parlements nationaux. Les parlements nationaux peuvent donner leur avis à une proposition de la Commission dans la mesure où celle-ci n'est pas conforme au principe de subsidiarité.
- L'introduction de la clause de solidarité : En cas d'une attaque armée au territoire national d'un Etat membre, les autres Etats membres doivent fournir toute l'aide et soutenance possible (y compris militaire).
- La Charte des droits fondamentaux ne fait pas partie du traité. Néanmoins, le traité garanti les droits énoncés dans la Charte est leur confère une validité juridiquement contraignant. De plus, l'adhésion de l'Union à la Convention des droits de l'homme est prévue.
- L'insertion d'une clause permettant aux pays membres de quitter l'Union européenne.

Le Traité de Lisbonne aurait dû entrer en vigueur en juin 2009. Cette démarche échoua à la suite d'un référendum en Irlande – ce qui était un grand choc pour la communauté des pro-européens. Les raisons pour le « non » irlandais sont en principe celles mentionnés à propos de l'échec du Traité constitutionnel. Cependant, il y a une différence : L'Irlande était longtemps vue comme le pays le plus pauvre des communautés. C'est pour cela que quelques-uns considère comme injuste le fait que les Irlandais bloquent cette réforme uniquement pour donner une leçon à leurs hommes politiques nationaux.

Et comment se comporte l'Union européenne? Comme elle l'a toujours fait dans de telles situations – elle attend. On propose à l'Etat membre « hostile à la communauté » quelques avantages, afin de convaincre les Irlandais d'accepter le Traité dans un second référendum. Jusqu'à maintenant, cette stratégie a toujours réussi dans les cas où la population européenne ne vote pas comme espéré par les hommes politiques. On peut avoir confiance, alors, que le « Traité modificatif » entrera en vigueur, sans perdre sa structure complexe et peu accessible au lecteur. La seule question restante est, quand cela va-t-il se passer.

II Les institutions européennes

1. La Commission

La Commission est l'organe d'initiative, d'exécution et de contrôle des Communautés européennes (CE) et est donc appelée la «gardienne des traités" ou "moteur des communautés".

Le siège de la Commission :

- Bruxelles

Les tâches de la Commission :

- s'assure que la législation européenne est correctement appliquée par les Etats membres.
- vérifie la transposition des directives (*voir ci-dessous : Sources et procédures du droit européen*) ;
- peut porter plainte contre des Etats membres ;
- initie la législation européenne ;
- peut être autorisée par le Conseil à exécuter des actes juridiques au niveau communautaire (comitologie) ;
- négocie les contrats et représente la CE dans les organisations internationales ;
- tâches administratives : par exemple en ce qui concerne les finances et les fonds communautaires (agriculture, politique régionale).

La nomination du Président de la Commission et des commissaires :

- Le Président de la Commission est élu par les chefs d'Etat et de gouvernement des Etats membres, sur approbation du Parlement européen.
- Le Conseil et le Président de la Commission décident conjointement de la nomination des commissaires proposés par les Etats membres.
- La nomination officielle est faite par le Conseil et le PE pour l'ensemble du collège de la Commission.

Les fonctions du Président de la Commission :
- approuve la liste des commissaires proposés ;
- confie à chaque commissaire des responsabilités politiques particulières ;
- dirige la Commission ;
- est à la tête de l'organisation interne ;
- nomme le Vice-président ;
- est habilité à demander la démission d'un commissaire individuel.

Le mandat de la Commission se termine :
- automatiquement, au bout de cinq ans ;
- en cas de décès d'un commissaire ;
- en cas de démission d'un commissaire ;
- sur décision de la Cour ;
- en cas de vote d'une motion de censure du PE ;
- si le président l'exige.

Qui peut devenir commissaire?

Actuellement, chaque Etat membre peut disposer d'un commissaire. Les commissaires doivent être indépendants et si possible avoir une expérience politique au niveau ministériel. Leur tâche est de travailler pour l'Europe, sans suivre d'instructions éventuelles des Etats membres. Les commissaires coopèrent aussi avec les autres institutions et doivent garder pour eux-mêmes les connaissances d'initiés qu'ils ont acquises.

Que se passe-t-il en cas de décès d'un commissaire?

Le Conseil nomme, avec l'approbation du Président, une nouvelle personne. Toutefois, le Conseil peut également décider de ne pas pourvoir le poste à nouveau si le décès survient moins de trois mois avant l'échéance normale du mandat.

Structure et procédure législative :

Le Président est le chef de la Commission, les 27 commissaires représentent le Collège. En outre, chaque commissaire a son propre Cabinet. Le Collège et le Cabinet représentent le domaine politique de la Commission.

Le domaine dit de service se compose de :

- directions générales (assistance au Secrétaire général) ;
- directions ;
- unités.

La procédure législative est la suivante :

- Un membre de la Commission (une unité, une direction, une direction générale) a une idée qui est souvent initiée par l'un des puissants lobbyistes à Bruxelles.
- Des experts sont engagés pour évaluer l'idée.
- Il y a une consultation interne de toutes les directions générales concernées de la Commission (réunions interservices), ce qui n'est pas toujours facile (par exemple, il y a souvent risque de conflit entre les directions générales de l'environnement et du transport).
- La direction générale chef de file (celle qui a développé l'idée) consulte le service juridique de la Commission.
- L'impact économique est examiné dans une évaluation dite d'impact («impact évaluation»).

Il en résulte un projet d'acte législatif qui doit passer par différents niveaux du domaine de service (unités – directions – directions générales), puis par les niveaux du domaine politique (cabinet – chefs du cabinet – commissaires). Si les chefs de cabinet parviennent à un accord, une discussion entre les commissaires n'est pas nécessaire. Si, toutefois, ils n'arrivent pas à se mettre d'accord, les commissaires sont saisis de la question et prennent la décision finale en tant que Collège.

Dans ce cas, il y a quatre façons possibles de prendre des décisions :
- par vote verbal : À la majorité simple, à huis clos.
- par procédure écrite : À la majorité simple, à huis clos.
- par habilitation : La Commission habilite un ou plusieurs commissaires à se prononcer sur la proposition.
- par délégation : La Commission habilite un directeur ou un chef de service à prendre une décision sur la proposition.

Les principales modifications introduites par le Traité de Lisbonne :
- Le président de la Commission est nommé par le Conseil européen.
- Introduction d'un système de rotation à partir de 2014. Le nombre de commissaires est réduit de 27 à 18.
- Les parlements nationaux peuvent adresser au président de la Commission un avis motivé exposant les raisons pour lesquelles il estime qu'un projet d'acte législatif n'est pas conforme au principe de subsidiarité.

2. Le Conseil européen

L'idée de réunir les chefs d'Etat et de gouvernement des Etats membres dans des réunions informelles est d'abord apparue dans les années 1960. Depuis 1974, ces réunions sont régulièrement tenues quatre fois par an. Le Conseil européen a été mentionné officiellement pour la première fois dans l'Acte unique européen (1985 / 87), ses fonctions ont été définies dans le traité de Maastricht et le traité de Lisbonne reconnaît le Conseil européen en tant qu'institution.

Les tâches du Conseil européen :
- En tant qu'organe politique suprême au niveau européen, il donne l'impulsion à l'intégration européenne (en ce qui concerne l'élargissement et la signature des contrats).
- Il détermine les orientations politiques générales.
- En tant qu'organe suprême de la sphère intergouvernementale de l'UE, le Conseil européen dispose d'une compétence législative dans la même (par exemple, il peut adopter des stratégies communes).

Les membres du Conseil européen :

- les chefs d'état et de gouvernement des Etats membres ;
- le Président de la Commission ;
- les ministres des Affaires étrangères des Etats membres ;
- un représentant de la direction générale de la Commission concernée par l'ordre du jour

La présidence du Conseil européen :

La présidence du Conseil européen tourne simultanément avec la présidence du Conseil (soit tous les six mois; le Président du Conseil est le chef d'État ou de gouvernement correspondant). Pour améliorer la continuité des travaux du Conseil européen, le Traité de Lisbonne prévoit l'élection d'un Président du Conseil européen disposant d'un mandat de deux ans et demi qui, cependant, n'a pas de compétences supplémentaires à ceux du président actuel.

3. Le Conseil (des ministres)

Pour éviter toute confusion, commençons par l'explication de quelques termes :

- **Conseil de l'Europe** : Organisation politique fondée en 1949, qui traite des droits de l'homme et de la protection de la démocratie (*voir ci-dessus : la période après la Seconde guerre mondiale*).
- **Conseil Européen** : La plus haute instance politique de l'UE (*voir ci-dessus : le Conseil Européen*).
- **Conseil des ministres** : (aussi appelé Conseil ou Conseil de l'UE) : L'organe législatif principal des communautés.

En outre, il est important de distinguer les différentes majorités (les exemples sont basés sur 99 votes) :

- Unanimité – la totalité des 99 voix est nécessaire.
- Majorité absolue – plus de la moitié des voix est requise (50 voix).
- Majorité simple – dans le cas de la participation obligatoire à un quorum de 51, la majorité simple est de 26 voix.

- Majorité qualifiée – par exemple deux tiers de la majorité (66 voix); le vote à la majorité qualifiée au sein du Conseil est traité séparément ci-dessous.

Le siège du Conseil :
- Bruxelles, quelques réunions ont lieu au Luxembourg.

Les fonctions du Conseil :
- fonctions législatives – le Conseil est l'organe législatif principal ;
- le transfert de compétences législatives à la Commission et aux comités spéciaux (comitologie) ;
- la coordination des politiques économiques ;
- l'accomplissement de tâches dans la sphère intergouvernementale. Dans ce domaine, le Conseil prend des décisions fondées sur les orientations du Conseil européen (fonction exécutive) ;
- la préparation du budget ;
- la conclusion de traités internationaux.

La présidence du Conseil :

L'Etat membre qui exerce la présidence doit faire avancer l'UE et essayer de résoudre les problèmes sans influence nationale, il doit donc agir en tant que médiateur. La présidence est exercée pour une durée de six mois par l'Etat-membre qui préside également le Conseil européen (dirigé par le chef d'Etat ou de gouvernement respectif).

La structure du Conseil :

Le Conseil est composé des ministres des Etats-membres. Les ministres se retrouvent pour débattre des thèmes relevant de leur compétence. Actuellement, le Conseil siège en neuf formations différentes :

Trois exemples :
- le Conseil des affaires générales et relations extérieures, comprenant les ministres des affaires étrangères qui ont pour tâche de coordonner les réunions du Conseil et d'organiser les sommets eu-

ropéens. Le Conseil des ministres des affaires étrangères a des compétences supplémentaires dans le domaine de la PESC, de la PESD et du commerce extérieur ;

- le Conseil des affaires économiques et financières (ECOFIN) ;
- le Conseil de l'agriculture et de la pêche, etc.

<u>La procédure législative au sein du Conseil :</u>

Le projet de la Commission est soumis au Conseil et est immédiatement alloué à un groupe de travail composé d'experts. Une fois débattu, le projet sera transmis à l'un des deux comités des représentants permanents (COREPER) :

- Le COREPER I (composé des représentants permanents adjoints des Etats membres) traite des dossiers à caractère technique (par exemple, relatifs au marché intérieur).
- Le COREPER II (composé des représentants permanents des Etats membres) traite des sujets à caractère purement politique (par exemple, l'élargissement de la Communauté).

Le COREPER agit au niveau diplomatique. Ses membres sont des ambassadeurs qui se connaissent très bien. Dès qu'ils reçoivent le projet de la Commission, les négociations sont entamées :

- Si aucun accord ne peut être atteint, le projet est renvoyé au groupe de travail ou aux ministres. La majorité des problèmes sont toutefois résolus sans qu'il soit nécessaire d'en saisir les ministres (environ 95%).
- Si le projet est transmis aux ministres et qu'il y a déjà un accord au sein du COREPER, aucun autre débat ne se tient au niveau ministériel. Le projet est uniquement confirmé.
- Si le projet est transmis aux ministres sans qu'il y ait d'accord au sein du COREPER, un consensus doit d'abord être formé. Ainsi, un vote a lieu uniquement dans les rares cas où les ministres n'arrivent pas à former de consensus et où aucun accord n'a été conclu au sein du COREPER.
- En cas d'absence de consensus, les ministres décident à l'unanimité, à la majorité simple ou dans la plupart des cas (80%) à la majorité qualifiée. Dans le cas de la majorité qualifiée, chaque ministre

représente un nombre différent de voix, pondéré selon la population de chaque Etat-membre (ainsi, le ministre de l'Allemagne dispose de 29 voix, le ministre de Malte de trois voix). Le nombre total de voix est de 345.

Le vote à la majorité qualifiée (VMQ) :

La majorité qualifiée a été bloquée par le compromis de Luxembourg en 1966 (*voir ci-dessus, les années de l'établissement des communautés*), puis introduit par l'Acte unique européen en 1985 / 87 pour faciliter la prise de décision. Aujourd'hui, le vote à la majorité qualifiée constitue la règle pour plus de 80% des décisions (bien que dans presque tous les cas, un consensus peut être trouvé).

Quelles sont les conditions nécessaires pour atteindre la majorité qualifiée?

- 73,91% des voix (soit 255 voix) ;
- plus de la moitié des États membres (représentant 14 Etats) ;
- 62% de la population de l'Europe, si cela est demandé par un Etat-membre.

Les principales modifications introduites par le Traité de Lisbonne :
- l'introduction des séances publiques du Conseil ;
- l'introduction d'un nouveau système de rotation pour la présidence ;
- modification du VMQ à partir de 2017 : Les décisions seront adoptées avec 55% des États membres et au moins 65% de la population de l'Europe.

4. Le Parlement européen

Le siège du Parlement européen (PE) :
- Strasbourg (séances plénières : pour une durée d'une semaine, douze fois par an) ;
- Bruxelles (mini sessions plénières) ;
- Luxembourg (secrétariat général).

Les membres du PE :

Actuellement, les citoyens sont représentés par 785 membres pour une période de cinq ans. Le nombre de députés est déterminé par la population de chaque Etat membre (par exemple, l'Allemagne dispose de 96 sièges, Malte de 6 sièges). A ce jour, il n'y a pas de législation électorale uniforme pour les élections au Parlement européen.

Les fonctions du PE :

- L'exercice du pouvoir législatif. Le Parlement partage cette responsabilité avec le Conseil. Le degré d'influence du Parlement varie selon la procédure en cause (voir ci-dessous : *la création du droit communautaire dérivé*).
- Le contrôle du Conseil et de la Commission par des commissions d'enquête et le dépôt de questions.
- Le PE peut obliger la Commission à démissionner dans son intégralité par une motion de censure.
- Le PE a le droit de rejeter le projet de budget de la Commission en ce qui concerne les dépenses dites non obligatoires (par exemple, pour les mesures structurelles, la recherche et la technologie, etc). En ce qui concerne les dépenses obligatoires (par exemple pour l'agriculture), c'est le Conseil qui décide.
- Le PE approuve la nomination de la Commission et du Président de la Commission.
- Il approuve les élargissements de l'UE et l'adhésion de nouveaux Etats-membres.

Les limites de compétence du PE :

- Le Parlement européen n'a pas de droit de codécision dans la sphère intergouvernementale.
- Le Parlement européen ne peut ni rédiger ni adopter les actes législatif (seule la Commission a ce droit).

Structure et processus législatif :

Le Parlement élit un président et 14 vice-présidents pour une période de deux ans et demi. Comme nous l'avons dit plus haut, l'influence du Parlement européen dépend de la procédure législative suivie (consultation, coopération, codécision, Procédure de l'avis conforme; *voir ci-dessous, la création du droit communautaire dérivé*).

Il existe actuellement sept fractions au Parlement Européen, composées des représentants des Etats membres de la même sensibilité politique :

- Parti populaire européen (centre – droit, favorable à l'intégration) ;
- Parti socialiste (en raison de la diversité idéologique, la collaboration est parfois difficile) ;
- Alliance des démocrates et des libéraux pour l'Europe (centre – droite – gauche; travaillent souvent en collaboration avec le Parti populaire) ;
- Groupe des Verts / Alliance libre européenne (ont parfois de la difficulté à trouver une ligne commune) ;
- Le Groupe confédéral de la gauche unitaire européenne (ex-communistes et socialistes de gauche) ;
- Indépendance / Démocratie (eurosceptiques qui luttent pour une plus grande souveraineté des États membres) ;
- Union pour l'Europe des Nations (ex-gaullistes).

Comment le Parlement prend-il les décisions?

- Le projet de la Commission Européenne arrive au PE et est immédiatement alloué à une commission parlementaire (il y a actuellement 20 commissions permanentes au sein du PE).
- Un rapporteur est nommé, qui explique l'avis de la commission en séance plénière.
- Les députés votent sur le projet.

Les principales modifications introduites par le Traité de Lisbonne :

- Le nombre de sièges est réduit à 750 (plus le président). Aucun Etat membre ne peut avoir plus de 96 ou moins de 6 députés.
- La distinction entre dépenses obligatoires et non obligatoires est abolie. Le PE a un droit de codécision sur ce qu'étaient autrefois les dépenses obligatoires (en particulier le financement de l'agriculture).

- Le recours accru à la procédure de codécision renforce le pouvoir législatif du Parlement.

5. La Cour de justice

La Cour de justice est l'autorité judiciaire de l'UE et comprend trois juridictions :

- la Cour de justice des Communautés Européennes (CJCE) ;
- le Tribunal de première instance (TPICE) ;
- le Tribunal de la fonction publique de l'UE.

La Cour garantit la bonne interprétation, l'application et le développement du droit de l'UE et est la seule institution ayant également la compétence d'imposer des sanctions aux États membres.

Le siège de la Cour :

- Luxembourg

Les membres de la CJCE :

- 27 juges qui sont nommés par les Etats membres pour une période de six ans.
- 8 avocats généraux qui élaborent les recommandations et les avis et fournissent les conclusions finales, qui servent souvent de base à la décision des juges.

L'organisation interne de la CJCE :

- La CJCE siège en chambres (composées par exemple de trois ou cinq juges).
- Les procédures sont pour la plupart écrites (les appels ne sont pas possibles).
- La langue de travail est le français.

Les fonctions de la CJCE :

- Le règlement des litiges entre l'UE et ses Etats membres, entre les Etats membres ainsi qu'entre les différentes institutions.
- L'interprétation du droit communautaire à la demande des juridictions nationales (le renvoi préjudiciel).
- La préparation des avis juridiques concernant la compatibilité des accords internationaux avec les traités communautaires, à la demande du PE, du Conseil, de la Commission ou des Etats membres.

Les principales procédures de la CJCE :

1. Le recours en manquement :

- La Commission a pris connaissance d'une violation du droit communautaire dans un Etat membre.
- La Commission fait parvenir une lettre à l'Etat-membre.
- L'Etat membre doit communiquer son avis.
- La Commission y répond.
- L'Etat membre est tenu de mettre un terme au manquement. Si cela ne se produit pas, la Commission porte plainte contre l'Etat.
- La Cour peut imposer des sanctions contre l'Etat.

2. Renvoi préjudiciel :

- Les juridictions nationales peuvent (et parfois doivent) se tourner vers la CJCE pour demander de préciser une ambiguïté éventuelle dans l'interprétation du droit communautaire. La procédure nationale est alors interrompue.

3. Autres recours :

- Recours en annulation ;
- Recours en carence ;
- Recours en dommages-intérêts.

Tribunal de première instance (TPICE) :
- Le nombre de 27 juges peut être dépassé.
- Il n'y a pas d'avocats généraux.
- La TPICE est compétent uniquement pour les recours particuliers (par exemple, les recours en carence, recours en annulation ou recours en dommages-intérêts introduits par des particuliers).
- Les décisions du TPICE peuvent faire l'objet de recours devant la CJCE.

Tribunal de la fonction publique de l'UE (CST) :
- Le nombre de juges est limité à sept.
- Il n'y a pas d'avocats généraux.
- Le CST est compétent uniquement pour les litiges entre les institutions et leur personnel.
- Les décisions du CST peuvent faire l'objet de recours devant le TPICE et ensuite, de façon exceptionnelle, devant la CJCE.

6. La Cour des comptes européenne

La Cour des comptes européenne est l'organe de contrôle des contribuables européens.

Le siège de la Cour des comptes européenne :
- Luxembourg.

Les membres de la Cour des comptes européenne :
- 27 membres,
- proposés par les Etats membres,
- nommés par le Conseil, après consultation du Parlement européen, pour une période de six ans.

Les fonctions de la Cour des comptes européenne :
- le contrôle des recettes et des dépenses au niveau européen ;

- le contrôle de la conformité de l'utilisation des fonds ;
- la rédaction d'un rapport annuel sur ses activités ;
- la Cour a le droit d'informer l'OLAF (Office européen de lutte anti-fraude) lors de la détection de fraude ou d'irrégularités. Toutefois, la Cour n'est pas habilitée à infliger des sanctions.

7. Les organes consultatifs des institutions européennes

7.1. Le Comité économique et social

Le Comité économique et social européen (CESE), établi en 1958, est un organe consultatif qui représente divers groupes d'intérêts. Il n'a pas le statut d'institution européenne.

Le siège du CESE :
- Bruxelles

Les membres du CESE :
- 344 membres,
- proposés par les Etats membres,
- nommés par le Conseil, pour une période de quatre ans.

Les membres représentent les divers groupes de la vie économique et sociale.

Les fonctions du CESE :
- Le CESE doit être consulté dans les questions concernant l'emploi, la santé, etc.
- Il est consulté sur les questions relatives au marché intérieur, protection des consommateurs, etc.
- Il a le droit de donner un avis s'il le juge approprié. Toutefois, cette opinion n'est pas juridiquement contraignante.

La structure du CESE :

Le comité se compose de :
- représentants des syndicats et des travailleurs ;

- divers groupes d'intérêts (agriculteurs, représentants des consommateurs, etc.).

7.2. Le Comité des régions

Le Comité des régions (CdR, établi en 1993) est un organe consultatif qui représente les intérêts des régions et des municipalités d'Europe. Le Comité des régions n'a pas le statut d'institution européenne.

Le siège du CdR :
- Bruxelles

Les membres du CdR :
- 344 membres,
- proposés par les Etats membres,
- nommés par le Conseil pour une période de quatre ans.

Les fonctions du CdR :
- Le CdR doit être consulté dans les domaines de l'éducation, de la santé, de l'environnement, etc.
- Il peut être consulté dans les domaines de l'industrie, de la protection du consommateur, etc.
- Il est autorisé à émettre un avis si les intérêts régionaux sont impliqués. Toutefois, cette opinion n'est pas juridiquement contraignante.

8. Les institutions financières en Europe

8.1. La Banque centrale européenne

Pour atteindre le stade final de l'Union monétaire européenne (voir ci-dessus, Sur le chemin vers une Union Européenne) il fallait établir une institution financière propre en Europe.

Le siège de la BCE :
- Francfort / Main

L'organisation du système financier européen :

Tous les Etats membres ne participant pas à l'Union monétaire européenne, il fallait créer un système à trois piliers pour le secteur financier :

- **Le Système européen de banques centrales** (SEBC) se compose de la BCE, les banques centrales de la zone euro et les banques centrales ne participant pas à la zone euro (pas tous les Etats membres n'ont voulu adopter l'euro comme monnaie).
- **L'Eurosystème** comprend la BCE et les banques centrales de la zone euro.
- **La Banque centrale européenne** est une institution financière indépendante et supranationale dotée de la personnalité juridique, qui peut aussi imposer des sanctions sur les Etats membres.

Les fonctions de la BCE en particulier :

- définir et mettre en œuvre la politique monétaire de la zone euro ;
- conduire les opérations de change ;
- gérer les réserves de change des Etats membres ;
- promouvoir le bon fonctionnement des systèmes de paiement ;
- collecter les informations statistiques nécessaires ;
- contrôler les établissements de crédit et la stabilité du système financier ;
- autoriser l'émission de billets de banque euro.

La structure du système financier européen :

- **Le Directoire :** En tant qu'organe de la BCE, il en assure la gestion courante et met en œuvre la politique monétaire conformément aux orientations et aux décisions arrêtées par le conseil des gouverneurs.
- **Le Conseil des gouverneurs :** En tant qu'organe de l'Eurosystème, le Conseil de la BCE est l'organe suprême de la politique monétaire et arrête les orientations.
- **Le Conseil général :** En tant qu'organe du SECB, le Conseil général assure la coordination de la politique monétaire entre membres et non membres de la zone euro.

Deux principales stratégies politiques de la BCE :
- Si la BCE baisse les taux d'intérêt, les prêts deviennent moins onéreux. Il s'agit d'une mesure pour lutter contre la récession.
- Si la BCE augmente les taux d'intérêt, les emprunts deviennent plus coûteux. C'est une mesure prise en cas de prospérité économique.

8.2. La Banque européenne d'investissement

La Banque européenne d'investissement (BEI) est un instrument financier de l'UE, dont les actionnaires sont les Etats membres individuels. La BEI ne dispose pas du statut d'institution.

Le siège de la Banque :
- Luxembourg

Les fonctions de la Banque :
- La BEI accorde des prêts aux établissements publics et privés dont les objectifs coïncident avec les intérêts de l'UE. Ces intérêts sont les suivants : Le développement régional, la protection de l'environnement, transports, énergie, etc.
- En général, la BEI rend disponible 50% du coût total d'un projet accordé à faible taux d'intérêt.
- La BEI concentre ses actions sur l'est de l'Europe et les pays ACP (Afrique-Caraïbes-Pacifique).

Le Groupe BEI :

Le Groupe BEI est constitué de la BEI et du Fonds européen d'investissement.

8.3. Le Fonds européen d'investissement

Le siège du Fonds européen d'investissement (FEI) :
- Luxembourg

Le FEI ne finance pas directement les entreprises, mais fournit du capital par le biais de banques privées. Ses actionnaires sont :

- la BEI ;
- la Commission ;
- les banques européennes.

9. Les agences de l'Union européenne

Une agence communautaire est un organisme de droit public européen doté de la personnalité juridique, créé par un acte communautaire de droit dérivé. Il y a des agences dans toute l'Europe (les Etats-membres les considèrent comme signes de prestige).

Il existe deux principaux types d'agences :

- agences exécutives, qui sont créées pour la gestion de projets d'une durée déterminée ;
- agences de réglementation, qui sont des établissements fixes.

En particulier, les agences peuvent être divisées en :

- agences du premier pilier (tels que FRONTEX, l'Agence européenne pour la gestion de la coopération opérationnelle aux frontières extérieures des États membres de l'Union européenne) ;
- agences du deuxième pilier (par exemple, l'EDA, l'Agence européenne de défense)
- agences du troisième pilier (par exemple, Eurojust, l'Office judiciaire européen et Europol, l'Office européen de police) ;
- agences exécutives (par exemple, PHEA, l'Agence exécutive pour la santé publique, 2005-2010).

Les fonctions des agences :

- Faire le lien entre l'UE et ses citoyens ;
- conseiller la Commission et donner des avis.

III. La législation dans l'UE

1. La nature juridique de l'UE

Pour savoir ce qu'est l'UE, juridiquement parlant, il faut d'abord distinguer deux notions:

- état fédéral – par exemple, les Etats-Unis, où les Etats pris individuellement sont unis dans un Etat commun.
- fédération d'états – par exemple, le Commonwealth, où les Etats individuels sont unis par leur allégeance commune à la couronne, mais sans former un Etat commun.

L'UE elle-même n'est pas un Etat. Elle n'a pas de peuple propre et ni de territoire propre, ni ce que l'on appelle la compétence-compétence (à savoir seuls les États membres peuvent décider ce qu'ils veulent réglementer au niveau européen). Généralement parlant, l'UE est inférieure à un Etat, parce qu'elle n'a pas de constitution propre, mais supérieure à une confédération d'Etats, parce qu'elle a un marché commun et ses propres institutions. En tant qu'association d'Etats, l'UE représente un système unique composé d'éléments supranationaux et intergouvernementaux.

2. Les sources et procédures du droit européen

2.1. Droit communautaire primaire et dérivé

Le droit communautaire peut être divisé en une catégorie primaire et une catégorie dérivé.
Le droit communautaire primaire se compose principalement :

- des trois traités fondateurs ;
- des traités modificatifs ;
- des principes généraux du droit communautaire (par exemple, les droits fondamentaux, le principe de démocratie, etc.) ;
- du droit coutumier (par exemple, les ministres peuvent être représentés au Conseil par les secrétaires d'Etat).

Le droit communautaire dérivé comprend principalement :
- les actes juridiques pris par les institutions communautaires (par exemple, les règlements) ;
- la jurisprudence de la CJCE ;
- les accords internationaux conclues par la Communauté.

Le droit communautaire dérivé ne doit pas aller à l'encontre du droit communautaire primaire ni apporter de changements. L'interprétation et la concrétisation des décisions sont possibles.

Les actes du domaine supranational :
- Le **règlement** est un acte juridique qui est juridiquement obligatoire et directement applicable dans tout Etat-membre.
- La **directive** est un acte juridique qui n'est pas directement applicable, et qui doit d'abord être transposé dans le droit national.
- La **décision** est un acte juridique qui n'est juridiquement obligatoire que pour son destinataire (par exemple, un Etat-membre) et est directement applicable.
- L'**avis** est un acte qui n'est pas juridiquement obligatoire, mais qui est d'une importance politique.
- La **recommandation** est un acte qui contient une demande non juridiquement obligatoire de la part d'une institution (par exemple, le Conseil ou la Commission). Les destinataires sont essentiellement les Etats-membres.

Les avis et recommandations sont également appelés «soft law» parce que leur violation n'entraîne pas de conséquences juridiques.

Exemples d'actes du domaine intergouvernemental :
- **lignes directrices générales et stratégies communes** du Conseil européen ;
- **actions conjointes, positions communes, décisions et déclarations** du Conseil.

2.2. La création du droit communautaire dérivé

En principe, le Conseil est le principal organe législatif des Communautés. Il est donc aussi impliqué dans l'ensemble du processus législatif. Toutefois, le PE, notamment par l'introduction de la procédure de codécision dans le traité de Maastricht, a acquis une influence croissante.

Les quatre procédures législatives sont les suivantes :

- la procédure de consultation ;
- la procédure de coopération ;
- la procédure de codécision ;
- la procédure d'avis conforme.

<u>La procédure de consultation :</u>
- Une base juridique est exigée (les articles pertinents du traité).
- La Commission élabore un projet.
- Le PE donne son avis sur le projet.
- Le Conseil adopte le projet sans être lié par l'avis du PE.

La procédure de consultation est utilisée dans les domaines suivants :
- la politique agricole commune ;
- la politique de concurrence ;
- la coopération policière et judiciaire en matière pénale ;
- la politique commerciale commune, etc.

<u>La procédure de coopération :</u>
- Une base juridique est exigée.
- La Commission élabore un projet.
- Le PE donne son avis sur le projet.
- Le Conseil adopte une position commune :

- Le PE peut confirmer la position commune, ou ne pas s'exprimer. Dans les deux cas, le Conseil peut adopter le projet par une majorité qualifiée.
- Le PE peut rejeter la position commune. Dans ce cas, le Conseil ne peut adopter le projet qu'à l'unanimité.
- Le Parlement peut proposer des amendements. Le projet revient alors à la Commission. Si la Commission accepte les amendements au projet, le Conseil peut l'adopter par une majorité qualifiée. Si la Commission n'accepte pas les amendements à ce projet, le Conseil ne peut l'adopter qu'à l'unanimité.

La procédure de coopération est appliquée uniquement dans le domaine de l'union économique et monétaire.

<u>La procédure de codécision :</u>
- Une base juridique est exigée.
- La Commission élabore un projet.
- Si le PE l'approuve, le Conseil peut adopter le projet.
- Le PE peut proposer des amendements :
    - Le Conseil peut accepter les amendements et adopter le projet.
    - Le Conseil peut rejeter les amendements, suggérer ses propres amendements et transmettre le projet au Parlement.
- Si le PE accepte les modifications du Conseil, le Conseil peut adopter le projet.
- Si le PE ne s'exprime pas, le Conseil peut adopter le projet.
- Si le PE n'approuve pas les amendements du Conseil, le projet a définitivement échoué.
- Si le Parlement propose ses propres amendements, un comité de conciliation est convoqué, composé de membres du Parlement et du Conseil.
- Si le comité de conciliation n'aboutit pas à un projet commun, le projet a échoué.
- Si le comité de conciliation aboutit à un projet commun, le Conseil et le PE doivent l'approuver.

La procédure de codécision est appliquée dans les domaines suivants :

- transports, harmonisation du marché intérieur, coopération douanière, politique sociale, environnement, industrie, santé et protection des consommateurs, etc.

La procédure d'avis conforme :

Dans cette procédure, le Parlement européen peut approuver une décision du Conseil, ou la rejeter. Bien que le PE ne puisse pas modifier la décision, l'acte législatif ne peut être adopté sans l'approbation du PE.

La procédure d'avis conforme est appliquée dans les domaines suivants :

- adhésion de nouveaux Etats membres ;
- élection du Président ;
- la conclusion d'accords internationaux ;
- l'imposition de sanctions contre les Etats qui violent l'article 7 du Traité-UE (droits fondamentaux européens), etc.

Comitologie :

Le Conseil ayant généralement beaucoup de travail, il peut déléguer des pouvoirs législatifs à la Commission et des comités spéciaux. Ces comités sont composés de représentants des gouvernements des Etats membres et contrôlent la Commission. Il y a actuellement cinq procédures de comitologie :

1. La **procédure consultative** est utilisée pour des questions d'une moindre importance politique :
   - La Commission élabore un projet.
   - Le comité compétent rend un avis.
   - La Commission tient compte de l'avis dans la mesure du possible.
   -

2. La **procédure de gestion** est appliquée à la politique agricole et à la politique de la pêche, etc. :
   - La Commission élabore un projet.

- Le comité compétent rend un avis.
- La Commission peut tenir compte de l'avis. Si elle ne veut pas en tenir compte, elle doit le renvoyer devant le Conseil, qui a le droit de décision finale.

3. La **procédure réglementaire** s'applique aux domaines qui servent à la protection des personnes, des animaux et des plantes, etc. :
   - La Commission ne peut décider d'une mesure que si le comité concerné est d'accord. Si le comité n'est pas d'accord, le projet va au Conseil.
   - Le Conseil décide, après avoir consulté le PE.

4. La **procédure de réglementation avec contrôle** (nouveau depuis 2006) :
   - Comme nous l'avons vu, jusqu'à présent, le PE n'était pas très fortement représenté dans la procédure de comitologie, puisqu'il n'avait pas le droit de rejeter une proposition de la Commission. Seuls les comités pouvaient le faire. Lorsqu'un comité avait rejeté un projet, celui-ci était transmis exclusivement au Conseil. Avec la procédure de réglementation avec contrôle, le PE obtient également le droit de bloquer des propositions de la Commission.

5. La **procédure de sauvegarde** :
   - Cette procédure est utilisée lorsque la Commission doit se prononcer sur des mesures de sauvegarde (par exemple, les mesures contre la maladie de la vache folle). Dans ces cas, la Commission décide sans comités. Toutefois, elle doit en informer le Conseil et les Etats membres. Le Conseil peut modifier la décision de la Commission si les Etats membres le demandent.

3. Les grands principes du droit européen

3.1. Le principe d'attribution

Seuls les Etats membres peuvent conclure des contrats et modifier les compétences au niveau européen. Les Communautés européennes (CE, représentent le premier pilier supranational, qui se compose de la Communauté économique européenne, CEE et la Communauté européenne de l'énergie atomique, EURATOM.) n'ont pas ce que l'on appelle la compétence - compétence, à savoir ils ne peuvent pas régler tout ce qui leur semble politiquement utile. Ils doivent fonder tous les actes juridiques sur une base juridique contractuelle. Le principe d'attribution des compétences dit donc si les CE peuvent régler une question ou pas et protège ainsi les intérêts des États membres.

Les domaines de compétence des CE peuvent être classés comme suit :

- **Compétences exclusives** : Les CE prennent des décisions par elles-mêmes (par exemple, la politique monétaire, la politique commerciale, etc.).
- **Compétences partagées** : Les États membres peuvent décider seulement si les CE ne l'ont pas fait (cela veut dire que les CE ont la priorité sur les États membres, par exemple, la politique agricole, les décisions sur le marché commun, etc.).
- **Compétences parallèles** : Les CE et les États membres peuvent décider, cependant, en cas de conflit, que le droit européen est plus fort que le droit national (par exemple, politique de concurrence).

Le principe d'attribution des compétences, cependant, se rapporte non seulement à la relation entre la Communauté et les Etats membres, mais aussi à la relation entre les institutions communautaires; chaque institution ne pouvant agir que si elle est autorisée à le faire dans les contrats.

3.2. Le principe de la supranationalité

Pour répondre aux exigences d'une organisation supranationale, au moins deux des caractéristiques suivantes doivent être présentes :

- compétence législative ;
- décision à la majorité ;
- institutions ;
- juridiction.

Dans le cas des CE, les quatre conditions sont remplies.

3.3. Le principe de subsidiarité

Le principe de subsidiarité, introduit par le traité de Maastricht, établit une Europe à trois niveaux (européen, national, régional) et exige que toutes les décisions soient prises aussi près que possible des citoyens. La Communauté ne doit agir que si l'action des Etats membres n'est pas appropriée, ou si une question peut être mieux traitée au niveau européen. Ce principe ne comprend pas ce que l'on appelle les compétences exclusives.

Le principe de subsidiarité est complété par le principe de proportionnalité. Si la Communauté a plusieurs options pour régler une affaire, elle doit choisir la mesure qui prend le mieux en compte les intérêts de la plupart des Etats membres.

3.4. Le principe de l'égalité ou de la non-discrimination

Le droit communautaire primaire fait plusieurs fois référence au principe de l'égalité de traitement, visant la discrimination soit directe, soit indirecte (*voir également ci-dessous, liberté de circulation des marchandises*) :

- **L'article 12** du Traité CE interdit toute discrimination fondée sur la nationalité.
- **L'article 34 (2)** du Traité CE interdit toute discrimination entre les producteurs et les consommateurs dans la communauté.
- **L'article 141** du Traité CE prévoit l'égalité de rémunération pour les hommes et les femmes.
- **L'article 13** du Traité CE habilite la Communauté à combattre toute discrimination fondée sur le sexe, la race, l'origine ethnique, la religion ou les convictions, un handicap, l'âge ou l'orientation sexuelle.
- En outre, la CJCE a développé d'autres principes généraux de non-discrimination (*voir ci-dessous, les quatre libertés fondamentales*).

3.5. Les droits fondamentaux

Selon l'article 6 du Traité UE (modifié par le Traité d'Amsterdam), l'Union:

- est fondée sur les principes de liberté, de démocratie, de respect des droits fondamentaux et des droits de l'homme et de l'État de droit – et

- doit respecter les droits fondamentaux tels qu'ils sont garantis par la Convention européenne des droits de l'homme (CEDH), et tels qu'ils résultent des traditions constitutionnelles communes aux Etats membres en tant que principes généraux du droit communautaire ;
- en outre, une Charte des droits fondamentaux a été proclamée, qui, cependant, n'est pas juridiquement contraignante (l'obligation juridique est garantie par le Traité de Lisbonne).

3.6. Le principe de la primauté du droit communautaire

Les contrats ne proposent pas de solutions pour les cas où la législation nationale des Etats membres est en conflit avec le droit communautaire.

Par conséquent, la CJCE a dû se saisir de cette question. Dans l'arrêt Costa c. ENEL (1964), la CJCE a jugé que le droit communautaire (primaire et dérivé) a la primauté sur toutes les formes de droit national (y compris le droit constitutionnel des Etats membres).

3.7. Le principe de l'effet direct du droit communautaire

Dans l'arrêt **Van Gend en Loos (1963)**, la CJCE posait la doctrine de l'effet direct du droit communautaire :

Le transporteur Van Gend importait des produits chimiques de l'Allemagne vers les Pays-Bas. Les autorités néerlandaises lui ont demandé de payer des droits de douane sur la base du droit néerlandais. Van Gend a porté plainte en invoquant le droit communautaire (la Communauté est une union douanière). Le tribunal néerlandais a renvoyé la question par la procédure du renvoi préjudiciel à la CJCE (*voir ci-dessus, la Cour*).

La CJCE a jugé que le droit communautaire mettait des droits et des obligations à la disposition non seulement des États membres mais aussi des particuliers (comme la société Van Gend). Cependant, les provisions du Traité ne sont pas toutes d'effet direct.

La provision du Traité doit être :

- claire et précise (sans besoin d'être concrétisée, «self-executing»),
- inconditionnelle (à savoir, sans aucunes autres conditions ou réserves) et
- ne doit exiger aucun autre acte de transposition par la Communauté ou les États-membres.

Ce principe a été successivement développé :

Comme on vient de le voir, selon la doctrine Van Gend, les provisions ne peuvent avoir un effet direct que si elles remplissent les trois critères Van Gend et si elles sont invoquées contre un Etat.

- En outre, la CJCE a jugé que les droits et obligations découlant des provisions peuvent être invoqués non seulement contre un Etat, mais aussi contre les particuliers. Il faut donc distinguer deux types d'effet direct :
    - **l'effet direct vertical** – se réfère aux relations entre le particulier et l'Etat (comme dans l'arrêt Van Gend : La société privée Van Gend contre les autorités néerlandaises).
    - **l'effet direct horizontal** – se réfère aux relations entre deux particuliers, à savoir deux parties privées (entreprises ou personnes).
- Concernant les **règlements**, la CJCE a estimé qu'ils devraient avoir le même effet direct, vertical et horizontal, que les provisions du traité.
- Les **décisions**, cependant, n'ont un effet direct vertical ou horizontal que sur leurs destinataires respectifs.
- En ce qui concerne les **directives**, il faut d'abord noter qu'elles ne sont pas directement applicables. Cela signifie qu'une directive ne crée pas de droits pour les individus, tant qu'elle n'a pas été transposée en droit national.

    Toutefois, selon la décision de la CJCE, une directive qui n'a pas été transposée en droit national en bonne et due forme (c'est-à-dire pas dans le délai prévu, incomplète ou erronée), peut avoir un effet direct (uniquement vertical) conformément aux trois critères Van Gend. En ce qui concerne le troisième critère, il faut noter qu'une directive ne peut jamais le remplir, puisqu'une directive doit être transposée. La CJCE a donc décidé que le troisième critère est rempli si l'Etat membre n'a pas transposé la directive en droit national en temps voulu.

Deux cas permettent d'illustrer les conséquences de ces décisions de la Cour :

- Le Royaume-Uni n'avait pas transposé la directive dite d'égalité de traitement, qui garantit l'égalité de traitement entre les hommes et les femmes.
- Dans les cas **Marshall** et **Tate & Lyle,** des salariés se sentaient victimes de discrimination dans leur emploi (Marshall travaillait pour l'Etat tandis que Roberts était employée par une société privée) et ont porté plainte en invoquant la directive. A partir des décisions ci-dessus, on arrive aux conclusions suivantes :
  - Les directives peuvent avoir un effet direct (vertical) si elles n'ont pas été transposées en droit national.
  - Le Royaume-Uni n'avait pas transposé la directive d'égalité de traitement.
  - Seul Marshall a eu du succès dans sa plainte, puisqu'elle seul travaillait pour l'Etat et l'effet direct d'une directive ne peut être que vertical.

3.8. Le principe de l'effet indirect

Comme nous l'avons vu à plusieurs reprises, les directives n'ont pas d'effet direct horizontal. Néanmoins, les tribunaux nationaux ont l'obligation d'interpréter et d'appliquer le droit national afin qu'il soit conforme à la lettre et à l'objet d'une directive, même si celle-ci n'a pas encore été transposée en droit national. Donc les directives non transposées ont un effet sur la jurisprudence des tribunaux nationaux.

3.9. La responsabilité de l'Etat pour des dommages

Dans le cas **Frankovich,** l'Italie a manqué de transposer une directive visant à assurer aux travailleurs salariés un minimum communautaire de protection en cas d'insolvabilité d'une entreprise. L'Italie, comme tous les autres États membres, devait mettre en place un fonds public à cet égard.

La directive n'ayant pas été transposée – M. Frankovich n'a pas reçu de dédommagements à la suite de la fermeture de son entreprise.

La CJCE a statué que les Etats membres défaillants dans la transposition d'une directive étaient tenus de verser une compensation à toute personne qui en conséquence a subi des dommages, dans les conditions suivantes :

- la directive confère un droit à l'individu ;
- le violation doit être suffisamment grave ;

- Il existe un lien de causalité entre la violation et le dommage subi (si l'Italie avait transposé la directive, M. Frankovich aurait été dédommagé).

IV. Les quatre libertés fondamentales du traité CE

1. La libre circulation des marchandises

La libre circulation des marchandises ne peut être réalisée entre les Etats membres que si les obstacles tarifaires et non tarifaires sont éradiqués.

1.1. L'éradication des obstacles tarifaires

Pour éradiquer les barrières tarifaires entres les Etats membres, les trois mesures suivantes sont nécessaires :

La réduction des tarifs jusqu'à l'établissement d'une Union douanière :

- Dès 1968, une Union douanière était mise en place entre les Etats membres.

L'interdiction de nouveaux tarifs et taxes d'effet équivalent (TEE) :

- Que sont « les marchandises »? Les marchandises sont des produits appréciables en argent et susceptibles de former l'objet d'une transaction commerciale.
- Qu'est-ce qu'une TEE? Toute taxe qui est imposée à un poste frontière pour les marchandises.
- L'objet du tarif ou de la taxe n'est pas pertinent.

De manière générale, tous les tarifs et TEE sont illégaux, sauf s'il s'agit de frais qui doivent être acquittés, par exemple, pour une inspection sanitaire de la viande. Toutefois, ces frais doivent alors être également applicables aux produits domestiques.

L'interdiction des impositions intérieures discriminatoires :

- Une imposition intérieure est illégale si elle est directement ou indirectement discriminatoire contre des produits importés, ou si elle protège les produits nationaux.

Exemple : bien que la bière et le vin sont des produits similaires, la bière était surtaxée par rapport au vin dans l'Etat A, afin de protéger l'industrie du vin → c'est une discrimination contre les importateurs de bière (discrimination directe).

1.2. L'éradication des obstacles non-tarifaires

Les obstacles non tarifaires (les quotas) peuvent aussi limiter la libre circulation des marchandises. Pour éliminer ces obstacles, la mesure suivante est nécessaire :

L'interdiction des restrictions quantitatives et des mesures d'effet équivalent (MEE) :

- Qu'est-ce qu'une restriction quantitative? C'est une mesure nationale qui détermine le montant maximum de marchandises qui peut être importe ou exporte dans un certain délai. De telles restrictions sont destinées à protéger les produits domestiques.
- Qu'est-ce qu'une MEE? Toute mesure qui entrave le commerce des Communautés en rendant une importation plus difficile ou plus chère, ou qui favorise des produits nationaux.

Exemple : Les agriculteurs français ont bloqué les routes pour empêcher l'importation de produits agricoles en provenance d'Espagne. Conformément à la décision de la CJCE, le gouvernement français n'a pas suffisamment agi pour enlever ces blocages → il s'agit d'une MEE.

- La « formule Dassonville » : Si une législation nationale empêche l'importation de marchandises d'un autre Etat-membre, la loi ne peut être appliquée dans un cas particulier. En conséquence, la marge de manœuvre des Etats membres dans l'aménagement de leurs réglementations commerciales est très restreinte. Toute réglementation commerciale susceptible d'entraver directement ou indirectement le commerce intra-communautaire est considérée comme une MEE.

Exemple : le cas «**Cassis de Dijon** » : Conformément à la décision de la CJCE, toutes les marchandises fabriquées dans un Etat membre, conformément à la loi, peuvent être vendues dans n'importe quel autre Etat-membre. La « Bundesmonopolverwaltung für Brandwein » a empêché le fabricant d'alimentation allemand REWE d'importer la liqueur française

Cassis de Dijon (qui a une teneur en alcool de 20%), parce que le droit allemand exige une teneur minimale en alcool de 32% pour les liqueurs. Conformément à la décision de la CJCE, un tel embargo d'importation va à l'encontre du droit européen. Une justification n'est autorisée qu'en vertu de l'article 30 du Traité CE, ou d'après « la formule Cassis de Dijon », développée par la CJCE (par exemple, pour des raisons de protection des consommateurs ou de l'environnement). En outre, chaque mesure imposée qui limite l'importation doit être conforme au principe de la proportionnalité.

En bref, le cas peut donc être décrit comme suit :

- La mesure des autorités allemandes empêchant l'importation était une violation de la « formule Dassonville ».
- L'Allemagne a tenté de justifier la nécessité de l'embargo pour la protection de ses consommateurs, parce qu'ils seraient déconcertés de trouver dans les supermarchés des produits avec des pourcentages d'alcool différents sous le nom de « liqueur ».
- La CJCE n'a pas accepté ce point de vue : les consommateurs pouvaient faire la différence entre les produits sur la base de l'étiquetage. La mesure allemande n'était donc pas proportionnelle et constituait un MEE.

Mesures en dehors du champ d'application de la « formule Dassonville » :
Les mesures suivantes ne constituent pas des MEE :

- Certaines modalités de vente concernant le marketing ou la publicité, si elles ne se rapportent pas au produit et ne sont pas discriminatoires.

Exemple: Lorsque tous les magasins doivent être fermés le dimanche, cette mesure ne concerne pas le produit lui-même et affecte de la même manière les marchandises nationales et celles en provenance d'autres Etats membres. Une telle mesure est dans le cadre de la formule Dassonville et n'est donc pas interdite.

MAIS : Bien que l'interdiction de la publicité de l'alcool en Suède ne soit pas une discrimination directe, s'appliquant également aux produits nationaux et étrangers, les produits étrangers sont plus affectés, car ils sont moins bien connus que les produits nationaux. Par conséquent, une telle mesure est indirectement discriminatoire, et donc une MEE. Toutefois, la Suède a pu justifier la mesure en vertu de l'article 30 (*voir ci-dessous*).

<u>Mesures qui peuvent être justifiées en vertu de l'article 30 du Traité CE :</u>

Certaines interdictions relatives à l'importation de marchandises en provenance d'autres Etats membres sont permises si elles peuvent être justifiées par des raisons de :

- moralité publique ;
- ordre et sécurité publics ;
- protection de la santé et de la vie des personnes, des animaux ou des plantes ;
- protection des trésors nationaux ;
- protection de la propriété industrielle et commerciale.

Bien que ne pas explicitement mentionné dans l'article 30, chaque restriction d'importation doit être conforme au principe de la proportionnalité, autrement dit, il faut examiner si la mesure spécifique est réellement nécessaire, ou peut être remplacée par une mesure moins sévère.

Exemple : A veut importer de grandes poupées gonflables en Grande-Bretagne. Les poupées sont saisies en vertu de la loi britannique, mais la loi en question ne vise que les produits étrangers. Par conséquent, « A » objecte qu'il y a violation de la « formule Dassonville ». Le Royaume-Uni tente de justifier sa mesure en vertu de l'article 30 (la moralité publique). La CJCE ne permet pas une telle justification, puisque la mesure britannique s'applique uniquement aux poupées importées → il s'agit d'une MEE.

2. La libre circulation des personnes

Bien que chaque citoyen européen ait le droit de travailler, de fonder une entreprise ou de fournir un service dans un autre Etat-membre, il n'y a que peu d'Européens qui sont prêts à le faire. La liberté de circulation des personnes peut être divisée en deux volets :

- la liberté de circulation des travailleurs ;
- la liberté d'établissement.

Qui est citoyen de l'UE?

Un citoyen de l'UE a la nationalité d'un État-membre. Deux groupes doivent être distingués :

- les personnes non économiquement actives : les étudiants, les retraités, les personnes fortunées.
- les personnes économiquement actives : ouvriers et employés, travailleurs autonomes, prestataires de services.

2.1. La libre circulation des travailleurs

Qui est un travailleur?

Un travailleur travaille sous le contrôle d'un autre et reçoit un salaire. Toutefois, les personnes qui ont perdu leur emploi ou qui ne travaillent qu'à temps partiel sont aussi considérées comme travailleurs.

Quels sont les droits des travailleurs provenant d'autres Etats membres?

Chaque citoyen de l'UE a le droit :

- d'accepter des offres d'emploi, de rester dans l'État-membre concerné et de continuer à y rester après l'achèvement du travail ;
- en général, de rester trois mois dans le pays hôte. Naturellement, un travailleur peut y rester plus longtemps s'il se fait inscrire auprès de l'autorité compétente ;
- de recevoir le droit de résidence permanente quand il a travaillé cinq ans dans le pays d'accueil ;
- d'obtenir des prestations sociales :

Exemple : amener son partenaire dans l'Etat hôte, si le droit national de l'Etat hôte traite les couples mariés et non mariés de manière égale.

Exemple : allocations de chômage. Toutefois, le travailleur doit répondre aux mêmes exigences que les ressortissants nationaux, par exemple, avoir travaillé une durée minimale de temps.

Quand est-ce qu'une discrimination se produit?

La discrimination directe sur la base de la nationalité est toujours interdite. La discrimination indirecte – par exemple, lorsque certaines conditions peuvent plus facilement être remplies par la population locale – peut être justifiée sous les quatre conditions de ce qu'on appelle la formule Gebhard. Les lois nationales doivent alors :

- être appliquées de manière non discriminatoire ;
- être justifiées par des raisons impérieuses d'intérêt général ;
- être aptes à la réalisation de l'objectif poursuivi ;
- être proportionnelles.

Exemple : le cas **Gröner** : On a refusé à Mme Gröner, de nationalité néerlandaise, une place d'apprenti dans un collège irlandais parce qu'elle avait échoué à un test oral en langue gaélique. Ce test a été effectué de la même manière pour les travailleurs locaux et étrangers. De toute évidence, les gens du pays étaient en mesure de passer le test plus facilement que les étrangers. Bien que ce cas montre une discrimination indirecte contre les travailleurs provenant d'autres Etats membres, l'Irlande a pu justifier son action en appliquant la formule Gebhard : Le test a été nécessaire dans l'intérêt général afin d'assurer l'objectif de la promotion de la langue gaélique.

<u>Quand un travailleur est-il autorisé à rester en permanence dans le pays d'accueil?</u>

- Un travailleur a le droit de rester en permanence dans le pays d'accueil s'il y a travaillé pendant cinq ans ou
- s'il atteint l'âge de la retraite de l'Etat hôte, après avoir travaillé dans cet Etat au moins douze mois **et** y avoir résidé pendant au moins trois ans sans interruption.

<u>Qui est considéré comme un membre de la famille?</u>

Les membres de la famille sont :

- le conjoint ;
- le partenaire d'un partenariat enregistré, à condition que l'État d'accueil reconnaisse de tels partenariats en tant qu'équivalents du mariage ;
- les descendants directs qui sont âgés de moins de vingt-et-un ans ou qui sont a charge du travailleur, du conjoint ou du partenaire ;

- les ascendants directs qui sont à charge du travailleur, du conjoint ou du partenaire ;
- tout autre membre de la famille qui est a charge ou fait partie du ménage du travailleur dans le pays de provenance, ou dont le travailleur doit s'occuper pour des raisons de santé graves.

Généralement parlant, les membres de famille ont les mêmes droits que les travailleurs. Cependant, si ces membres de famille ne sont pas citoyens de l'UE, ils ne peuvent rester plus longtemps que trois mois dans un Etat-membre, sauf s'ils ont un permis de séjour.

<u>Y a-t-il des restrictions?</u>

Les Etats membres peuvent proscrire aux travailleurs le droit à la libre circulation pour les raisons suivantes :

- ordre public ;
- sécurité et santé publique.

En outre, une restriction doit :

- être une mesure proportionnelle et
- répondre à une menace actuelle et réelle et suffisamment grave pour l'Etat hôte.

Exemple : le cas des **prostituées françaises** : L'entrée en Belgique a été refusée aux prostituées françaises pour des raisons d'ordre public, bien que la prostitution ne soit pas illégale en Belgique → il s'agit d'une mesure discriminatoire non proportionnelle.

2.2. La liberté d'établissement

Les citoyens européens ont le droit de constituer une entreprise sur le territoire d'un autre Etat membre dans les mêmes conditions que les nationaux.

<u>Qu'est-ce qu'une entreprise?</u>

Le CJCE a défini l'entreprise en tant qu'activité économique par une présence permanente (de l'indépendant ou de la société) dans un autre Etat membre pour une période indéfinie. Ceux qui travaillent à leur compte dirigent leur propre entreprise (concerne la liberté d'établissement) tandis que les travailleurs travaillent sous le contrôle d'un autre pour un salaire (concerne la libre circulation des travailleurs).

Développement qui pose problème : Des sociétés qui ont été établies dans un Etat membre veulent transférer l'entreprise dans un autre Etat membre à des fins fiscales (*voir ci-dessous, le droit des sociétés*).

<u>Quels sont les droits des travailleurs non salariés ressortissant d'un autre Etat membre?</u>

Les indépendants ont les mêmes droits que les travailleurs (*voir ci-dessus, Libre circulation des travailleurs*).

<u>Comment sont traitées les différentes exigences en matière de qualification?</u>

Dans presque tous les pays il existe des exigences de qualifications différentes pour l'exercice d'une activité indépendante. Bien qu'une série de lois sur l'harmonisation aient été adoptées, l'harmonisation des lois nationales n'a été réalisée que pour quelques groupes professionnels, ce processus étant trop complexe. Dans une seconde tentative, on a érigé le système de ce que l'on appelle la reconnaissance mutuelle. Celle-ci stipule que :

- Le pays d'accueil doit reconnaître les qualifications d'un indépendant, si elles répondent aux exigences de qualification du pays hôte.
- Le pays d'accueil doit expliquer sa décision s'il estime que les exigences de qualification ne sont pas équivalentes.

- L'Etat d'accueil a le droit d'exiger des conditions supplémentaires pour les groupes professionnels (telles que des examens complémentaires pour les avocats) lorsque les exigences sont compatibles en partie.

Y a-t-il des restrictions?

(*voir ci-dessus, Libre circulation des travailleurs*).

Exemple : Un café néerlandais ne peut exercer son activité en Allemagne, parce que la consommation de marijuana est permise dans de tels établissements, ce qui constitue une violation du droit allemand.

3. La liberté de prestation de services

Quelle est la différence entre la liberté d'établissement et la liberté de prestation de services?

- Le concept d'établissement implique l'établissement d'une présence permanente dans le pays d'accueil.
- Le terme « service » comprend l'exercice d'une activité économique pour un temps limité, sans présence permanente dans le pays d'accueil (un élément transfrontalier et un élément temporel sont prescrits).

La liberté de prestation de services est très importante aujourd'hui car une grande partie de la production économique est réalisée dans le secteur des services (par exemple les télécommunications, les soins médicaux, etc.).

Les services sont fournis en contrepartie de ce que l'on appelle une rémunération.

Exemple : Les opérateurs de télévision par câble récoltent l'argent provenant des tarifs et des recettes publicitaires, tandis qu'un musicien ambulant ne reçoit aucune rémunération, puisque ses revenus ne sont pas réguliers.

Quels sont les droits des prestataires de services?

Un prestataire de services n'a pas de droit de séjour ni de résidence dans le pays hôte. En revanche, il a le droit de quitter son Etat d'origine et d'entrer dans l'Etat hôte.

Comment l'élément transfrontalière peut-elle être réalisée ?

- de manière active : Le prestataire de services franchit la frontière (par exemple, un avocat français participe à un procès en Allemagne) ;
- de manière passive : Le destinataire des services traverse la frontière (par exemple, un touriste allemand qui passe ses vacances dans un hôtel en France) ;
- le service traverse la frontière (par exemple, les services d'une entreprise de radiodiffusion).

Quand y a-t-il discrimination?

La discrimination sur la base de la nationalité est toujours illégale. Si une loi, bien que n'étant pas directement discriminatoire, est indirectement discriminatoire, elle peut être justifiée en vertu de la formule Gebhard (*voir ci-dessus : Libre circulation des travailleurs*).

Comment la prestation de services a-t-elle lieu dans le domaine social?

Exemple : Une assurance maladie allemande doit-elle financer un traitement médical en Autriche? Ce genre de cas exige toujours un examen : Si un traitement équivalent est disponible en Allemagne dans un temps opportun et si de plus il y a un contrat avec une caisse d'assurance maladie en Allemagne, la caisse d'assurance maladie allemande n'est pas obligée de financer le traitement en Autriche.

Y a-t-il des restrictions?

(*voir ci-dessus, la libre circulation des travailleurs*)

Qualifications professionnels différentes :

Exemple : le système de reconnaissance pour avocats : Si un avocat est pleinement qualifié comme telle dans son pays de provenance, il peut exercer cette activité de façon temporaire dans un autre Etat membre.

La directive « services » :

La proposition de la Commission d'établir une directive « services » a suscité de vifs débats entre les Etats membres. C'est surtout sur le **principe du pays d'origine** que les critiques sont montés au créneau. Selon ce principe, les plombiers polonais, par exemple, pourraient offrir leurs services au Royaume-Uni dans les conditions de la législation polonaise, avec toutes les conséquences négatives qui en découlent, comme le dumping salarial et social. Depuis que le Conseil et le Parlement ont amendé la proposition de la Commission, le principe du pays d'origine n'est plus mentionné explicitement, mais il est toujours valable. Toutefois, les domaines suivants en sont exclus :

- la santé publique ;
- les services juridiques et sociaux ;
- les agences de travail temporaire ;
- le secteur financier, etc.

La directive « services » doit être transposée par les Etats membres d'ici fin décembre 2009.

4. La libre circulation des capitaux

Le concept de libre circulation des capitaux comprend deux libertés :

- la liberté de circulation des capitaux, et
- la libre circulation des paiements

Afin de garantir ces deux libertés, les restrictions sur les transactions financières entre les Etats et la libre circulation des capitaux doivent être interdites. La libre circulation des paiements se rapporte à d'autres libertés, comme la libre circulation des travailleurs ou la liberté d'établissement. Les Etats membres ne doivent pas nuire à ces libertés par l'interdiction des paiements transfrontaliers de salaires ou de profits.

Toutefois, il n'est pas toujours facile (en raison des nombreux chevauchements) de voir quelles libertés sont effectivement atteints par une restriction :

- Il s'agit de la libre circulation des capitaux (par exemple, dans le cas d'investissements de portefeuille) lorsqu'il n'y a pas de présence permanente dans le pays hôte.
- Il s'agit de la liberté d'établissement lorsqu'un investissement est lié à une présence permanente dans le pays hôte.

Y a-t-il des restrictions?

(*voir ci-dessus : la libre circulation des travailleurs*)

Exemple : des mesures contre le blanchiment d'argent ou l'argent de la drogue.

Y a-t-il des obstacles?

En pratique, les obstacles à la libre circulation des capitaux sont courants dans les législations fiscales nationales, afin d'attirer les investisseurs ou de garder le capital dans l'Etat d'origine.

Exemple : Les cas « **golden share** » (où les industries nationales clé doivent être protégées, *voir aussi ci-dessous, le doit des sociétés*) :

La société énergétique espagnole Elektra a voulu acquérir 25% des actions de la société française ELF. L'achat n'a pas été concrétisé, car le droit français exigeait l'approbation du ministre français de l'économie pour une acquisition d'actions supérieure à 20%, et un tel consentement du ministre n'a pas eu lieu, à cause de la menace à l'approvisionnement énergétique national qu'une telle vente représenterait. Bien que la CJCE ait accepté la justification française sur la base de l'intérêt public, elle a aussi noté que l'exigence de l'approbation ministérielle n'était pas proportionnelle. Premièrement, la loi française ne précisait pas quand exactement le ministre peut refuser de donner son accord pour une vente et, deuxièmement, aucun moyen de recours contre la décision du ministre n'était prévu. Par conséquent, la France n'a pu empêcher l'achat.

V. Excursus : Droit européen de la concurrence et droit des sociétés

1. Droit européen de la concurrence

Comme nous l'avons vu, les principaux objectifs de la Communauté étaient d'établir un marché commun en supprimant les obstacles au commerce, d'introduire les quatre libertés fondamentales et d'harmoniser les politiques juridiques. En outre, il est important de veiller à ce que la concurrence au sein du marché intérieur ne soit pas faussée.

Pour développer un droit de la concurrence juste, deux mesures sont nécessaires :

- l'interdiction des cartels ;
- l'interdiction des pratiques abusives.

1.1. L'interdiction des ententes anticoncurrentielles et d'autres pratiques restrictives (article 81 du traité CE)

L'article 81 (1) interdit «tous accords entre entreprises, toutes décisions d'associations d'entreprises et toutes pratiques concertées, qui sont susceptibles d'affecter le commerce entre Etats membres et qui ont pour objet ou pour effet d'empêcher, de restreindre ou de fausser le jeu de la concurrence à l'intérieur du marché commun.».

<u>Qu'est-ce qu'un cartel?</u>

Selon l'article 81, quatre conditions doivent être remplies pour constituer un délit antitrust (cartel) :

- l'existence d'un accord ou d'une pratique concertée entre au moins deux entrepreneurs.
- l'accord doit être susceptible d'affecter le commerce entre Etats membres ;
- l'accord doit avoir pour objet ou pour effet de restreindre ou de fausser le jeu de la concurrence dans la Communauté (accords qui *fixent les prix, limitent ou contrôlent la production ou répartissent les marchés*, etc.) ;
- l'accord doit avoir un effet sur le commerce dans toute l'Europe, à savoir, être sensible (règle de minimis au moins 10% du marché doivent être touches.

Qu'est-ce qu'une entreprise?

Une entreprise peut être un particulier ou une société multinationale. Les deux doivent avoir la capacité de mener une activité économique.

Qu'est-ce qu'une association d'entreprises?

Une association d'entreprises peut formuler des recommandations ou prendre des décisions. Celles-ci peuvent être des outils efficaces pour limiter la concurrence.

Qu'est-ce qu'un accord?

De même que pour la notion d'entreprise, l'accord est compris dans un sens très large. Les types d'accord suivants sont à mentionner :

- des accords formels (comme les contrats) et d'arrangements informels (par exemple, un « gentleman's agreement ») ;
- des accords verticaux (par exemple, entre un fabricant et un fournisseur) et des accords horizontaux (entre producteurs).

Qu'est-ce qu'une pratique concertée?

Une pratique concertée est une forme de coopération entre les entreprises où le niveau d'un accord n'est pas atteint.

Accords qui affectent le commerce entre Etats membres :

En principe, il doit être prévisible qu'un accord affecte le commerce entre Etats membres.

En conséquence, les accords suivants tombent dans le champ d'application de l'article 81 :

- accords qui ont pour **objet** de fausser le jeu de la concurrence, ou
- accords qui ont pour **effet** de fausser le jeu de la concurrence.

L'objet et l'effet d'un accord doivent donc être examinés séparément :

- Les accords dont l'objet est anticoncurrentiel constituent dans tous les cas une violation de l'article 81 (par exemple, des entreprises agissent de façon convenue pour accroître leurs profits. Dans un tel cas, il est même interdit aux parties de parler les unes aux autres, bien qu'il soit difficile de prouver qu'une communication a eu lieu).

- Dans le cas d'accords dont l'objet n'est pas anticoncurrentiel, leur effet doit être examiné (par exemple, si l'objet d'un tel accord est de mettre au point de meilleurs produits, l'intention des entreprises n'est pas nécessairement mauvaise, bien que dans ce cas également l'accord puisse mener à la formation d'un cartel, dont il serait encore plus difficile de prouver l'existence).

Les conséquences juridiques d'une violation de l'article 81 :

Les accords interdits en vertu de l'article 81 ne sont pas valables, sauf dans le cas d'une exemption.

L'exemption de l'interdiction de cartels :

Comme nous l'avons vu, certains accords ne relèvent pas du champ d'application de l'article 81) (règle des minimis). En outre, d'autres accords sont exemptés car ils ont des effets positifs sur la commerce :

- accords qui contribuent à améliorer la production ou la distribution des produits ou à promouvoir le progrès technique ou économique ;
- accords qui réservent aux utilisateurs une partie équitable du profit qui en résulte (par exemple, dans le domaine des transports : Les consommateurs obtiennent une partie équitable des bénéfices dans la mesure où ils peuvent utiliser les transports publics.).

En outre, les accords exemptés ne doivent pas :

- imposer aux entreprises intéressées des restrictions qui ne sont pas indispensables pour atteindre ces objectifs;
- donner au cartel la possibilité d'éliminer la concurrence pour une partie substantielle des produits en cause.

L'application de l'article 81 :

La compétence d'exécution de l'article 81 est partagée entre la Commission, les autorités nationales de concurrence et les tribunaux, et comprend aussi le pouvoir d'infliger des amendes.

1.2. L'abus d'une position dominante sur le marché (article 82 du traité CE)

Le commerce peut être affecté non seulement par des accords anti-concurrentiels et d'autres pratiques restrictives, mais aussi par l'abus d'une position dominante sur le marché. Dans ce contexte, la position dominante n'est pas illégale en soi – c'est son abus qui est illégal.

<u>Qu'est-ce qu'une position dominante sur le marché?</u>

Pour pouvoir évaluer le concept de position dominante, il faut d'abord analyser ce que l'on appelle le marché en cause et clarifier les questions suivantes :

- Est-ce que la demande est substituable, c.-à-d. est-ce que le produit est interchangeable ?

Prenons l'exemple du cas **United Brands :** La Commission a décidé que le marché en cause, un grossiste pour la vente de bananes, était les bananes. L'entreprise United Brands a objecté que le marché en cause était les fruits en général et qu'une augmentation du prix des bananes aurait comme résultat le choix d'autres fruits par les consommateurs. Selon la décision de la CJCE, cependant, le marché en cause est celui des bananes, de nombreux consommateurs de bananes ne pouvant passer à des fruits durs (par exemple, les personnes qui n'ont pas de dents, les personnes âgées et les très jeunes).

- Est-ce qu'il y a un autre prestataire dans l'environ ou les consommateurs peuvent échapper dans le cas d'une hausse des prix?
- Est-ce que l'offre est substituable, c.-à-d. est-ce qu'un entrepreneur peut facilement entrer dans le marché?
- Est-ce que la substituabilité des produits est saisonnière (par exemple, est-ce qu'en été, les bananes subissent une concurrence accrue des agrumes)?

Une fois le marché en cause défini, il faut vérifier si une entreprise est effectivement dominante sur ce marché. Une position dominante sur un marché est définie comme une situation de puissance économique qui permet à une entreprise d'empêcher une concurrence effective sur le marché en cause, ou une situation où l'entreprise se comporte sur le marché sans tenir compte de ses partenaires (les concurrents, les consommateurs – plus la part de marché est grande [supérieure à 50%], plus il y a une probabilité de position dominante.).

Comme nous l'avons mentionné, les structures du marché doivent être prises en compte (soit : une entreprise avec une part de marché de 40% peut être considérée comme dominante, si le concurrent le plus grand ne détient qu'une part de marché de 10%.). D'autres facteurs doivent aussi être considérés (par exemple, une entreprise a une part de marché élevée, mais il est relativement facile de participer à ce marché; une entreprise a une part de marché faible, mais il est difficile – par exemple, en raison des coûts d'investissement élevés – de participer à ce marché.).

Qu'est ce qui est considéré comme abus d'une position dominante sur le marché?

Occuper une position dominante sur un marché ne suffit pas à constituer une infraction contre les règles antitrust. Ce n'est que lorsqu'une entreprise exploite de manière abusive sa position dominante qu'il y a violation de l'article 82 du traité CE. Les exemples suivants montrent des comportements abusifs :

- refuser un licence, si cela empêche l'émergence d'un nouveau produit (ex : Microsoft) ;
- « predatory pricing » (une stratégie pour l'élimination des concurrents, selon laquelle les prix sont d'abord diminués, puis augmentés) ;
- lier des clients et des fournisseurs (par exemple, par moyen des remises) ;
- fixer des prix gonflés ;
- réduire l'offre pour ensuite hausser les prix ;
- discriminer entre partenaires commerciaux (par exemple, donner la préférence aux clients fideles).

Y a-t-il une possibilité d'exemption?

Il n'y a pas d'exemptions.

L'application de l'article 82 :

La Commission a la compétence de mener des enquêtes et faire appliquer les règlements avec l'aide des autorités nationales.

Fusions et acquisitions :

Les fusions et acquisitions d'entreprises ayant une dimension européenne doivent être signalées à la Commission si elles ont un chiffre d'affaires global de 5 milliards d'euros et un chiffre d'affaires dans la Communauté de 250 millions d'euros.

2. Droit européen des sociétés

Les acteurs du marché commun sont principalement des entrepreneurs et sont presque tous organisés en sociétés. En conséquence, le droit communautaire doit veiller à ce que, par exemple, un citoyen allemand puisse créer ou participer à une société en France dans les mêmes conditions qu'un citoyen français. En outre, la société elle-même doit être protégée par les quatre libertés, notamment par la liberté d'établissement et la liberté de prestation de service.

Une entreprise doit aussi avoir le droit de créer des filiales et des succursales. Les droits nationaux des sociétés sont très différents les uns des autres. Par conséquent, afin de constituer un droit européen des sociétés, les droits nationaux des sociétés doivent être harmonisés. Un tel rapprochement, qui mène aussi à l'établissement de normes minimales, est d'ailleurs approprié pour prévenir ce que l'on appelle l'effet « Delaware ». Selon cet effet, les sociétés choisissent le pays dont le système juridique est le plus propice, ce qui amène d'autres pays à adapter leurs lois vers le bas (« race to the bottom »). Outre une harmonisation des droits nationaux, deux mesures supplémentaires sont nécessaires pour créer un droit européen des sociétés :

- Les réglementations limitant la mobilité transnationale doivent être éliminées (le transfert de siège et la fusion transfrontalière doivent être rendus possibles) et
- des entreprises européennes doivent être établies.

2.1. Les bases juridiques du droit européen des sociétés

En ce qui concerne le droit communautaire primaire, les contrats prévoient les bases juridiques suivantes :

- l'article 43 du Traité CE (liberté d'établissement) ;
- l'article 56 du Traité CE (libre circulation des capitaux) ;
- l'article 294 du Traité CE (selon lequel chaque citoyen de la Communauté a le droit de participer aux sociétés dans les mêmes conditions que les nationaux) ;
- l'article 293 du Traité CE (concerne la conclusion d'accords internationaux). Toutefois, jusqu'à présent, aucun accord en ce sens n'est entré en vigueur ;
- l'article 308 du Traité CE (crée la base juridique pour prendre les dispositions concernant le droit des sociétés, *voir ci-dessous*) ;
- l'article 12 du traité CE (contient une interdiction générale de discrimination).

En termes de droit communautaire dérivé, les principes suivants doivent être mentionnés :

- les **directives** (harmonisent les droits nationaux des sociétés, *voir ci-dessous, l'harmonisation des droits nationaux des sociétés*) ;
- les **règlements** (permettent à la Communauté de mettre en place ses propres sociétés européennes supranationales) ;
- les **recommandations** (représentent l'étape précédant l'acte juridique contraignant.

2.2. Les sociétés européennes

Actuellement, il y a trois formes de société européenne :
- Le Groupement européen d'intérêt économique (GEIE) ;
- La Société européenne (Societas Europaea) ;
- La Société coopérative européenne (Societas Cooperativa Europaea).

2.2.1. Le Groupement européen d'intérêt économique (GEIE)

La nature juridique du GEIE :
- Le GEIE a la capacité d'avoir des droits et des obligations.
- Il peut être débiteur et créancier et a la pleine capacité juridique.

- Les Etats membres sont libres de choisir si le GEIE a une personnalité juridique proprement dite, c'est-à-dire, est une vraie personne morale, ou uniquement une personne capable de droits partiels. Par exemple, la France a introduit une vraie personne morale, tandis que l'Autriche a opté pour une société capable de droits partiels.

La structure du GEIE :
- Le GEIE permet aux entreprises de coopérer par-delà les frontières (par exemple, dans les domaines de la distribution et de recherches conjointes). Bien que le profit ne soit pas expressément interdit, le GEIE n'a pas pour but de générer des profits.
- Un GEIE ne peut employer plus de 500 personnes.
- Il ne doit pas exercer de fonction de groupe ou de holding.
- Un GEIE ne peut pas être membre d'un autre GEIE.

La création et l'immatriculation d'un GEIE :
Deux conditions doivent être remplies pour la création d'un GEIE :
- un contrat de groupement ;
- l'immatriculation dans le registre national de l'Etat membre où le GEIE a son siège.

Le siège doit se situer dans la Communauté, soit dans l'Etat membre où se trouve l'administration centrale, soit dans l'Etat membre où l'un des partenaires a son siège. Dans ce dernier cas, le GEIE doit y exercer ses activités principales. Des succursales peuvent être créées et immatriculées dans d'autres Etats membres (liberté d'établissement secondaire, *voir ci-dessous, les libertés fondamentales et le droit des sociétés*).

Les membres d'un GEIE :
Un GEIE peut être constitué par :
- des personnes physiques, à condition qu'elles exercent des activités d'entreprise ;
- des personnes morales et d'autres sociétés (mais pas d'autres GEIE).

Les membres d'un GEIE doivent compter au moins deux membres venant d'Etats membres différents. Comme nous l'avons vu plus haut, les personnes physiques doivent s'immatriculer dans l'Etat dans lequel l'un des partenaires a son siège, à condition que le GEIE y développe son activité principale. Les sociétés doivent être immatriculées dans l'Etat membre dans lequel est située leur administration centrale.

Le transfert de siège du GEIE :

Généralement parlant, il est possible de transférer le siège d'un GEIE d'un Etat membre à un autre (la liberté primaire d'établissement, *voir ci-dessous, les libertés fondamentales et le droit des sociétés*). Toutefois, l'autorité nationale compétente de l'Etat du siège original peut opposer un transfert de siège pour des raisons d'intérêt public. Les créanciers d'un GEIE n'ont pas ce droit d'opposition, mais ils doivent être informés d'un transfert de siège en temps utile pour qu'ils puissent faire valoir leurs droits.

Les organes du GEIE :

Le GEIE a au moins deux organes :

- l'ensemble des membres ;
- le gérant, qui représente le GEIE et est responsable de ses actes.

Les membres agissant collégialement prennent des décisions et peuvent donner des instructions au gérant.

Responsabilité des membres :

- Les membres sont responsables de façon personnelle et illimitée des dettes du GEIE, bien qu'un créancier doive d'abord faire valoir ses revendications à l'encontre du GEIE. Si le GEIE ne paie pas, cependant, les membres peuvent être poursuivis.
- Un membre qui entre dans un GEIE plus tard est responsable des anciennes dettes de la société. Toutefois, une telle responsabilité peut être écartée si ceci est inscrit dans le registre.
- La responsabilité des membres qui cessent de faire partie du groupement est limitée à cinq ans.

<u>Cession, admission, cessation de participation dans le groupement :</u>
- Toute cession de participation dans le groupement requiert le consentement des autres membres, et ce consentement ne peut être accordé au préalable dans le contrat du GEIE.
- L'admission de nouveaux membres requiert également le consentement des autres membres. Dans ce cas également, le consentement ne peut pas être accordé préalablement dans le contrat de GEIE.
- Les membres qui cessent de faire partie du groupement (par décès, exclusion, etc.) ont des droits dont la valeur est déterminée sur la base du patrimoine actuel du groupement et ils sont obligés de compenser les pertes.

<u>La dissolution d'un GEIE :</u>
C'est aux membres ou aux juridictions nationales de se prononcer sur une dissolution.

<u>La comptabilité</u>
Les Etats membres peuvent décider librement des dispositions relatives à l'information financière dans leur législation nationale.

<u>La fiscalité d'un GEIE</u>
Les gains et pertes sont imposables exclusivement auprès des membres.

<u>La signification pratique du GEIE :</u>
En raison de son champ d'application limité, le GEIE n'a pas remporté de succès très important. La plupart des GEIE ont été fondés par des avocats et des indépendants.

2.2.2. La Société européenne (Societas Europaea)

<u>La signification fondamentale de la société européenne (SE) :</u>
Le SE a été créé pour les grandes entreprises multinationales qui travaillent dans toute l'Europe. Sa base juridique (règlement) étant formulée en termes très généraux, elle demande à être largement complétée par le droit national, ce qui a limité le caractère supranational de la SE.

Constitution de la SE :

Quatre modes de constitution d'une SE, en tant que personne morale, sont prévus :

- La **fusion de sociétés anonymes nationales** dont les sièges doivent être dans un Etat membre. Au moins deux des sociétés anonymes nationales doivent être soumises au droit des Etats membres différents.
- **La création d'une SE holding**, composée de sociétés de capitaux. Au moins deux des sociétés doivent être soumises au droit des Etats membres différents, ou la société doit avoir une filiale ou une succursale soumise au droit d'un autre Etat membre depuis au moins deux ans.
- La **création d'une SE sous forme de filiale commune**, par des personnes morales du droit public ou privé (et d'autres sociétés citées à l'article 48 (2) du Traité CE). Cette mode de constitution ne se limite pas à un certain type de société, mais les mêmes conditions doivent être remplies que dans le cas des SE holding.
- La **transformation d'une société anonyme en SE**, à condition que la société anonyme ait une filiale depuis au moins deux ans (une succursale ne suffit pas dans se cas).

Siège de la SE:

La SE a son siège statuaire sur le territoire d'un Etat membre, et soit dans le même État membre que son administration centrale (Article 7, Règlement 2157/2001).

Transfert de siège

Le transfert du siège statuaire de la SE est permis sans qu'il soit nécessaire de la dissoudre et la créer a nouveau.
Toutefois, le siège de l'administration centrale et le siège statuaire doivent être transférés ensemble. En outre, les autorités nationales compétentes ont un droit d'opposition contre un transfert de siège pour des raisons d'intérêt public.

Capital de la SE :
La SE doit avoir un capital souscrit minimal de 120 000 euros. La responsabilité des actionnaires est limitée à ce montant.

Organes de la SE :
Les États membres sont en droit d'établir un système moniste ou dualiste. Dans le système anglo-saxon moniste, il n'y a qu'un organe d'administration (« board of directors »), tandis que dans le système dualiste, répandu dans les pays de langue allemande, il y a un organe de direction et un organe de surveillance. L'organe de direction se compose des directeurs gérants, l'organe de surveillance est formé par des experts et des représentants des travailleurs.

Dispositions communes aux systèmes monistes et dualistes :
- Les membres des organes sont nommés pour six ans.
- Les sociétés et autres personnes morales peuvent être membres des organes.
- Tous les membres des organes ont un devoir de discrétion.
- Les décisions sont prises à la majorité simple, avec la présence d'au moins la moitié des membres.
- En cas de partage des votes, la voix du président est prépondérante, si non pas réglé autrement dans les statuts.
- Un Etat membre peut déterminer les catégories d'opération donnant lieu à approbation expresse qui doivent figurer dans les statuts des SE immatriculées sur son territoire.
- La responsabilité des organes correspond à celle des organes de sociétés anonymes du pays où la SE a son siège (une responsabilité plus élevée ou plus faible n'est pas autorisée).

Dispositions relatives au système dualiste :
- Les membres de l'organe de direction sont responsables de la gestion de la SE.
- Le nombre des membres est fixé par les statuts de la SE.
- Les membres sont nommés et révoqués par le conseil de surveillance.
- Un directeur général peut être nommé.
- L'organe de surveillance contrôle les activités de l'organe de direction. L'organe de direction informe le conseil de surveillance au moins tous les trois mois de la marche des affaires de la SE.

- Les membres de l'organe de surveillance sont nommés par l'assemblée générale. L'organe de surveillance élit un président.

Dispositions relatives au système moniste :
- Les membres sont nommés par l'assemblée générale.
- Un directeur général peut être nommé.
- L'organe d'administration se réunit au moins tous les trois mois pour délibérer de la marche des affaires de la SE.
- Si la moitié des membres ont été désignés par les employés, le président doit être un membre désigné par l'assemblé général des actionnaires.

Les particularités de l'assemblée générale :
- L'organisation et le déroulement de l'assemblée générale ainsi que les procédures de vote sont régis par la loi nationale.
- Toutefois, l'assemblée générale a lieu au moins une fois par année civile, dans les six mois de la clôture de l'exercice.
- En outre, un ou plusieurs actionnaires disposant ensemble d'actions représentant 10% au moins du capital peuvent convoquer une assemblée générale.
- Les décisions sont prises à la majorité simple, à moins que les statuts ou la loi nationale ne requièrent une majorité plus élevée.

La participation des salariés ;

Dans ce domaine, les lois nationales sont très différentes les unes des autres. Dans certains Etats membres de telles règles n'existent pas. Le débat entre les Etats membres sur cette question a donc été très animé. Enfin, ils ont convenu de la création d'un « Comité de conciliation », qui doit être établi par les entreprises constituant le SE. La tâche d'un tel comité est de négocier la participation des représentants des salariés à la SE, avec l'organe du SE correspondant.

Les comptes annuels :

En ce qui concerne l'établissement de ses comptes annuels, la SE est assujettie aux règles de la loi nationale.

La transformation d'une SE :

- La SE peut se transformer au plus tôt au bout de deux ans en société anonyme relevant du droit de l'Etat membre de son siège statuaire (à savoir, sans dissolution ni création d'une personne morale nouvelle).
- En ce qui concerne la restructuration, la SE peut faire l'objet de fusions, de scissions et de transformations à l'intérieur d'un pays ou entre plusieurs pays. Les scissions pour la création d'une nouvelle SE, cependant, sont exclues.

La signification pratique de la SE :

Dans toute l'Europe, environ 240 SE ont été crées – la majorité d'entre elles selon le système moniste.

2.2.3. La Société coopérative Européenne (Societas Cooperativa Europaea)

Les règles relatives à la Société Coopérative Européenne (SCE) correspondent essentiellement à celles de la société européenne.

2.2.4. La Société privée européenne (Societas Privata Europaea)

Afin d'aider les petites et moyennes entreprises en Europe, la mise en place d'une Société privée européenne (SPE) fait actuellement l'objet de discussions au PE. Le SPE aura les caractéristiques suivantes :

- contrairement à ce qui est le cas pour la SE et le GEIE, la création d'une SPE ne demande aucune élément transfrontalier ;
- il n'y a aucune restriction sur les formes de constitution (par opposition aux quatre formes de constitution d'une SE) ;
- le siège de l'administration centrale et le siège statutaire peuvent se trouver dans des Etats membres différents ;
- un transfert de siège est prévu ;
- le droit national ne complète pas les statuts que dans des cas limités ;
- la constitution de la SPE ne fait l'objet d'aucune restriction ;
- le capital minimum requis est d'1 euro!

2.3. L'harmonisation des droits nationaux des sociétés

Comme nous l'avons dit, l'harmonisation des droits nationaux des sociétés (par les directives) doit créer des normes minimales ainsi que des conditions de concurrence équitables. Jusqu'à présent, les directives suivantes ont été adoptées :

Directive sur la publicité :

- La directive s'applique aux sociétés anonymes ainsi qu'aux sociétés à responsabilité limitée.
- La directive régit la publicité dans un registre, la validité des engagements de la société et le contrôle de la constitution.

Directive sur le capital :

- La directive s'applique aux sociétés anonymes.
- La directive régit la constitution des sociétés anonymes, les exigences minimales en capitaux propres, le maintien, l'augmentation et la réduction de leur capital, et l'égalité de traitement des actionnaires.

Directive sur les fusions :

- La directive s'applique aux sociétés anonymes.
- La directive régit les fusions par absorption d'une ou plusieurs sociétés par une autre ou par la constitution d'une nouvelle société. La fusion de deux sociétés à responsabilité limitée est exclue du champ de la directive.

Directive sur les comptes annuels :

- La directive s'applique aux sociétés de capitaux.
- La directive régit l'obligation de l'organe d'administration, de direction et de surveillance quant à la préparation et la publication des comptes annuels.

Directive sur les scissions :

- La directive s'applique aux sociétés anonymes.

- La directive régit la scission pour la constitution de nouvelles sociétés ainsi que la scission par absorption. Toutefois, les Etats membres ne sont pas obligés d'introduire ces types de sociétés.

Directive sur les comptes consolidés :
- La directive s'applique aux sociétés de capitaux.

Directive sur les contrôles légaux des comptes :
- La directive régit les exigences de qualité des contrôleurs des comptes.

Directive sur les succursales :
- La directive s'applique aux sociétés anonymes ainsi qu'aux sociétés à responsabilité limitée.
- La directive régit la création de succursales (succursales d'entreprises de l'UE ainsi que de sociétés de pays tiers).

Directive sur la société à responsabilité limitée à un seul associé :
- Les Etats membres sont tenus d'agréer cette forme de société.

Directive sur les acquisitions :
- La directive s'applique aux sociétés anonymes cotées en bourse.
- La directive règle l'égalité de traitement pour tous les détenteurs de titres de la société visée, le retrait obligatoire d'actionnaires minoritaires (« squeeze out ») et le droit de rachat obligatoire (« sell out »).

Directive sur les fusions transfrontalières des sociétés de capitaux :
- La directive s'applique aux sociétés de capitaux (sociétés anonymes, sociétés à responsabilité limitée, coopératives).
- Les Etats membres sont tenus d'agréer les fusions transfrontalières de sociétés de capitaux.

Directive sur les droits des actionnaires :

- La directive s'applique aux sociétés anonymes cotées en bourse.
- La directive renforce les droits démocratiques des actionnaires, en leur donnant, par exemple, la possibilité de voter par écrit.

2.4. Les libertés fondamentales et le droit des sociétés

2.4.1. La liberté d'établissement

La liberté d'établissement primaire :

La liberté d'établissement primaire comprend la création et la gestion de sociétés (un Etat membre ne peut ni interdire à des citoyens d'un autre Etat membre de créer une société, ni agir de façon discriminatoire envers eux en raison de leur nationalité. La liberté d'établissement s'applique aux personnes physiques et ainsi qu'à la société elle-même (personnes morales de droit public ou privé, qui poursuivent un but lucratif).

La liberté d'établissement secondaire :

L'article 43 (1) TCE permet la création d'agences, de filiales et de succursales. Ce droit est appelé liberté d'établissement secondaire.

Le lien de rattachement à un Etat membre :

L'article 48 (1) TCE : *« Les sociétés constituées en conformité avec la législation d'un Etat membre et ayant leur siège statutaire, leur administration centrale ou leur principal établissement à l'intérieur de la Communauté sont assimilées, pour l'application des dispositions du présent chapitre, aux personnes physiques ressortissantes des Etats membres. »*

Selon l'article 48, donc, une société doit :

- être constituée en conformité avec la législation d'un Etat membre et
- avoir son siège statutaire, son administration centrale ou son principal établissement dans la Communauté.

Cet article a provoqué de vifs débats :

- D'un point de vue, seul un des critères ci-dessus (le siège statutaire, l'administration centrale ou le principal établissement de l'entreprise) doit être respecté. Cela signifie qu'une société enregistrée au

Royaume-Uni ayant son administration centrale en Autriche devrait être acceptée par les autorités autrichiennes compétentes.

- D'un autre point de vue, les Etats membres peuvent décider s'ils veulent s'attacher au siège de l'administration centrale (Autriche) ou au siège statuaire (GB). Cela signifie qu'une société enregistrée au Royaume Uni ayant son administration centrale en Autriche ne devrait pas être acceptée par les autorités autrichiennes compétentes, car la société doit être immatriculée en Autriche pour être reconnue en tant société sous le droit autrichien.

Les arrêts les plus importants de la CJCE :

- **Daily Mail (1988)** : « Daily Mail plc » était immatriculé en GB et voulait transférer le siège de son administration centrale (et donc son siège fiscal selon le droit britannique) aux Pays-Bas. Selon la législation fiscale britannique, un transfert du siège exige l'autorisation du trésor britannique. Cette autorisation a été refusée. Selon la décision de la CJCE, les Etats membres sont libres de décider d'un transfert de siège et donc un refus ne peut être vu comme une violation de la liberté d'établissement en l'état actuel du droit communautaire. Cette décision a constitué une entrave à la liberté d'établissement des entreprises.

- **Centros (1999)** : un couple danois a immatriculé une « private limited company by shares » au Royaume-Uni, avec l'intention d'exercer son activité commerciale exclusivement au Danemark par l'intermédiaire d'une succursale. Les autorités danoises ont refusé d'inscrire la succursale pour des raisons de contournement de la législation nationale. Selon la décision de la CJCE, l'immatriculation d'une succursale ne peut être refusée, même si la société n'exerce aucune activité commerciale au Royaume-Uni (cette décision permet la création de sociétés « boîtes aux lettres »).

- **Überseering (1999)** : La société de capitaux, Überseering, était immatriculée aux Pays-Bas et a établi le siège de son administration centrale en Allemagne. Au cours d'un procès en parce que la société était immatriculée aux Pays-Bas. D'après la décision de la CJCE, cela constitue une violation de la liberté d'établissement.

- **Inspire Art (2003)** : Selon cet arrêt de la CJCE, les Pays-Bas n'étaient pas autorisé à adopter des règlements qui traitent ce que l'on appelle les sociétés étrangères de pure forme (c'est-à-dire les sociétés qui sont immatriculées dans un autre État membre et exercent leurs activités commerciales exclusivement aux Pays-Bas par l'intermédiaire d'une succursale) moins bien que les entreprises nationales (par exemple, par rapport à une responsabilité plus stricte).

La conséquence de ces trois décisions est que les sociétés peuvent être créées dans les Etats membres qui fournissent les meilleures conditions (par exemple, le plus bas capital minimum) et peuvent développer leurs activités commerciales exclusivement dans d'autres Etats membres par l'intermédiaire de succursales. En outre, de telles sociétés sont en possession de la pleine capacité d'ester en justice et ne doivent pas être traitées de façon discriminatoire par rapport aux entreprises nationales. Cela a conduit à un accroissement des activités de « private limited companies » britanniques en Allemagne.

- **Sevic System (2005)** : La société Sevic System, établie en Allemagne, a conclu un accord de fusion avec une société établie au Luxembourg. Les autorités allemandes ont refusé cette fusion transfrontalière, au motif qu'une fusion sans dissolution préalable de la société n'était prévue que pour les sociétés ayant leur siège en Allemagne. Selon la décision de la CJCE, cela constitue une violation de la liberté d'établissement.

- **Cartesio (2006)** : L'arrêt Cartesio représente un autre échec (après l'arrêt Daily Mail). Cartesio, une société en commandite hongroise, souhaitait transférer le siège de son administration centrale de Hongrie en Italie, tout en maintenant son siège statuaire. Les autorités hongroises l'ont refusé, exigeant une dissolution préalable de la société. Selon la décision de la CJCE, les Etats membres peuvent décider du transfert du siège d'une société (il n'y a pas violation de la liberté d'établissement si les autorités nationales ne permettent pas à une société de transférer son siège sans dissolution préalable). Toutefois, la CJCE a aussi précisé qu'un Etat membre (dans ce cas, la Hongrie) ne peut empêcher une société de se convertir en une société de l'Etat cible (en l'occurrence l'Italie), si le droit de l'État cible prévoit une telle conversion.

2.4.2. La libre circulation des capitaux

Comme nous l'avons cité plus haut (*voir la libre circulation des capitaux*), les Etats membres sont enclins à protéger leurs industries clés par ce qu'on appelle les droits exclusifs.

Citons l'exemple de **l'affaire Volkswagen** : Selon la décision de la CJCE, la « loi Volkswagen » constitue une violation de la libre circulation des capitaux pour les raisons suivantes :

- la limitation du droit de vote des actionnaires à 20%, même s'ils détiennent un pourcentage supérieur de l'action Volkswagen ;
- le droit de l'Etat d'envoyer des représentants au conseil de surveillance de Volkswagen ;
- l'abaissement de la minorité de blocage.

En conséquence de ces cas « golden share », la CJCE a érigé les principes suivants :

- tout droit d'influence démesuré de l'Etat constitue une violation de la libre circulation des capitaux ;
- même l'octroi de droits exclusifs dans les statuts est considéré comme une violation ;
- la CJCE conduit une vérification très stricte d'une éventuelle justification ;
- les actionnaires qui ne sont pas d'accord avec les droits exclusifs de l'Etat peuvent s'adresser à un tribunal national (« private enforcement »).

VI. Une selection de politiques européennes

1. La politique agricole commune

Les principaux objectifs de la politique agricole commune (PAC) sont :
- d'accroître la productivité ;
- d'assurer un niveau de vie équitable ;
- de stabiliser les marchés ;
- de garantir la sécurité des approvisionnements ;
- de fournir des denrées alimentaires.

Les grands principes de la PAC :
- **le marché commun pour les produits agricoles** : certaines réformes ont été nécessaires en raison du coût énorme de ce domaine politique (*voir ci-dessous*).
- **la préférence communautaire** : les produits agricoles de l'UE ont un avantage de prix par rapport aux produits importés.
- **la solidarité financière** : toutes les dépenses sont financées par des fonds spéciaux (*voir ci-dessous*), qui sont fournis par les Etats membres.

Les mécanismes pour la protection du marché agricole commun :
- **prix minimum garantis et subventions à l'exportation** : le prix minimum garanti rend les produits de l'UE plus chers que les produits étrangers. Ces prix élevés conduisent à une surproduction (« lacs de lait et des montagnes de beurre ») et rendent nécessaires les subventions afin de préserver la compétitivité des produits.
- **barrières tarifaires** : ce mécanisme protège les produits de l'UE contre les importations à bas prix.
- **restrictions quantitatives** : ce mécanisme protège le marché de l'UE d'une inondation de produits étrangers, qui entraînerait la baisse des prix.

- **système de quotas** : ce mécanisme vise à maintenir l'équilibre entre l'offre et la demande au sein de l'UE, en limitant la production de produits qui sont importants pour l'économie européenne, comme le sucre.

Les réformes de 2003 :

- **le découplage** : le soutien financier aux agriculteurs n'est plus lié à la production.
- **l'écoconditionnalité** : les aides sont versées à la condition que l'agriculteur respecte les normes dans les domaines de la sécurité alimentaire et du bien-être animal.
- de nouvelles priorités sont établies en matière de développement rural et de la protection de l'environnement.
- les paiements versés aux grandes entreprises agricoles ont été réduits et une discipline budgétaire générale, combinée avec une réduction des subventions dans les domaines individuels, garanties.

Le financement de la PAC :

À coté de la politique régionale, la PAC est de loin la plus chère des politiques de l'UE, avec des dépenses de plus de 30% (2008) du budget total. Depuis 2007, la PAC est financée par deux nouveaux fonds :

- **Le Fonds européen agricole de garantie** (FEAGA), qui prévoit des paiements directs aux agriculteurs et finance des mesures de régulation du marché agricole (par exemple, les interventions, les subventions à l'exportation).
- **Le Fonds européen agricole pour le développement rural** (FEADER), qui finance les programmes des Etats membres concernant le développement des zones rurales.

2. La politique régionale

L'Union européenne n'est pas une zone uniforme, elle est constituée de régions très riches et de régions pauvres. La politique régionale européenne essaie de compenser ces différences.

L'importance de la politique régionale européenne a sensiblement augmenté au cours des dernières années. Cette tendance se reflète également dans les charges financières : Au début, le budget de la politique régionale représentait seulement 5% des dépenses totales, tandis qu'aujourd'hui, plus d'un tiers du budget total est consacré à ce domaine politique. La répartition des fonds a lieu dans un système complexe où se mêlent différents objectifs, fonds, procédures et acteurs.

Depuis 1957, la politique régionale a connu quatre périodes à la suite de reformes successives. Dans la période actuelle 2007 – 2013, plus de 300 milliards d'euros sont distribués sur trois fonds en fonction de trois objectifs :

1. Convergence : cet objectif s'adresse en première ligne aux nouveaux Etats membres les plus pauvres. Il vise à y accélérer le rattrapage économique et la création d'emplois (Etats membres dont le PIB par habitant est inférieur à 75% de la moyenne communautaire).

Fonds : trois fonds financent cet objectif avec environ 250 milliards d'euros.

- le **Fonds européen de développement régional** (FEDER) pour soutenir les régions en retard de développement ;
- le **Fonds social européen** (FSE) pour lutter contre le chômage ;
- le **Fonds de cohésion** pour soutenir des projets dans le domaine des transports et de l'environnement.

2. Compétitivité régionale et l'emploi : cet objectif aide les Etats membres un peu plus riches (les Etats membres pauvres sont encouragés à atteindre l'objectif de convergence) subissant les mutations industrielles à faire la transition vers une société de la connaissance, à faible taux de chômage.

Fonds : cet objectif est financé par deux fonds d'environ 50 milliards d'euros :

- le FEDER ;
- le FSE.

3. Coopération territoriale : cet objectif vise la coopération transfrontalière entre les régions et la promotion des petites et moyennes entreprises.

Fonds : cet objectif est financé par un fonds d'environ 8 milliards d'euros.

- le FEDER

3. La politique étrangère et de sécurité commune

<u>Le développement d'une politique étrangère et de sécurité commune :</u>

Comme nous l'avons vu plus haut, dans les premières années suivant la fondation des Communautés, les Etats membres n'étaient prêts à transférer leur politiques étrangères et de sécurité nationale à Bruxelles, puisqu'ils pensaient en termes de leur propre souveraineté. Par conséquent, les projets suivants ont échoué :

- la Communauté européenne de défense (1952) ;
- la Communauté politique européenne (1953) ;
- l'Union politique européenne (1962) ;

Ce n'est qu'avec l'Acte unique européen (1985/87) que la coopération politique européenne (le précurseur de la politique étrangère et de sécurité commune) a été incorporée dans le droit communautaire. Toutefois, cette coopération politique n'a pas été très intense parce qu'il n'y avait pas de législation contraignante et toutes les décisions devaient être prises par consensus.

D'un point de vue politique, on peut considérer la Communauté comme un géant économique et comme un nain politique. Toutefois, les choses ont commencé à changer au début des années 1990 – les conflits internationaux, comme la guerre du Golfe ou la guerre en ex-Yougoslavie, ont nécessité une action communautaire coordonnée.

Ces développements ont conduit avec le Traité de Maastricht à l'instauration d'une politique étrangère et de sécurité commune en tant que deuxième pilier (intergouvernemental).

Ainsi, il est devenu nécessaire de mettre en place également une politique de sécurité et de défense. Les problèmes rencontrés à cet égard peuvent être décrits comme suit :

- les Etats membres ne sont pas prêts à perdre le contrôle de ce domaine qui est très national ;
- quatre Etats membres (Finlande, Irlande, Autriche et Suède) sont neutres ;
- le Royaume Uni est plutôt lié aux États-Unis dans le domaine militaire ;
- la France veut rester indépendante au niveau militaire.

Outre ces problèmes, la guerre des Balkans des années 1990 a révélé les faiblesses d'opérations militaires communes européennes. C'est précisément cette incapacité à agir de concert qui a constitué la pierre angulaire d'une **politique européenne de sécurité et de défense** (PESD), avec les « missions de Petersberg » en 1992, dont les objectifs peuvent être définis comme suit :

- interventions humanitaires et de sauvetage ;
- opérations de maintien de la paix ;
- gestion des crises et introduction de mesures pour promouvoir la paix.

En termes généraux, la PESD peut être décrite comme suit :

- La politique européenne de sécurité n'est pas un concurrent de l'OTAN, mais se voit plutôt comme un complément de celle-ci.
- Les décisions sont prises de manière intergouvernementale.
- Il n'y a pas d'armée européenne. Cependant :
  - Une force de réaction rapide (« Force européenne de réaction rapide ») composée de 60.000 hommes a été créée en 2003. Elle est opérationnelle dans les 60 jours et fonctionne sur la base des missions de Petersberg (Headline Goal 2003).
  - Un groupement tactique («Rapid Reaction Battle Group ») de 1 500 hommes (venant de trois ou quatre Etats membres), qui sont prêts à l'action dans un délai de deux semaines partout dans le monde, pour pouvoir agir dans les opérations autorisées par l'ONU.
  - Une force de gendarmerie européenne (« European Gendarmerie Force ») : une force de police spécialisée dans la gestion des crises, déployable en 30 jours.

L'union de l'Europe Occidentale :

- 1947 : **L'Union Occidentale** (UO) a été établie par le Traité de Bruxelles en tant que partenariat de sécurité.
- 1954 : **L'Union de l'Europe Occidentale** (UEO) a été créée par les six membres fondateurs des Communautés Européennes par le Traité de Paris.

- Contrairement à l'OTAN, les membres de l'UEO ont une obligation inconditionnelle d'assistance mutuelle en cas d'agression armée de l'extérieur.
- Jusqu'aux années 1990, l'UEO n'a pas vraiment eu de rôle effectif. Son rôle est devenu plus important quand elle a été chargée de l'exécution des missions de Petersberg. Par la suite, toutefois, les fonctions de l'UEO ont été transférées de plus en plus à la PESC et la PESD (les missions de Petersberg ont été transférées en droit communautaire avec le Traité d'Amsterdam). Néanmoins, une fusion complète de l'UEO et l'UE n'a pas eu lieu jusqu'à présent.
- L'UEO est constituée de dix membres titulaires, six membres associés, cinq participants avec le statut d'observateur et sept partenaires associés.

Les principaux organes de la PESC dans l'ordre hiérarchique :

- Le Conseil Européen, qui fixe les lignes directrices.
- Le Conseil affaires générales et relations extérieures (*voir ci-dessus, le Conseil*), qui décide des action communes et des positions communes, sur la base des lignes directrices du Conseil Européen.
- Le Comité des Représentants Permanents (*COREPER, voir ci-dessus, le Conseil*), qui agit comme un filtre entre le Conseil et le Comité politique et de sécurité.
- Le Comité politique et de sécurité (COPS), qui traite de questions de la PESD, soutenu par des groupes de travail et des comités.

Les instruments de la PESC :

Comme nous l'avons vu plus haut (*voir ci-dessus, Droit communautaire primaire et dérivé*), le Conseil européen prend des lignes directrices et des stratégies communes. Sur la base de ces lignes directrices et de ces stratégies, le Conseil prend, par exemple, des actions communes, des positions communes, des décisions et des déclarations. Ainsi, les décisions les plus importantes de la PESC sont prises à l'unanimité par le Conseil européen, tandis que le Conseil ne prend que les décisions exécutives.

La Commission et le PE ont une position traditionnellement faible dans le domaine intergouvernemental de la PESC.

Le Haut représentant de la PESC :

Cet organe a été créé par le Traité d'Amsterdam (1997/99) afin d'améliorer la coopération entre les Etats membres.

Les principales modifications introduites par le Traité de Lisbonne :

- Bien que le poste de ministre européen des affaires étrangères n'ait pas été institué, le Traité de Lisbonne crée un « Haut représentant de l'Union pour les affaires étrangères », qui cumule les fonctions du haut représentant de la PESC et du commissaire européen chargé des relations extérieures. Il est également vice-président de la Commission.

- La structure à trois piliers de l'UE instituée par le traité de Maastricht est abandonnée. Le deuxième pilier est renommé «**action extérieure de l'Union**», mais son organisation reste intergouvernementale.

- Grâce à une «**coopération structurée permanente** », les Etats membres qui remplissent des critères plus élevés de capacités militaires peuvent coopérer plus étroitement. Cette coopération peut aussi conduire à un système de défense commun.

- Une clause de solidarité est introduite, selon laquelle les Etats membres doivent apporter toute l'aide et tout le soutien en leur pouvoir dans le cas d'une attaque armée contre le territoire d'un des Etats membres.

4. La politique commerciale de l'Union européenne

En tant qu'acteur sur la scène internationale, l'UE joue un rôle important dans le commerce international, et ce pour deux raisons principales :

- la puissance économique de l'UE : le commerce de l'UE représente plus de 25% du PIB mondial ;
- l'ampleur du marché de l'UE : avec près de 500 millions de personnes, les autres pays en sont dépendants pour leurs exportations.

La politique commerciale commune s'inscrit dans le cadre de la compétence exclusive des Communautés européennes. Les instruments de la politique commerciale commune sont les suivants :

- le tarif douanier commun ;

- la règlementation des importations ;
- les mesures de sauvegarde de la politique commerciale ;
- les contrôles de l'exportation ;
- les accords préférentiels.

Le tarif douanier commun :

- Nous avons vu que l'UE était une union douanière (c'est-à-dire qu'elle dispose d'un tarif extérieur unique.)
- Le tarif douanier commun détermine le tarif extérieur appliqué à chaque produit importé, grâce à un code, dans une base de données, TARIC (« tarif intégré des Communautés européennes »). Les Etats membres sont tenus d'appliquer ce tarif commun.
- Cette détermination du tarif douanier commun exige une évaluation du produit, en fonction du prix payé lorsqu'il est vendu pour l'exportation.
- En outre, les importateurs sont parfois tenus de clarifier l'origine de leurs produits pour permettre de savoir si certaines mesures relatives au commerce sont applicables (par exemple, la mesure d'une exemption : On considère que l'origine d'un produit est le pays où les dernières étapes essentielles de production ont été effectuées – « A » importe des composants électroniques dans la communauté et les utilise pour fabriquer un magnétoscope – s'agit-il de la dernière étape essentielle de travail?).
- Les tarifs peuvent être suspendus (par exemple, pour rendre les matières premières disponibles pour l'industrie de l'UE). Cette suspension peut être totale ou partielle, mais elle doit en tous les cas se référer à une quantité indéfinie (elle ne comprend pas les tarifs anti-dumping et si la suspension se rapporte à un montant limité, il s'agit d'un quota).

Réglementation des importations :

Bien que le régime d'importation de l'UE soit relativement libéral, on peut citer certaines règles d'importation :

- **licences d'importation** : s'appliquent aux produits spécifiques, qui sont soumis à des contrôles d'importation. L'importation de ces produits peut être surveillée par l'UE (par exemple, pour éviter la fraude douanière), mais sans restreindre l'accès au marché (par exemple, la surveillance des importations d'acier).

- **restrictions quantitatives** (quotas) : ils comprennent des quotas de textile (concernant la Chine, par exemple) et les quotas tarifaires (par exemple, un tarif bas n'est autorisé que pour une quantité limitée d'importations).

- **mesures de sauvegarde** : elles sont nécessaires pour protéger le marché de l'UE de produits contrefaits.

Mesures de sauvegarde de la politique commerciale :

L'UE a le droit de prendre des mesures commerciales contre le dumping (par exemple sous la forme d'augmentations tarifaires) ou contre les importations subventionnées des pays tiers. En outre, l'UE peut protéger ses industries contre des importations accrues de certains produits grâce à des quotas et l'imposition de mesures de sauvegarde (par exemple, contre les produits chinois, *voir ci-dessus, la réglementation de l'importation*).

1. **Mesure anti-dumping :** pour pouvoir imposer des taxes antidumping, trois conditions doivent être remplies :
   - le dumping doit être établi ;
   - une atteinte grave (ou une menace d'atteinte) à l'industrie de l'UE ;
   - la mesure doit être imposée dans l'intérêt de l'ensemble de la communauté.

2. **Mesure contre la subvention :** pour protéger l'industrie de l'UE contre les importations subventionnées, trois conditions doivent être remplies :
   - il doit y avoir une subvention – soit une subvention à l'exportation soit une subvention d'une entreprise donnée ;
   - une atteinte grave (ou une menace d'atteinte) à l'industrie de l'UE ;
   - la mesure doit être imposée dans l'intérêt de l'ensemble de la communauté.

Selon l'article 87 du traité CE, certaines subventions sont autorisées ou peuvent du moins être tolérées, comme les subventions pour compenser les inconvénients résultant de la division de l'Allemagne ; les subventions visant à promouvoir certaines industries ; les subventions de minimis [à savoir les subventions d'un maximum de € 200 000 dans un délai de trois ans], etc.).

3. **Mesures de sauvegarde** : pour imposer des mesures de sauvegarde (essentiellement des quotas) deux conditions doivent être remplies:
    - une augmentation soudaine des importations de produits individuels ;
    - une atteinte grave (ou menace d'atteinte) à l'industrie de l'UE.

4. **Le règlement sur les obstacles au commerce** : Selon ce règlement, les agents économiques et les gouvernements des Etats membres peuvent demander à la Commission de réagir aux obstacles au commerce dans des pays tiers et aux pratiques commerciales déloyales adoptées par les pays qui causent un préjudice à l'UE (par exemple, au moyen d'une procédure de règlement de litiges de l'OMC).

Contrôles des exportations :

En principe, les entreprises de l'UE sont libres d'exporter leurs produits dans les pays tiers. Toutefois, des contrôles des exportations existent pour certains produits. Une licence est requise pour les marchandises suivantes :
- les produits à double usage : ces produits peuvent être utilisés tant à des fins militaires qu'à des fins civiles (par exemple, les matières nucléaires, les produits chimiques, etc.) ;
- les produits chimiques dangereux ;
- biens culturels.

Accords préférentiels :

Parfois, l'UE traite certains partenaires commerciaux mieux que d'autres :
- les membres de l'Espace économique européen (Islande, Liechtenstein, Norvège) ;

- les membres des accords passés avec les pays d'Europe centrale et orientale ;
- les membres des accords passés avec les pays méditerranéens (par exemple l'Egypte, Israël, la Turquie) ;
- les membres des accords passés avec les pays ACP (Afrique, Caraïbes et Pacifique).

L'Union européenne dans l'Organisation mondiale du commerce :

La Communauté européenne **et** chacun des Etats membres sont membres de l'Organisation mondiale du commerce (OMC). Toutefois, les règles de l'OMC ne sont pas directement applicables, la CJCE considérant que leur formulation n'est pas suffisamment claire et précise (*voir plus haut, le principe de l'effet direct du droit communautaire*).

Auteurs et Co-auteurs

Dr. Martin Helmuth Ruelling a travaillé en tant qu'avocat en Autriche et au Brésil. Il a un doctorat en Droit européen et une maîtrise en Etudes européennes. Actuellement il enseigne les Etudes européennes à l'Université EAFIT à Medellin, Colombie, et travaille sur sa deuxième dissertation dans le domaine de la science politique.

Karin Ioannou Wokoun a une maîtrise en Anglais et Français. Actuellement elle se concentre sur la gestion de conflits interculturels et le coaching en anglais d'affaires, ainsi que l'enseignement de techniques de négociation et de présentation. En outre elle traduit aussi des films et des livres d'art.

Ursula Froese a une maîtrise en Littérature comparée de l'Université de Montréal, Canada. Actuellement elle travaille en tant que rédactrice au Secrétariat de l'OSCE à Vienne.

Rosa Perez de Silva a les certificats de compétence de Cambridge et Michigan. Elle travaille en tant que traductrice officielle à Medellin, Colombie depuis 18 ans.

Florence Le Clézio est assistante de presse et d'information à l'OSCE à Vienne. Titulaire d'une licence d'anglais (Université d'Angers, France), elle a enseigné le Français Langue Etrangère à Brest (France), à Londres et à Vienne.

Anna Allan a une maîtrise en Education. Elle a enseigné l'Anglais Langue Etrangère et le Français a South Devon College et a l'Université de Plymouth avant de quitter l'Angleterre pour l'Afrique du sud, ou elle a initié l'enseignement TEFL dans un Centre d'Enseignement du Cap.

La Unión Europea:
Historia, Instituciones, Derecho, Políticas

Introducción

Cuando hablamos del "viejo continente" deberíamos saber en primer lugar a qué se refiere el término Europa realmente. El nombre Europa se deriva del término árabe "Erep" que significa tanto como "occidente". Hace 2.500 años esa definición se utilizaba como sinónimo de Grecia y solía expresar el contraste con el mundo islámico.

Si observamos geográficamente a Europa, vemos que las fronteras del norte, del sur y del occidente están claramente definidas – al contrario del extremo oriental, el cual se supone que está formado por los Urales. Conforme a eso, Rusia tiene su territorio más grande en Asia, mientras que la mayoría de los habitantes de ese país vive en el lado europeo. Desde el punto de vista socio-político, Rusia seria así un país europeo.

También la discusión sobre la entrada de Turquía a la UE se desarrolla de forma polémica. Es un hecho, que sólo el 3% del territorio nacional turco es europeo. Por otra parte Turquía es miembro de diversas organizaciones europeas como, por ejemplo, del Consejo de Europa, lo que hace que sea, desde el punto de vista político, un país europeo.

Más allá de eso no todos los países del "núcleo-Europa" son miembros de la UE (p.ej. Suiza, Noruega, Liechtenstein).

Como acabamos de ver, ¡hoy en día tampoco es fácil hablar de una Europa unitaria! Esta situación confusa podría ser también un producto de la misma variada y violenta historia europea: El Reino Romano, los reinos bajo Carlo Magno y Napoleón tanto como un gran número de guerras y cambios de fronteras hasta los años 1990 (p.ej. la reunificación alemana, la guerra de Yugoslavia) marcaron persistentemente la historia europea.

Pero, sin embargo la tarea de este libro no es enfocar los intentos de unificación, los cuales, dicho sencillamente, tienen dos cosas en común: no fueron pacíficos y, finalmente, fallaron todos.

Por lo tanto, como comienzo de la integración europea fue seleccionado el final de la Segunda Guerra Mundial. Una guerra que persistió de 1939 a 1945 y que trajo consigo 55 millones de víctimas. Con el final de este capítulo cruel de la historia europea, los europeos parecían estar listos para convivir pacíficamente y comenzaron con el establecimiento de organizaciones e instituciones comunes.

En nuestra primera parte lo guiamos a través de la historia de las Comunidades Europeas, dividida en diversos períodos.

El capítulo "Instituciones" enfoca las instituciones europeas más importantes como, por ejemplo, "Los Cuatro Grandes": la Comisión Europea, el

Consejo, el Parlamento y el Tribunal de Justicia así como también órganos consultivos y establecimientos financieros.

Lo sección jurídica trata el Derecho comunitario primario y el Derecho comunitario derivado, los procedimientos más importantes y los principios, así como las cuatro libertades básicas: Libre circulación de mercancías, -de personas, -de servicios y -de capitales. Como inciso se presentarán el Derecho de la competencia y el Derecho de sociedades.

El último capítulo analiza importantes sectores de la política de la UE, como la política agraria, la política regional, la Política Exterior de Seguridad Común y la política comercial.

I. La Historia de las Comunidades Europeas

1. El tiempo después de la Segunda Guerra Mundial

Después del final de la Segunda Guerra Mundial, Europa estaba totalmente desorganizada: Alemania y Austria estaban ocupadas por tropas aliadas de los E.E.U.U., de la URSS, de Francia y Gran Bretaña. Los E.E.U.U., tanto como la URSS, intentaron además influir sobre Europa, para poder ejecutar sus propios intereses políticos. Esas discusiones políticas formaron también la base para la llamada "Guerra Fría".

Sin embargo, esta influencia del oeste y del este promovió una especie de pensamiento europeo común. Los estados europeos – principalmente las antiguas potencias coloniales – desearon desempeñar otra vez un papel que contribuyera a la política internacional (es decir, ¡Europa debería establecerse como la tercera potencia al lado de los E.E.U.U. y de la URSS!).

Vistos generalmente, fueron dos los factores que pusieron en marcha el acuerdo de Europa unificada:

- una Europa destruida (incluyendo los estados aliados) y
- la ambición de ser otra vez una potencia global.

En su discurso del 19 de septiembre de 1946, el primer ministro británico, Winston Churchill, propuso la fundación de una especie de Estados Unidos de Europa, cuya base deberían ser Francia y Alemania, apoyadas por Gran Bretaña y los E.E.U.U. Por lo tanto, los europeos del occidente comenzaron a establecer gradualmente sus primeras organizaciones comunes:

- 1948: La **Organización para la Cooperación Económica Europea** (OEEC): Los E.E.U.U. pusieron los fondos a disposición para esta organización, para fomentar la economía europea (Plan Marshall). ¡No obstante, esos préstamos no eran un regalo generoso, sino que tenían como idea tener a los E.E.U.U. como socio comercial!
- 1949: La **Organización del Tratado del Atlántico Norte** (OTAN) fue fundada como una organización de seguridad alrededor de Europa occidental ante la política expansiva del comunismo ruso.
- 1949: El **Consejo de Europa,** como una organización política que se ocupa con especial intensidad de la protección de los derechos humanos y la democracia.

Al mismo tiempo de la fundación de una organización económica, -de seguridad y -política en Europa occidental, la URSS comenzó con el establecimiento de sus propias organizaciones en Europa oriental: KOMINFORM, COMECON y el Pacto de Varsovia.

2. La fundación de las comunidades

Aunque las primeras dificultades fueron superadas, la situación en Europa no era del todo perfecta. Especialmente Francia seguía desconfiando de Alemania. El ataque de los alemanes durante la Segunda Guerra Mundial todavía había dejado huellas en los franceses. ¿Cómo se podrían entonces unir estos dos estados para avanzar la alineación de proyectos de integración?

Fue finalmente el francés Jean Monnet, quien tendría la idea de crear un mercado común de carbón y de acero para Francia y Alemania. ¿Cuáles eran entonces los motivos de ese estratega excepcional?

- Primero, que él vió una ventaja para la economía común en la armonización de la producción de carbón y acero entre Francia y Alemania.
- En segundo lugar, Alemania tenía grandes yacimientos de carbón y de acero, de los cuales Francia podría beneficiarse.
- En tercer lugar, Alemania podía ser controlada con respecto a la producción de carbón y acero, lo que haría una siguiente guerra prácticamente improbable.
- Cuarto, Francia y Alemania podrían alcanzar juntas una posición líder en Europa (¡de hecho se refería en primer lugar a Francia, con la ayuda de Alemania!).

¿Qué era entonces lo necesario para realizar tal proyecto?

- Primero, debía ser fundado un mercado común para carbón y acero sin derechos de aduana.
- En segundo lugar, ambos estados deberían transferir sus competencias estatales con respecto al carbón y al acero a una **Alta Autoridad**, para organizar el mercado. A causa de tal transferencia de competencias a una institución (Alta Autoridad), fue la **Comunidad Europea del Carbón y del Acero** (CECA) la primera organización así llamada supranacional, abierta también para otros estados.

No obstante, había un problema: Monnet, el "genio" y coordinador internacional, no era un político y sin ayuda política un proyecto de ese nivel no podría ser nunca realizado. Finalmente fue el ministro francés de asuntos exteriores, Robert Schuman, quien concluyó y ratificó el tratado de la CECA entre Francia, Alemania, Italia y los países del BENELUX (Bélgica, Países Bajos y Luxemburgo) en los años 1951/52.

¿Y dónde estaba Gran Bretaña?

Los británicos se vieron en el papel de observador y promotor, pero no como un miembro activo de la CECA. Más allá de eso, Gran Bretaña estaba económicamente más conectada con la Mancomunidad de Naciones ("Commonwealth"), que con Europa continental y era un opositor terminante a organizaciones supranacionales (es decir, contra la transferencia de competencias estatales a instituciones supranacionales).

Después de estos primeros éxitos, los europeos continentales estaban, con razón, motivados y listos para otros proyectos:

- Primero, debería ser creada una **Comunidad Europea de Defensa (CED)**. No obstante, ya existía la OTAN como una organización de defensa y por lo tanto los E.E.U.U. aceptaron un ejército europeo solamente bajo la condición, de que estuviera bajo control de la OTAN. De todos modos el proyecto falló finalmente porque el parlamento francés no ratificó el contrato (Francia desconfiaba del sistema de un ejército internacional desde que los E.E.U.U. no la había apoyado en la guerra colonial en Indochina).
- Al mismo tiempo con el establecimiento de una CED estaba planeada la fundación de una **Comunidad Política Europea (CPE)**. Sin embargo, los estados miembros no estaban listos para una constitución europea ni para un gobierno europeo propio. ¡No querían perder demasiada soberanía!

A pesar de que el fracaso de estos dos proyectos fue un golpe considerable, Monnet ya tenía nuevas ideas. Una **Comunidad Europea de la Energía Atómica** (EURATOM) y una **Comunidad Económica Europea** (CEE) deberían ser creadas.

Según Monnet, una comunidad atómica:

- mantendría a raya a Alemania de proyectos individualistas;
- traería más fondos a Francia para este área costosa;
- pondría energía a disposición para todos los estados miembros.

Una comunidad económica, sin embargo, mejoraría la situación económica totalmente, sin tener que estar limitado al mercado del carbón y del acero. No obstante, el mecanismo de un mercado común requería de dos cosas:

- El establecimiento de una unión aduanera (es decir, libre comercio entre los estados miembros más una aduana externa común – al contrario de un área de libre comercio, en la cual cada estado mantiene su propia aduana externa).
- Las Libertades de mercancías, -servicios, -personas y -capitales, así como la organización de la agricultura.

Después de que Monnet encontró que Henri Spaak, el ministro del exterior belga, lo apoyaba a fin de realizar aquellos proyectos, empezaron las negociaciones:

- A Alemania no le gustaba EURATOM porque esta era solamente para pagarla.
- Francia estaba temerosa de un mercado abierto a causa de la fortaleza económica de Alemania. El gobierno francés quería aceptar la CEE solamente si sus dependencias de ultramar (p. ej. la Guyana Francesa) se integraban al mercado común.

Además, los fundadores tenían que preguntarse, cuantas competencias querían ellos transferir a las instituciones requeridas. La respuesta era sencilla: ¡no demasiadas! Los estados deseaban conservar su soberanía y establecieron la siguiente estructura:

CECA	EURATOM	CEE
Consejo	Consejo	Consejo
Alta Autoridad	Comisión	Comisión
Asamblea Común		
Tribunal de Justicia		

De otra manera en la CECA con la Alta Autoridad como su centro de poder, el Consejo era la principal institución para la toma de decisión en EURATOM y la CEE. En aquella época la Asamblea Común (más tarde, Parlamento Europeo) no era más, que un foro de consejería.

Así que, realmente el principio fue bastante confuso: había una Alta Autoridad, dos Comisiones y tres Consejos así como una Asamblea Común y un Tribunal de Justicia para todas las tres organizaciones.

Sin embargo, la CECA, la EURATOM y la CEE también fueron las primeras organizaciones supranacionales que exigieron que se cumplieran al menos dos de los siguientes requisitos:
- tener sus instituciones individuales;
- estar autorizada para producir actos legales;
- tener decisiones por mayoría;
- su propia jurisdicción.

Finalmente los dos nuevos tratados (**"Tratados de Roma"**) fueron firmados por los seis estados miembros de la CECA en 1957 (y ratificados en 1958).

3. Los años de la construcción de las Comunidades

Como se había discutido anteriormente, aunque los tres tratados fueron firmados en los años 50, ninguno de ellos fue realmente firmado por Gran Bretaña. Además del estatus de observador y promotor, antes mencionado, y el rechazo de las organizaciones supranacionales, Gran Bretaña tenía tres otras razones para no firmar:
- la conexión con la Mancomunidad ("Commonwealth"), que incluía la importación barata de productos agrícolas;
- una ventaja en el sector atómico, que Gran Bretaña no quería compartir;
- y, viéndolo económicamente, Gran Bretaña estaba más conectada con los Estados Unidos en general.

Aunque Gran Bretaña se veía a sí misma como la promotora de la unificación Europea al principio, este generoso rol cambió rápidamente. En lugar de la CEE, un Área de Libre Comercio entre los miembros de la OEEC debería crearse en una contra-ofensiva que no incluyera la política agrícola. Esto traería una enorme ventaja para la Gran Bretaña por su conexión con la Mancomunidad (eso es, la importación barata de productos agrícolas). En consecuencia, esta no era considerada una alternativa aceptable para Europa continental así que esta sugerencia no encontró quien la apoyara.

En 1960 la **Asociación Europea de Libre Comercio** (ALC) fue fundada como un contra-programa adicional. Sin embargo, sin tener una tarifa externa común, este modelo no podía competir con la Unión Aduanera de los Europeos continentales. Como consecuencia, la mayoría de los países de la ALC solicitaron acceso a las Comunidades Europeas. Actualmente solamente Islandia, Suiza, Noruega y Liechtenstein aun son miembros de la ALC.

¿Qué tienen que hacer en concreto los seis estados miembros de las Comunidades para crear su Mercado Común?

- Primero, tienen que empezar por construir una Unión Aduanera que podría haberse llevado a cabo en 1968.
- Segundo, siendo la política agrícola el sector más importante, tenía que organizarse. Las principales metas de este sector de la política, durante la época de post guerra, fue el suministro de alimentos y el aumento de la productividad. Fue Francia, en particular, la que tuvo gran interés en este campo a causa de su enorme sector agrícola nacional. La estrategia era, que cada estado miembro tendría que pagar por un presupuesto agrícola común. El dinero de este presupuesto regresaba luego a los agricultores de los estados miembros. No obstante, este procedimiento altamente costoso solamente tenía un ganador principal – Francia. Sin embargo, el sistema resultó funcionado bien y el mercado común para los principales productos agrícolas pudo al fin llevarse a cabo hacia 1970.

En efecto, no todo era perfecto:

1. El petróleo estaba llegando a ser más y más importante, lo cual en consecuencia debilitaba la CECA. Además, el carbón barato de los Estados Unidos así como el acero barato de la Gran Bretaña, Estados Unidos, Japón y la Unión Soviética empezaron a inundar el mercado.
2. El proyecto EURATOM finalmente falló: Francia usaba la Comunidad para pagos sin compartir sus conocimientos. Además, el gobierno francés no quería comprar el uranio barato de los Estados Unidos – Francia prefería el muy costoso uranio natural africano a fin de permanecer independiente. En realidad las relaciones entre los Estados Unidos y Francia no eran las mejores después de la guerra de

Indochina, mencionada arriba (los Estados Unidos no apoyaron a las tropas francesas en su guerra colonial). ¡Hasta aquí no había habido ninguna política común de energía a nivel europeo! Algunos países eran pro-atómicos (p. ej. Francia), algunos estaban estrictamente contra este tipo de fuentes de energía (p. ej. Austria).

3. En 1959 Charles de Gaulle se convirtió en el nuevo presidente de Francia. Su política comunitaria podría describirse como sigue:
   - Solamente usar la Comunidad para su provecho (p. ej. energía atómica, agricultura).
   - No afiliación para Gran Bretaña (¡en este momento la Gran Bretaña había empezado a solicitar la afiliación porque el sistema continental de la Unión Aduanera estaba funcionando mejor que la ALC! A pesar del interés británico de unirse a las Comunidades, la solicitud fue rechazada en 1961 y 1967 a causa de De Gaulle).
   - Ninguna relación con los Estados Unidos.
   - No más derechos para el Parlamento Europeo, los estados miembros deberían conservar el poder.
   - Ninguna votación por mayoría cualificada en el Consejo; los estados deberían permanecer soberanos (lo cual significaba que las decisiones solamente podían ser tomadas por unanimidad).
   - Según el punto de vista de De Gaulle, Francia debería ser el número uno en Europa.

La política de De Gaulle hostil a la Comunidad así como la propuesta de reforma de la Comisión, en la cual los derechos de aduana serian parte del presupuesto de la Comunidad (¡llamados **Recursos Propios** los cuales serian también de interés para Francia por lo que incrementaban los fondos!), fueron el punto de partida para la primera crisis: Si esta propuesta de la Comisión hubiera tenido fuerza, el Parlamento Europeo también habría necesitado más derechos de control y -de administración. Sin embargo, tal aumento de los derechos parlamentarios y la MC (la votación por mayoría cualificada) planeada en el Consejo (por lo que la toma de decisiones se habría vuelto más fácil) fueron inaceptables para el nacionalista De Gaulle. ¡A pesar del fortalecimiento definitivamente bienvenido del presupuesto agrícola a través de la inclusión de los derechos de aduana, repentinamente De Gaulle se volvió contra todo!

Como consecuencia, esta crisis condujo a la llamada *"Crisis de la Silla Vacía, 1965 / 66"*. Francia no envió ningún ministro ni funcionario a las instituciones europeas con el resultado de que el Consejo no podía funcionar.

Después de siete meses esta primera crisis finalmente terminó con el **Acuerdo de Luxemburgo (1966),** que trajo los siguientes resultados:

- No se estableció una MC.
- Cada estado miembro podía conservar su veto si estaban afectados los llamados intereses vitales – que, en efecto, podrían ser cualquier cosa (especialmente España fue famosa por hacer uso de este veto a fin de conseguir más fondos de la Comunidad). Sin embargo, en caso de que hubiera un veto, el buen funcionamiento de la Comunidad no estaría bloqueado otra vez. Generalmente hablando, el Acuerdo de Luxemburgo no abolió el derecho de veto para los estados miembros, pero habilitó a la Comunidad para seguir funcionando después de que hubiera un veto.

Otro paso hacia adelante fue el **Tratado de Fusión (1965 / 67)** que unificó las instituciones de las tres organizaciones. De ahí en adelante habría solamente una Comisión, un Consejo, un Parlamento y un Tribunal de Justicia.

4. Una atmósfera de esperanza

En 1969 Georges Pompidou sucedió a De Gaulle como presidente de Francia. Pompidou también estaba enfocado en el estado, pero era ligeramente más flexible y diplomático que lo que había sido De Gaulle.

Por lo tanto, se fijaron en la agenda tres nuevas metas: **terminación, profundización y ampliación.**

1. ¡Completar el mercado común con la reforma del sector agrícola porque la política agrícola se consideraba demasiado costosa! Además de esto, el Parlamento Europeo (P.E.) requería más derechos.
2. Una ofensiva de profundización debería crear una **Unión Económica y Monetaria** (UEM) hasta 1980 y transferir más políticas a Bruselas. Sin embargo, el establecimiento de la UEM no fue tan fácil de lograr. En 1973 la crisis del petróleo causó problemas, el sistema Bretton Woods (es decir, cada moneda europea estaba estrechamente ligada al dólar de Estados Unidos) ha colapsado – la inflación, el desempleo, la recesión y el debilitamiento del dólar siguieron.

Como primera consecuencia, el **Sistema Monetario Europeo** (SME) se fundó en 1978. De acuerdo con esto, todas las monedas europeas estaban entonces conectadas con la **Unidad de Moneda Europea** (UME) que representaba un valor promedio de todas las monedas y por eso conducía a tasas de cambio estables.

Como ya se ha dicho, una Comunidad Política Europea falló en los años 50 en la misma forma que lo hizo una Comunidad de Defensa Europea porque los estados no deseaban perder su soberanía.

En 1970 se hizo otro intento de coordinar las políticas extranjeras de los estados miembros. La llamada **Cooperación Política Europea,** la precursora de la **Política Exterior y de Seguridad Común** (PESC) – que representaba el segundo pilar de la Unión Europea *(ver a continuación, el Tratado de Maastricht)* – fue establecida como una cooperación intergubernamental en la cual los estados miembros solamente podían tomar decisiones por unanimidad.

A fin de discutir asuntos importantes al más alto nivel político, el **Consejo Europeo** (compuesto por los Jefes de Estado o de Gobierno de los estados miembros) fue fundado en 1974 *(ver abajo, Consejo Europeo).*

En 1979 el Parlamento fue elegido directamente por los ciudadanos europeos por la primerísima vez. Sin embargo, hasta ahora no ha habido un sistema unificado de elección.

3. Una ofensiva de ampliación aumentó el número de estados miembros:
   - 1973: Gran Bretaña (¡finalmente!), Irlanda y Dinamarca;
   - 1981: Grecia;
   - 1986: España y Portugal.

Por lo tanto, en 1986, doce estados miembros se habían unido a la Comunidad.

5. En camino a una Unión Europea

Otra vez, se pusieron nuevas metas en la agenda:
- se planeó la creación de una unión política y
- deberían transferirse más políticas a Bruselas.

Sin embargo, estos nuevos proyectos necesitaban un nuevo tratado, pues los tratados de fundación solamente, ya no eran apropiados.

Por eso, el **Acto Único Europeo (1985 / 87)** iba a ser el primer cambio importante de los tratados de fundación.

En el Acto Único Europeo los siguientes cambios fueron reglamentados:

- La votación por mayoría calificada se extendió a aéreas políticas más importantes. Esto era necesario a fin de llevar a cabo el mercado interno (el Tratado de Lisboa ya no distinguirá mas entre mercado común y mercado interno).
- La implementación de la Cooperación Política Europea.
- El poner en marcha las nuevas políticas de la Comunidad: p. ej. protección ambiental, investigación y tecnología, etc.
- Una fecha límite para completar el Mercado Interno (1.1.1993).
- Reconocimiento legal para el Consejo Europeo.
- Procedimientos de nueva legislación: Procedimiento de dictamen conforme y -cooperación *(ver abajo, fuentes y procedimientos de derecho europeo)*.
- Más derechos para el Parlamento.

Con el Acto Único Europeo la crisis de los 70 ("Eurosclerosis") parecía quedar superada lo que hacía que Europa estuviera lista para proyectos posteriores:

- El establecimiento de un mercado común no solamente requiere la constitución de una unión de aduanas y la construcción de un sector agrícola común, sino también es necesario llevar a cabo las cuatro libertades: mercancías, servicios, personas, capitales.
- En 1985/ 90 el **Acuerdo de Schengen** fue concluido con el fin de eliminar controles de frontera y hacer cumplir los controles en las fronteras externas de los países miembros. Como consecuencia, reglamentos referente al asilo, inmigración y la lucha contra el crimen internacional tenían que ser promulgados. Actualmente hay 22 estados de la UE que son miembros de Schengen (mas tres estados no-miembros de la UE: Noruega, Islandia y Suiza), mientras que hay cinco estados miembros de la UE que no están incluidos (Gran Bretaña, Irlanda, Bulgaria, Rumania y Chipre).
- El último paso para el establecimiento de un mercado interno fue la armonización de las leyes nacionales, que había conducido a la promulgación de una cantidad de reglas a nivel Europeo.

- En 1992 el **Área Económica Europea** fue establecida a fin de conectar a la Asociación Europea de Libre Comercio con las Comunidades Europeas. Según esto, el 80% de la legislación del mercado interno es válida dentro de esta área (excepto la agricultura, la pesca y los reglamentos concernientes a la unión de aduanas). Además de los 27 estados miembros de la UE, hay tres estados miembros adicionales: Noruega, Islandia y Liechtenstein.

Sin embargo, algunos problemas debieron ser superados:

- Los agricultores estaban produciendo demasiado, lo cual era el resultado de una política equivocada de fondos *(ver abajo, política agraria)*.
- España y Portugal bloqueaban el Consejo con su veto tan pronto como no recibían más dinero de la Comunidad.
- Este comportamiento hostil a la Comunidad de algunos estados miembros y la política agraria equivocada fueron las principales razones por lo que la Comunidad misma necesitaba más dinero. Los llamados **Recursos Tradicionales Propios** (aranceles a la agricultura y al azúcar además de los aranceles de aduana) ya no eran suficientes. Además, los **Recursos Propios IVA** (impuesto al valor agregado) y **Recursos Propios PNB** (producto nacional bruto) debieron ser establecidos. De ahí en adelante, los países más ricos tendrían que pagar más que los estados miembros más pobres dentro del presupuesto de la Comunidad. ¡Hoy en día, los Recursos Propios de IVA y PNB forman más del 80% del presupuesto!
- Además de llevar a cabo el Mercado Interno, fue importante la construcción de la **Unión Económica y Monetaria**. Pero Alemania, el líder económico, no estaba muy interesada en abandonar su fuerte moneda "Marco alemán". El impulso vino con la caída del comunismo en 1989. Francois Mitterand, el presidente de Francia en aquel tiempo, aceptó una reunificación entre los dos Alemanias solamente con la condición de que el canciller alemán, Helmut Kohl, conviniera en introducir una moneda común. El trato se puso en efecto y los pasos para la Unión Monetaria se fijaron en la forma siguiente:
  - primero, la terminación del mercado interno;
  - segundo, la creación de un **Sistema Europeo de Bancos Centrales;**

- tercero, la creación de un **Banco Central Europeo** y el establecimiento de una sola moneda (el Euro).

A fin de crear una unión política, era necesario un nuevo tratado: *Maastricht (1992 / 93),* con las siguientes novedades:
- El Tratado de Maastricht creaba la Unión Europea como una estructura de tres pilares:

Unión Europea

Primer Pilar	Segundo Pilar	Tercer Pilar
Comunidades Europeas	Política Exterior de Seguridad Común	Cooperación Judicial y Policial en Asuntos Penales

El primer pilar incluye las tres organizaciones: CEE, EURATOM y CECA (la Comunidad del Carbón y del Acero fue integrada a la CEE en 2002) y es supranacional (es decir que las decisiones se toman por las instituciones) – mientras que el segundo y tercer pilar son intergubernamentales (es decir que las decisiones son tomadas unánimemente por los estados, y no por las instituciones). La Unión Europea en sí misma es el techo de los tres pilares, por lo tanto consisten en elementos supranacionales (primer pilar) y elementos intergubernamentales (segundo y tercer pilar).

Además, el Tratado de Maastricht condujo a:
- La extensión de la votación por mayoría calificada.
- El establecimiento de un Procedimiento de codecisión (es decir que el Parlamento Europeo decide conjuntamente con el Consejo, que garantiza mayor poder al P.E).
- El desarrollo de un cronograma para la fundación de la Unión Económica y Monetaria (introducción del Euro para 2002).
- La transferencia de nuevas políticas al primer pilar (p. ej. salud pública y protección al consumidor, etc).
- La puesta en marcha de la ciudadanía europea, incluyendo así los siguientes derechos para cada ciudadano de la UE: el derecho al libre movimiento y residencia, el derecho a votar en otros estados miembros, el derecho de petición, la protección diplomática de todos los estados miembros.

- El establecimiento del Principio de subsidiariedad (es decir que las decisiones deberían ser tomadas lo más cerca posible de los ciudadanos, *ver a continuación, los principios más importantes del derecho europeo*).

6. ¿En camino a una nueva crisis?

Una ampliación posterior tuvo lugar en 1995: Los tres primeros miembros de la Asociación Europea de Libre Comercio, Austria, Finlandia y Suecia se unieron a la UE. Noruega solicitó dos veces, pero dos referendos negativos en 1972 y 1994 la han mantenido fuera de la UE, principalmente a causa de su política de recursos petroleros y pesqueros.

Después de la última ampliación, la UE tenía 15 estados miembros, que requería la conclusión de un nuevo tratado:

El Tratado de Ámsterdam (1997 / 99), con las siguientes enmiendas:
- La creación de una **"zona de libertad, seguridad y justicia"** con la transferencia de la política común de asilo e -inmigración del tercer pilar al primer pilar.
- El fortalecimiento del segundo pilar (PESC) introduciendo el cargo de Alto Representante el cual es elegido por los gobiernos nacionales y representa la diplomacia conjunta de los estados miembros. Además, este tiene el cargo de Secretario General del Consejo.
- La extensión de la votación por mayoría calificada.
- El establecimiento de un **Procedimiento de cooperación reforzada** que capacita a algunos estados miembros para unirse más a unos programas de integración que a otros (una Europa a velocidad-múltiple, por ejemplo, Gran Bretaña y Suecia no se han unido a la Unión Monetaria).

Con el fin de preparar a la UE para el llamado Ampliación al Este, fue necesario un nuevo tratado:

El Tratado de Niza (2001 / 03), con las siguientes enmiendas:

- La reforma de la Comisión (solamente un Comisario por país, limitando el máximo a 25; antes de que el Tratado de Niza fuera introducido, los países grandes habían tenido dos Comisarios).
- Un máximo de 732 escaños en el Parlamento.
- Una nueva ponderación de los votos del Consejo (*ver más adelante, Consejo*).
- La votación por mayoría calificada en el Consejo ha sido cambiada y aumentada *(ver más adelante, Consejo).*
- La introducción del **Artículo 7 del Tratado UE**: *si hay un riesgo claro de violación de la democracia, derechos humanos o Estado de Derecho (ninguno es superior a la ley), la UE puede imponer sanciones al estado miembro.*
- La proclamación de la Carta de los Derechos Fundamentales. ¡Aunque ya había un **Convenio Europeo de Derechos Humanos** que había sido establecida por el Consejo de Europa, la Unión Europea quería tener su propio Carta!

En 2004 tuvo lugar la Ampliación al Este, de ahí en adelante, diez nuevos estados miembros se han unido a la UE: Chipre, la República Checa, Eslovaquia, Hungría, Polonia, Latvia, Estonia, Lituania, Malta y Eslovenia.

Después de que la Comunidad se había ampliado más con la adhesión de Bulgaria y Rumania en el 2007, la UE actualmente tiene 27 estados miembros –Turquía, Croacia y Macedonia están esperando su acceso.

Las consecuencias de este gran aumento son obvias:

- A todos los nuevos estados miembros se les asigna más dinero del presupuesto de la Comunidad de lo que ellos realmente pagan.
- La corrupción es un gran problema (en particular en Bulgaria y Rumania).
- Otro tratado se necesita a fin de cumplir los sobrantes del Tratado de Niza.
- A fin de evitar aumentos apresurados, la UE proporciona un procedimiento para la adhesión de nuevos estados miembros. Los

pre-requisitos de la adhesión están resumidos en lo que se conoce como los cuatro *Criterios de Copenhague 1993:*

- estabilidad de la democracia y Estado de Derecho, respeto a los derechos humanos y la protección de las minorías;
- una Economía de mercado eficiente;
- aceptación del acquis communautaire (el derecho total de la comunidad);
- compromiso político con los objetivos de la UE.

¡En este punto se deja a criterio del lector evaluar, si las admisiones de los estados miembros siempre tienen lugar de acuerdo con los cuatro criterios mencionados!

Como ya se mencionó arriba, cualquier ampliación generalmente requiere un nuevo tratado. Después de que se había hecho la Ampliación al Este, el Tratado de Niza a duras penas podía cumplir con los retos que vendrían. Como consecuencia el *Tratado para el Establecimiento de una Constitución para Europa (también Tratado Constitucional, 2001),* con las siguientes novedades se formalizó:

- Cambio de la votación por mayoría calificada.
- Extensión del Procedimiento de codecisión.
- Nombramiento de un Presidente del Consejo Europeo.
- Disminución del número de Comisarios a partir de 2014.
- Nombramiento de un Ministro de Relaciones Exteriores Europeo.
- Incorporación de la Carta de los Derechos Fundamentales al Tratado.
- Introducción de las Leyes Europeas en vez de Reglamentos (en realidad esto solamente fue un cambio de término).

Sin embargo, este tratado finalmente falló, debido a dos referendos negativos en Francia y en Holanda. Las razones para este fracaso se pueden ver en:

- La frustración general acerca de la UE y sus políticas alejadas de sus ciudadanos. La UE es vista más que todo como un monstruo económico que trae máximas ventajas solamente a las grandes empresas internacionales. Hay muchos países ricos en Europa (con

referencia al PIB per cápita), pero, sin embargo, una cantidad de
gente lucha porque la industria no comparte sus ganancias con los
empleados. Aunque esto, no es una falta de la UE – sino
principalmente una consecuencia de la globalización – la gente
culpa a la UE (como promotora de la globalización), cuando una
compañía en Alemania disminuye sus empleados y se mueve a
Rumania a fin de ser más rentable.

- Además, en general, los escándalos de la UE son titulares de periódico muy populares y aumentan la furia de la gente.
- Una mala política de información: Los políticos Europeos no tuvieron éxito al explicar la necesidad de un nuevo tratado con el fin de mantener a la UE en funcionamiento. Por otra parte, las decisiones por encima de los ciudadanos de la UE no funcionan ya más y han dado más y más impulso a los críticos de la UE.
- Culpar a la UE de malas políticas nacionales. ¡Actualmente los populistas tienen un juego fácil en muchos estados miembros: ¡Una política negativa hacia la UE, garantiza un éxito electoral! El hecho de que los políticos de la UE son principalmente de segunda clase así como los modelos descontinuados nacionalmente, no mejora la situación.
- Particularmente en Holanda se ha notado el temor por el posible acceso de Turquía y por el aumento de las contribuciones.

Generalmente hablando, la UE tiene que cambiar su política de ciudadanos tan rápidamente como sea posible, lo cual indudablemente requiere una cantidad de trabajo. Una frustración general a través de los años y las discusiones a puerta cerrada han conducido al fenómeno de que la gente actualmente no está interesada en lo que pasa en Bruselas. Cada uno se siente más cerca de los suyos y casi nadie se siente como un europeo, sino todavía como un alemán o un francés. En consecuencia, los principales retos para el futuro son, la abolición de la frustración y el desinterés así como la creación de una vibración positiva con políticos carismáticos en Europa.

Cuando se hable acerca de la negociación del próximo tratado, será obvio que los cambios ahora mencionados no se hayan hecho todavía. Después de que falló el Tratado Constitucional, los Jefes de Estado o de Gobierno de los estados miembros firmaron el **Tratado de Lisboa (Tratado de Reforma, 2007)**, con las siguientes enmiendas:

- Ningún Ministro del Exterior Europeo, ni Leyes Europeas.
- La concesión de personería legal a la UE como tal (esto es, la UE tiene derechos y obligaciones incluyendo la autoridad para celebrar tratados – hasta ahora solamente el primer pilar supranacional tenia personería legal).
- El cambio de la estructura de tres pilares por medio de la fusión del primero y tercero. El anterior segundo pilar se le cambio el nombre por **Acción Externa de la Unión** (aunque continua como intergubernamental).
- La limitación del número máximo de escaños en el Parlamento Europeo a 750 más el presidente.
- El Procedimiento de codecisión se transforma en el procedimiento ordinario;
- Las reuniones públicas del Consejo deberían hacer que la UE sea más transparente, aunque la mayoría de las decisiones se toman en el COREPER y no a nivel ministerial (¡*ver más adelante, Consejo*).
- El nombramiento del Presidente del Consejo Europeo *(ver más adelante, Consejo Europea)*.
- La modificación de la votación por mayoría calificada *(ver más adelante, Consejo)*.
- La limitación a solamente 18 Comisarios para el 2014 (no todos los estados miembros tienen uno).
- Una cooperación más estrecha entre la Comisión y los Parlamentos Nacionales. Estos pueden dar una opinión al borrador de la Comisión, si este no corresponde con el Principio de subsidiariedad.
- El establecimiento de una cláusula de solidaridad: En el caso de un ataque armado contra un estado miembro, los otros estados miembros deberán movilizar todos los medios necesarios para ayudarle (inclusive medios militares).
- La no incorporación de la Carta de los Derechos Fundamentales, aunque esta tiene valor legal. Además, se prevé un acceso de la UE al Convenio Europeo de Derechos Humanos.
- La introducción, por la primera vez, de una cláusula de salida que permita, que un estado miembro salga de la UE.

Se había planeado por medio del Tratado de Reforma que este entrara en vigencia en el 2009. Sin embargo, el Tratado falló debido al referendo negativo en Irlanda, que realmente causó un choque entre los pro-Europeos. La razón para el **"No"** de los irlandeses fue semejante a la razón, mencionada arriba, concerniente al fracaso del Tratado Constitucional. Sin embargo, hay una gran diferencia: Irlanda era el país más pobre de las Comunidades Europeas y por esta razón recibía una cantidad de ayuda de las Comunidades. Por tanto se veía como una especie de injusticia que los irlandeses bloquearan ahora la reforma a fin de castigar a sus propios políticos nacionales.

¿Cómo maneja la UE esta situación ahora? En la misma manera que siempre lo ha hecho en estos casos: Esta se mantiene esperando y ofreciendo algunas ventajas para "el país hostil a la comunidad" con la esperanza de que los irlandeses acepten el Tratado en un segundo referendo. Hasta ahora esta estrategia ha tenido éxito siempre si la población tuviera una opinión diferente al de sus políticos acerca de los asuntos europeos. Subsecuentemente, el Tratado de Reforma entrará en efecto, teniendo todavía el mismo texto desfavorable para los lectores. La única pregunta es cuando sucederá esto.

II. Las Instituciones Europeas

1. La Comisión Europea

La Comisión es el órgano de las Comunidades que toma las iniciativas, las ejecuta y las supervisa. Por lo tanto, también es llamado el "perro guardián" o "motor de las Comunidades".

Sede de la Comisión:
- Bruselas

Tareas de la Comisión:
- asegura que el Derecho Europeo sea aplicado correctamente por los estados miembros;
- revisa la transposición de las Directivas *(ver más allá, las fuentes y procedimientos del derecho europeo)*;
- puede demandar a los estados miembros;
- inicia el proceso legal (tarea legislativa);
- el Consejo puede autorizar a la Comisión para implementar actos legales (tarea de Comitología);
- negocia tratados y representa a las comunidades en los organismos internacionales;
- administra, por ejemplo, las finanzas y los diferentes fondos (p.ej. agricultura, política regional).

Nombramiento del Presidente de la Comisión y de los Comisarios:
- Presidente de la Comisión: los Jefes de Estado o de Gobierno seleccionan un candidato, el Parlamento Europeo da su consentimiento.
- Comisarios: el Consejo de Ministros decide de acuerdo con el Presidente de la Comisión acerca de las propuestas de los estados miembros.
- Acto formal de nombramiento: a través del Consejo; el Parlamento Europeo da su consentimiento a todo el cuerpo de la Comisión.

Tareas del Presidente:
- aprobar la lista de los Comisarios propuestos;
- tiene derecho a escoger los portafolios;
- dirige la Comisión;
- es la cabeza de la organización interna;
- nombra a los Vice Presidentes;
- tiene derecho a hacer que un Comisario renuncie.

Fecha de expiración del mandato de los Comisarios:
- automáticamente, después de cinco años;
- si un Comisario fallece;
- si él/ella renuncian por sí mismos;
- si el Tribunal de Justicia da sentencia contra él/ella;
- en caso de voto de no-confianza del Parlamento Europeo;
- si el Presidente de la Comisión le pide que renuncie.

¿Quién puede llegar a ser Comisario?

Hasta ahora ha habido un Comisario por cada estado miembro. Los Comisarios deben ser independientes y haber trabajado a nivel ministerial. Su tarea es, trabajar por Europa, sin dedicarse a ninguna otra actividad o seguir instrucciones de los estados miembros. Los Comisarios también cooperan con otras instituciones y deben respetar los secretos de su cargo.

¿Qué pasa si muere un Comisario?

El Consejo nombra un nuevo miembro y el Presidente de la Comisión aprueba. Sin embargo, el Consejo puede también decidir no llenar el puesto vacante en caso de que la muerte ocurra menos de tres meses antes de terminación del periodo oficial.

Estructura y toma de decisiones:

El Presidente es el Jefe de la Comisión – los 27 Comisarios representan el Colegio. Además, cada Comisario tiene también su propio Gabinete. El Colegio y el Gabinete se conocen como el nivel político de la Comisión.

El llamado nivel de servicio está formado por:
- Direcciones Generales (DG) con ayuda del Secretario General;
- Direcciones;
- "Units".

El procedimiento de toma de decisiones comienza como sigue:
- Alguien en la Comisión resulta con una idea para reglamentar algo. Con frecuencia esto podría ser iniciado por alguno de los poderosos grupos de lobbying en Bruselas.
- A los expertos en consultoría se les pide que evalúen la idea.
- La comunicación tiene lugar entre los Direcciones Generales involucradas en el asunto (reuniones inter-servicios, p.ej. discusiones entre la Dirección General de medio ambiente y la Dirección General de transporte y energía).
- La Dirección General líder (la Dirección General que desarrollo la idea) consulta con la Dirección General de Servicio Legal.
- Se lleva a cabo la evaluación del impacto – y se prueban los efectos económicos.

El resultado es un borrador que primero pasa por todas las etapas dentro del nivel de servicio ("Unit" – Dirección – Dirección General) y luego las etapas dentro del nivel político (Gabinete – Jefes de Gabinete – Comisarios). Si se ha logrado un acuerdo dentro de los jefes del Gabinete, no hay más discusión sobre el tema. Si no se ha logrado acuerdo entre los Jefes del Gabinete, el borrador se transmite a los Comisarios. Entonces es el Colegio de Comisarios quien toma la decisión final.

Sin embargo, aun en este caso, hay cuatro procedimientos diferentes:
- Procedimiento oral: decisiones tomadas por simple mayoría y en privado;
- Procedimiento escrito: decisiones tomadas por simple mayoría y en privado;
- Procedimiento de autorización: la Comisión puede autorizar a uno o varios Comisarios para decidir;
- Procedimiento de delegación: la Comisión puede autorizar a un Director General o a un Jefe de Departamento para decidir.

Principales enmiendas después del Tratado de Reforma:
- El Presidente es nombrado por el Consejo Europeo.
- Los Comisarios van a rotar a partir de 2014. En consecuencia, solamente dos tercios de los estados miembros estarán entonces representados – de hecho habrá 18 Comisarios para 27 estados miembros.
- Los parlamentos nacionales pueden dar sus opiniones sobre el borrador de la Comisión en caso de que este no esté en armonía con el Principio de Subsidiariedad.

2. El Consejo Europeo

La idea de reunir a los Jefes de Estado y Gobernantes de los estados miembros en las llamadas reuniones informales realmente se remontan a los años 60. Desde 1974 las reuniones se han llevado a cabo en una forma regular, cuatro veces al año. El Consejo Europeo fue mencionado oficialmente por primera vez en el Acto Único Europeo (1985 / 87). Sus funciones fueron luego definidas en el Tratado de Maastricht y este será considerado como una institución en el Tratado de Lisboa.

Tareas del Consejo Europeo:
- siendo la instancia política más alta a nivel Europeo, el Consejo Europeo proporciona el impulso para la integración Europea con respecto a las ampliaciones y tratados;
- determina los objetivos políticos generales;

- tiene la competencia legislativa en el área intergubernamental de la UE (p.ej. ejecuta las Estrategias Comunes) y es el cuerpo principal en este campo.

¿Quiénes son los miembros del Consejo Europeo?
- los Jefes de Estado y de Gobierno;
- el Presidente de la Comisión;
- los Ministros del Exterior;
- un Representante de la Comisión de la Dirección General afectada por la agenda de la reunión.

¿La presidencia en el Consejo Europeo?

La presidencia en el Consejo Europeo cambia simultáneamente con la presidencia en el Consejo (cada 6 meses; el Presidente del Consejo es el respectivo Jefe de Estado o de Gobierno). Para mejorar la continuidad de trabajo del Consejo Europeo, el Tratado de Reforma introduce un periodo de dos años y medio para el Presidente del Consejo. Aparte de esto, el Presidente no tiene otras competencias diferentes y por encima del actual Presidente del Consejo.

3. El Consejo de Ministros

Primero, hay unos pocos términos que no deben ser confundidos:

- **Consejo de Europa:** es una organización política, fundada en 1949, que trata principalmente con los derechos humanos y la protección de la democracia *(ver arriba, el periodo después de la Segunda Guerra Mundial)*;
- **Consejo Europeo:** es el cuerpo político principal de la UE *(ver arriba, Consejo Europeo)*;
- **Consejo de Ministros** (también llamado Consejo o Consejo de la UE): es la principal institución legislativa de las Comunidades.

Segundo, es importante conocer las diferentes clases de mayorías (ejemplos basados en 99 votos):

- unanimidad: se requieren todos los votos (99 votos);

- mayoría absoluta: se requieren más de la mitad de los votos (50 votos);
- mayoría simple: por ej. si el quórum necesario para una decisión es 51 votos, una mayoría simple significa 26 votos (es decir más de la mitad);
- mayoría calificada: p.ej. decisiones tienen que ser tomadas por una mayoría de dos tercios (66 votos). El voto mayoritario en el Consejo se discutirá a continuación.

Sede del Consejo:
- Bruselas, algunas reuniones tienen lugar en Luxemburgo.

Tareas del Consejo:
- cumplir la tarea legislativa: el Consejo es todavía la institución principal;
- transferir tareas legislativas a la Comisión y Comités específicos (Comitología);
- coordinar las políticas económicas de los estados miembros;
- cumplir las tareas en el ámbito del segundo y tercer pilar (intergubernamentales). En este campo el Consejo toma decisiones basadas en las directrices decididas del Consejo Europeo (tarea ejecutiva del Consejo);
- cumplir la tarea de presupuesto;
- concluir acuerdos internacionales.

Presidencia en el Consejo:

El país de la presidencia debería promover la UE y tratar de solucionar problemas sin nacionalizarlos. También tiene una función de mediador. La presidencia es ejercida por seis meses por un estado miembro (el mismo país que en el Consejo Europeo), bajo el liderazgo del respectivo Jefe de Estado o Gobernante.

Estructura del Consejo:

El Consejo está compuesto por ministros de los estados miembros. Los respectivos ministros especialistas se reúnen en sus áreas temáticas. Actualmente hay nueve de estas áreas.

Tres ejemplos:

- el *Consejo* de *Asuntos Generales* y *Relaciones Exteriores* al cual se unen los ministros del exterior de los estados miembros a fin de coordinar reuniones del Consejo y organizar cumbres Europeas. Este tiene además otra tarea en el PESC, en la *Política Europea* de *Seguridad* y *Defensa* y lo concerniente al comercio exterior, etc;
- el ECOFIN, al cual los ministros de finanzas y economía se reúnen;
- el Consejo de Ministros de Agricultura y Pesquería, etc.

Toma de decisiones en el Consejo:

El Consejo recibe una propuesta de la Comisión que va directamente a un grupo de trabajo consistente en expertos. Después de que se discute en el grupo de trabajo, la propuesta se envía al Comité de Representantes Permanentes. Hay dos de estos Comités:

- COREPER I (Delegados de los Representantes Permanentes): que tratan diferentes asuntos especiales (por ejemplo Mercado Interno);
- COREPER II (Representantes Permanentes de los estados miembros): que tratan asuntos políticos (por ejemplo Ampliación).

COREPER actúa en un nivel diplomático; sus miembros, los representantes permanentes (y sus delegados), son embajadores que se conocen unos a otros muy bien. Tan pronto como ellos reciben el borrador de la Comisión, empiezan a negociarlo.

- Si no hay acuerdo en el COREPER, el borrador se envía otra vez al grupo de trabajo o va a los ministros. Sin embargo, en general los problemas pueden resolverse por debajo del nivel ministerial. Solamente alrededor del 5% deben ser decididos por los ministros.

- Si los ministros reciben el borrador y ya ha habido un acuerdo en COREPER, los ministros solamente aprueban el borrador sin un debate.
- Si no se ha logrado ningún acuerdo en COREPER, los ministros debieran primero hallar un consenso (una votación solamente tiene lugar, si los ministros no pueden llegar a un consenso y, por supuesto, no se ha logrado ningún acuerdo en COREPER).
- Si no hay consenso, los ministros deciden unánimemente, por mayoría simple o – en la mayoría de los casos – por mayoría calificada (80%). Con respecto a la mayoría calificada, cada ministro representa un número diferente de votos ponderados según la población del respectivo estado miembro (p.ej. el ministro de Alemania representa 29 votos – el ministro de Malta 3). En total hay 345 votos.

El voto de mayoría calificada:

El Procedimiento de mayoría calificada fue bloqueado por el Compromiso de Luxemburgo, 1966 *(ver arriba, los años de la construcción de las Comunidades)* y establecido por el Acto Único Europeo (1985 / 87) con el fin de asegurar un proceso mejor de toma de decisiones. El Procedimiento de mayoría calificada está diseñado para más del 80% de las decisiones del Consejo (aunque para la mayoría de las decisiones se encuentra un consenso).

¿Qué se necesita para que una decisión sea tomada por mayoría calificada?

- 73.91% de los votos (255);
- más de la mitad de los estados miembros (14);
- 62% de la población Europea si solamente un estado miembro lo solicita.

Principales enmiendas después del Tratado de Reforma:

- introducción de las reuniones públicas del Consejo;
- reemplazo del sistema actual de presidencia por un nuevo sistema rotatorio;

- reemplazo del hasta ahora voto de mayoría calificada por una doble mayoría a partir de 2017: las decisiones entonces serán tomadas con un consentimiento del 55% de los estados que representan al menos el 65 % de la población.

4. El Parlamento Europeo

Sede del Parlamento Europeo:
- Estrasburgo (sesión plenaria: doce veces al año, una semana cada una);
- Bruselas (sesiones mini plenarias);
- Luxemburgo (Secretaria General).

Miembros del Parlamento Europeo:

Los ciudadanos europeos están representados por 785 Miembros del Parlamento Europeo (diputados), nombrados para un periodo de cinco años. El número de escaños para cada estado miembro depende de la población de cada estado, p. ej. Alemania tiene 96 escaños, mientras que Malta solamente tiene 6. ¡Sin embargo, todavía no hay una ley uniforme de elección!

Tareas del Parlamento Europeo:
- compartir los poderes legislativos con el Consejo. El grado de influencia del Parlamento Europeo depende del procedimiento *(ver abajo, creación del derecho comunitario derivado)*;
- hacer uso del poder de monitorear el Consejo y la Comisión a través de Comités de Investigaciones e Indagaciones;
- votar en caso de que haya una falta de confianza con respecto a los Comisarios y obligar a la Comisión entera a renunciar (voto de desconfianza);
- hacer uso del derecho a rechazar el borrador del presupuesto de la Comisión con respecto a los **gastos no obligatorios,** p. ej. medidas estructurales, investigación y tecnología. Respecto a los **gastos obligatorios** el Consejo tiene la palabra final, p. ej. agricultura;
- asentir a la elección de la Comisión y su Presidente;
- estar de acuerdo con la ampliación y a la asociación.

Límites de la competencia:
- el Parlamento Europeo no tiene derechos de codecisión con respecto a asuntos intergubernamentales;
- el Parlamento Europeo no puede producir actos legales (no tiene derecho de iniciativa, solamente la Comisión está autorizada para hacerlo).

Estructura y toma de decisiones:

El Parlamento Europeo elige un Presidente y 14 Vice-Presidentes para un período de dos años y medio. Como se menciono arriba, la influencia del Parlamento Europeo sobre la promulgación de actos legales, depende del procedimiento legislativo (Procedimiento de Consulta, -Cooperación, -Codecisión y -de Dictamen Conforme, *ver abajo, creación del derecho comunitario derivado*).

Actualmente hay siete grupos parlamentarios en el Parlamento Europeo que están compuestos por Miembros de Parlamento Europeo de los diferentes países que comparten las mismas inclinaciones políticas:

- El Partido Popular Europeo (centro-derecha, apoya la integración).
- El Partido Socialista Europeo (la cooperación es a veces difícil debido a la diversidad de ideologías).
- La Alianza de los Liberales y Demócratas por Europa (centro – derecho – izquierdoso, ellos frecuentemente cooperan con el Partido Popular).
- Los Europeos Verdes – Alianza Libre Europea (a veces tienen dificultades para alinearse unos con otros).
- La Izquierda Unida Europea – Izquierda Verde Nórdica (ala izquierda socialista, anteriormente comunistas).
- Independencia y Democracia (euro-escépticos, luchan por una Europa de estados miembros soberanos).
- La Unión de las Naciones por Europa (anteriormente seguidores de De Gaulle).

¿Cómo toma una decisión el Parlamento Europeo?
- La propuesta de la Comisión va directamente a un Comité donde se discute el borrador (hay 20 Comités permanentes en el Parlamento Europeo).
- Se nombra un "Rapporteur" que actúa como vocero, explicando los puntos de vista del Comité en la plenaria.
- Los Miembros del Parlamento Europeo votan sobre el borrador.

Principales enmiendas después del Tratado de Reforma:
- La limitación a 750, mas el escaño del Presidente, como número máximo de escaños en el Parlamento Europeo. En consecuencia, ningún estado miembro puede tener menos de 6 o más de 96 escaños.
- La diferencia entre gastos obligatorios y no-obligatorios será abandonada, facultando así al Parlamento Europeo para influir también en asuntos que antes pertenecían a gastos obligatorios (especialmente agricultura).
- El Procedimiento de codecisión se amplió más (es decir, fortaleciendo la tarea legislativa).

5. El Tribunal de Justicia

El Tribunal de Justicia es la jurisdicción de la Unión Europea y se compone de tres cuerpos:
- El Tribunal Europeo de Justicia (TEJ);
- El Tribunal de Primera Instancia (TPI);
- El Tribunal de la Función Pública de la Unión Europea

El Tribunal salvaguarda la interpretación, aplicación correcta y el desarrollo del derecho de la UE como también es la única institución que tiene facultad para imponer multas a los estados miembros.

Sede del Tribunal:
- Luxemburgo

Miembros del Tribunal Europeo de Justicia:

- 27 jueces, que son nombrados por los estados miembros para un periodo de seis años;
- 8 Abogados Generales (AG), que ayudan al Tribunal Europeo de Justicia y dan recomendaciones así como opiniones legales que sirven de base para la decisión final del Tribunal de Justicia.

Organización interna del Tribunal Europeo de Justicia:

- el Tribunal se compone de cámaras (que consisten de tres o cinco jueces);
- los procedimientos son en su mayoría escritos (no se pueden introducir apelaciones);
- el idioma interno es francés.

Tareas del Tribunal Europeo de Justicia:

- solucionar disputas entre la UE y los estados miembros, entre los mismos estados miembros y entre las instituciones;
- interpretar el derecho europeo a solicitud de los tribunales de los estados miembros (Procedimiento Prejudicial);
- producir opiniones legales con respecto a la compatibilidad de los acuerdos internacionales con los Tratados de la Comunidad a solicitud del Parlamento Europeo, el Consejo, la Comisión o los estados miembros.

Los procedimientos más importantes usados en el Tribunal Europeo de Justica:

1. Recurso por incumplimiento:
    - La Comisión recibe notificación de una violación de un estado miembro contra el Derecho Europeo.
    - La Comisión escribe una carta al respectivo estado miembro.
    - El estado miembro expone sus opiniones.
    - La Comisión responde, dando su opinión.
    - El estado miembro se compromete a suspender la violación. Si el estado miembro no cumple, la Comisión lo demanda.

- Como consecuencia de la decisión de la Corte se pueden imponer multas.

2. Procedimiento Prejudicial:
   - Los tribunales nacionales pueden, y a veces deben interrumpir el proceso nacional y referirlo al Tribunal Europeo de Justicia pidiéndole que clarifique un punto concerniente a la interpretación del derecho comunitario.

3. Procedimientos posibles posteriores:
   - Recurso de anulación;
   - Recurso por omisión;
   - Recurso para la reparación de daños.

Tribunal de Primera Instancia (TPI):
- se puede exceder el número de 27 jueces;
- no hay Abogados Generales;
- el Tribunal de Primera Instancia solamente sirve como destinatario para acciones específicas (p. ej. acciones de individuos relacionadas con la omisión, anulación o reparación de daños);
- las apelaciones pueden ser introducidas en el Tribunal Europeo de Justicia.

Tribunal de la Función Pública de la Unión Europea:
- limitado a siete jueces;
- no hay Abogados Generales;
- solamente a cargo de casos de disputas entre instituciones y miembros del personal directivo;
- las apelaciones pueden introducirse al Tribunal de Primera Instancia y – en casos excepcionales – al Tribunal Europeo de Justicia.

6. El Tribunal de Cuentas Europeo

Aunque esta institución se llama "tribunal", su función no es judicial. Como representante del contribuyente europeo, también se le ve como el "perro guardián" del dinero del UE.

Sede del Tribunal:

- Luxemburgo

Miembros del Tribunal:

- 27 miembros,
- nominados por los estados miembros,
- nombrados por el Consejo para un periodo de seis años con previa consulta al Parlamento Europeo.

Tareas del Tribunal:

- controlar todas las cuentas a nivel europeo (ingresos y gastos);
- controlar que el dinero se use de manera legal;
- presentar un informe anual acerca de sus actividades de control;
- tiene facultad para informar a la **Oficina Europea de Lucha contra el Fraude,** si el Tribunal detecta fraude o irregularidades. Sin embargo, el mismo Tribunal no tiene facultad para imponer sanciones.

7. Los cuerpos consultores de las instituciones europeas

7.1. El Comité Económico y Social Europeo

El Comité Económico y Social Europeo (CESE, fundado en 1953) es un organismo consultivo que representa a grupos de diferentes intereses. Sin embargo, no tiene el estatus de una institución europea.

Sede del CESE:

- Bruselas

Miembros del CESE:

- 344 miembros,
- propuestos por los estados miembros,
- nombrados para el Consejo para 4 años.

Los miembros representan varias categorías de la vida económica y social.

Tareas del CESE:

- este debe ser consultado con respecto a asuntos relacionados con el empleo y la salud, etc;
- se le consulta con respecto al Mercado Interno, asuntos de consumidores, etc;
- tiene facultad para dar una opinión sobre sus propias iniciativas si considera que tal acción es apropiada. ¡Sin embargo, esta opinión no es legalmente obligatoria!

Estructura del CESE:

El CESE se compone de:

- representantes de asociaciones de empleadores y empleados;
- varios otros grupos de interés (p.ej. agricultores, representantes de los consumidores, etc);

7.2. El Comité de las Regiones

El Comité de las Regiones (fundado en 1993) es un organismo consultivo que representa los intereses regionales y locales en Europa. No tiene el estatus de una institución europea.

Sede del Comité de Las Regiones:

- Bruselas

Miembros del Comité de las Regiones:

- 344 miembros,
- propuestos por los estados miembros,

- nombrados por el Consejo para cuatro años.

Tareas del Comité de las Regiones:
- sirve como consultor obligatorio para asuntos relacionados con educación, salud y medio ambiente, etc;
- puede ser seleccionado como consultor para asuntos relacionados con industria y los consumidores etc;
- puede emitir su opinión sobre intereses regionales. ¡Sin embargo, esta opinión no es legalmente obligatoria!

8. Las instituciones financieras en Europa

8.1. El Banco Central Europeo

A fin de alcanzar el último paso para el establecimiento de una Unión Monetaria Europea *(ver arriba, en camino a una Unión Europea)*, fue necesario crear una institución financiera en Europa.

Sede del Banco Central Europeo:
- Fráncfort del Meno

Organización de un sistema financiero europeo:

Debido al hecho de que no todos los estados miembros toman parte en la Unión Monetaria Europea, un sistema de tres pilares tuvo que ser establecido para el sector financiero:

- **El Sistema Europeo de Bancos Centrales** (SEBC): el Banco Central Europeo (BCE) más los Bancos Centrales de la Eurozona así como los Bancos Centrales de la zona no Euro porque no todos los estados miembros deseaban introducir el Euro.
- **Eurosistema:** Banco Central Europeo más los Bancos Centrales de la Eurozona.
- **El Banco Central Europeo**: una institución financiero independiente y supranacional con personería legal que puede sancionar a los estados miembros.

Tareas del Banco Central:
- definición y ejecución de la política monetaria;
- realización de las operaciones de cambio;
- gestión de las reservas oficiales de las divisas;
- promoción del funcionamiento de los sistemas de pago;
- recopilación de la información estadística;
- supervisión de las entidades de crédito y a la estabilidad del sistema financiero;
- emisión de billetes euro.

Estructura del sistema financiero europeo:
- **El Comité Ejecutivo:** es un cuerpo del Banco Central Europeo que es responsable por las transacciones actuales y ejecuta las instrucciones del Consejo de Gobierno del Banco Central Europeo.
- **El Consejo de Gobierno**: es un cuerpo del Eurosistema y el máximo instrumento en la política monetaria, que establece las directrices.
- **El Consejo General:** es un cuerpo del Sistema Central de Bancos Europeos que coordina la política monetaria entre los miembros y los no miembros de la Eurozona.

Dos estrategias políticas principales del Banco Central Europeo:
- Si el Banco Central Europeo baja las tasas de interés, los préstamos se hacen más baratos. Esta política se usa como una medida para combatir la recesión.
- Si el Banco Central Europeo eleva las tasas de interés, los préstamos se hacen más costosos. Esta medida se toma si la economía va bien.

8.2. El Banco Europeo de Inversiones

El Banco Europeo de Inversiones (BEI) es un instrumento financiero de la UE cuyos accionistas son los estados miembros de la UE. No tiene el estatus de una institución europea.

Sede del BEI:
- Luxemburgo

Tareas del BEI:
- el BEI da préstamos a instituciones públicas y privadas en armonía con los objetivos de la UE, que son: desarrollo regional, protección del medio ambiente y del clima, transportes, energía;
- el BEI generalmente proporciona el 50% del costo total a un interés bajo;
- el foco principal está en los países de la Europa Oriental y los llamados estados África-Caribeño-Pacifico.

Grupo del Banco Europeo de Inversiones:

Está formado por el Banco Europeo de Inversiones mas el Fondo Europeo de Inversiones.

8.3. El Fondo Europeo de Inversiones

Sede del Fondo Europeo de Inversiones:
- Luxemburgo

El Fondo Europeo de Inversiones no financia directamente las empresas, pero proporciona dinero a los bancos privados. Sus accionistas son:
- el Banco Europeo de Inversión;
- la Comisión;
- los Bancos Europeos.

9. La Agencias de la Unión Europea

Las Agencias de la Comunidad son instituciones dentro del derecho público europeo con personería jurídica. Son creadas por un acto del derecho comunitario derivado. Están extendidas por toda Europa – cada estado miembro desea tener una Agencia como un símbolo de estatus.

Hay dos tipos de agencias:
- **Agencias Ejecutivas**, las cuales están involucradas con proyectos individuales de duración limitada.
- **Agencias Reguladoras**, que son instituciones permanentes.

Las agencias mismas están divididas en:
- Agencias del primer pilar (p. ej. FRONTEX, La Agencia Europea para la gestión de la cooperación operativa en las fronteras exteriores)
- Agencias del segundo pilar (p. ej. EDA, la Agencia Europea de Defensa)
- Agencias del tercer pilar (p. ej. EUROJUST, la Unidad de Cooperación Judicial de la Unión Europea y EUROPOL, La Oficina Europea de Policía).
- Agencias Ejecutivas (p. ej. PHEA, la Agencia Ejecutiva en Salud Pública, 2005-2010).

Tareas de las agencias:
- conectar a la UE con sus ciudadanos;
- asesorar a la Comisión y dar opiniones.

III. Legislación de la UE

1. La naturaleza jurídica de la UE

A fin de hallar que es jurídicamente la UE, primero tenemos que distinguir entre dos términos:

- **Estados Federales:** p. ej. Los Estados Unidos, eso son estados individuales que operan como un estado.
- **Confederaciones:** p. ej. La Commonwealth en la cual los estados están unidos en una fidelidad común perteneciente a la Corona. Sin embargo, no funcionan como un solo estado.

La UE no es en sí misma un estado y no tiene su propia gente. Tampoco tiene su propio territorio ni una competencia-competencia (es decir que solamente los estados miembros pueden decidir lo que ellos desean reglamentar a nivel europeo). En términos generales, la UE es menos que un Estado Federal porque no tiene una constitución, pero es más que una Confederación porque tiene un mercado interno y sus propias instituciones. Siendo una federación de países, la UE puede entonces definirse como una formación única, consistente en elementos supranacionales e intergubernamentales.

2. Las fuentes y procedimientos del Derecho Europeo

2.1. Derecho Comunitario Primario y Derecho Comunitario Derivado

El Derecho Comunitario puede dividirse en categoría primaria y derivada.

El Derecho Comunitario Primario incluye principalmente lo siguiente:

- Los Tratados Constitutivos;
- Los Tratados que modifican los Tratados originales;
- Principios generales del derecho (p. ej. derechos fundamentales, Principio de democracia, etc);
- Derecho común (p. ej. los secretarios de estado pueden actuar en representación de sus ministros a nivel europeo).

El Derecho Comunitario Derivado incluye principalmente lo siguiente:
- La legislación promulgada por las instituciones de las Comunidades (p. ej. Reglamentos);
- Derecho de casos que se deriva de las decisiones del Tribunal;
- Acuerdos Internacionales realizados por las Comunidades.
- El Derecho Comunitario Derivado no debe enmendar o infringir el Derecho Comunitario Primario, siempre que su interpretación y concreción sean posibles.

Actos legales del área supranacional:
- **Reglamento**: acto legal que es legalmente obligatorio y directamente aplicable en todos los estados miembros.
- **Directiva**: acto legal que no es aplicable directamente. Este debe ser incorporado en el derecho nacional.
- **Decisión**: acto legal que es legalmente obligatorio y solamente se aplica directamente para el destinatario (p. ej. un estado miembro).
- **Opinión:** un acto que no es legalmente obligatorio, pero es de importancia política.
- **Recomendación:** un acto que contiene una solicitud de la Comisión o del Consejo que no es legalmente obligatoria (los destinatarios son principalmente los estados miembros).

Las Opiniones y Recomendaciones se caracterizan como "soft law" lo que significa, que infringirlas no trae consecuencias legales.

Ejemplos de actos legales del área intergubernamental:
- Directrices decididas y Estrategias comunes del Consejo Europeo;
- Acciones conjuntas, Posiciones comunes, Decisiones y Declaraciones del Consejo Europeo.

2.2. La creación del Derecho Comunitario Derivado

Por principio, el Consejo es el principal cuerpo legislativo de las Comunidades y por tanto está involucrado en todos los procedimientos legislativos. Sin embargo, la importancia del Parlamento Europeo ha aumentado particularmente debido a la introducción del Procedimiento de codecisión en el Tratado de Maastricht.

Los cuatro procedimientos legislativos más importantes son:
- Procedimiento de consulta;
- Procedimiento de cooperación;
- Procedimiento de codecisión;
- Procedimiento de dictamen conforme,

Procedimiento de consulta:
- El requisito de una base legal (el respectivo Articulo del Tratado).
- La Comisión promulga un borrador.
- El Parlamento Europeo da una opinión sobre el borrador.
- El Consejo adopta el borrador. Sin embargo, no necesita tomar en consideración las enmiendas del Parlamento Europeo.

El Procedimiento de consulta se aplica en las siguientes aéreas políticas:
- Política de Agricultura Común;
- Competencia;
- Cooperación Judicial y Policial en Asuntos Penales;
- Política Comercial Común, etc.

Procedimiento de Cooperación:
- El requisito de una base legal.
- La Comisión promulga un borrador.
- El Parlamento Europeo da su opinión.
- El Consejo adopta una posición común:
  - El Parlamento Europeo puede decir "SI" o no hacer nada. En ambos casos el Consejo adopta el borrador con voto por mayoría calificada.
  - El Parlamento Europeo puede decir "NO". En este caso, el Consejo solamente puede adoptar el borrador por unanimidad.

- El Parlamento Europeo puede proponer enmiendas. Si lo hace, el borrador vuelve otra vez a la Comisión. Si la Comisión acepta, el Consejo lo adopta con voto por mayoría calificada. Si la Comisión no lo acepta, el Consejo solamente puede adoptarlo por unanimidad.

Ahora el Procedimiento de cooperación se usa solamente en el campo de la Unión Económica y Monetaria.

Procedimiento de codecisión:
- El requisito de una base legal.
- La Comisión promulga un borrador.
- Si el Parlamento Europeo está de acuerdo, el Consejo lo puedo adoptar.
- Si hay enmiendas del Parlamento Europeo:
    - El Consejo puede decir "SI" y adoptarlo.
    - El Consejo puede decir "NO" y hacer sus propias enmiendas (Posición común) y enviar el borrador de regreso al Parlamento Europeo.
- El Parlamento Europeo puede decir "SI", a dichas enmiendas. Si es así, el Consejo puede adoptar.
- Si el Parlamento Europeo no hace nada, el Consejo puede adoptar.
- El Parlamento Europeo puede decir "NO". En tales casos toda la propuesta falla.
- El Parlamento Europeo puede proponer sus propias enmiendas. En este caso, el borrador va a un Comité de Conciliación que se compone de miembros del Parlamento y del Consejo.
- Si no hay acuerdo en este Comité, la propuesta falla.
- Si hay un acuerdo, el Concejo y el Parlamento deben aceptar.

El procedimiento de Codecisión se aplica a las siguientes áreas políticas:
- transporte, armonización del mercado interno, aduanas, política social, medio ambiente, industria, salud y asuntos de los consumidores, etc.

Procedimiento de dictamen conforme:

En este procedimiento el Parlamento Europeo puede aceptar o rechazar las decisiones del Consejo. Aunque el Parlamento Europeo no tiene autoridad para enmendar, el acto legal no puede ser promulgado sin la aprobación del Parlamento.

El Procedimiento de dictamen conforme se usa en las siguientes áreas políticas:

- adhesión de nuevos estados miembros;
- elección del Presidente de la Comisión;
- conclusión de acuerdos internacionales;
- sanciones contra los estados miembros que violan el Artículo 7 del Tratado UE (derechos fundamentales europeos), etc;

Comitología:

Como el Consejo generalmente tiene mucho trabajo, puede transferir tareas legislativas a la Comisión y a Comités específicos. Estos Comités se componen de representantes de los gobiernos de los estados miembros y son para supervisar la Comisión. Actualmente hay cinco procedimientos de Comitología:

1. *Procedimiento consultivo* – aplicado a asuntos de poca importancia política:
    - La Comisión promulga un borrador.
    - El Comité da su opinión.
    - La Comisión toma en consideración esta opinión tanto como sea posible.

2. *Procedimiento de gestión* – aplicado a agricultura y pesquería:
    - La Comisión promulga un borrador.
    - El Comité da su opinión.
    - La Comisión puede tener en cuenta esta opinión. Si no desea seguir la opinión, tiene que notificar al Consejo. En este caso el Consejo también puede adoptar diferentes medidas.

3. *Procedimiento de reglamentación* – se usa para la protección de la salud humana, animal y vegetal:
- La Comisión puede solamente adoptarla si el Comité está de acuerdo. Si el Comité no está de acuerdo, el borrador va al Consejo.
- El Consejo decide después de consultar con el Parlamento.

4. *Procedimiento de reglamentación con control* (nuevo desde el 2006):
- Como hemos visto anteriormente, el Parlamento Europeo no ha sido fuertemente representado en los procedimientos de Comitología. Este no tenía derecho de bloquear las propuestas de la Comisión porque solamente los Comités podían hacerlo. Si ellos los bloqueaban, la propuesta era enviada solamente al Consejo. En el Procedimiento de reglamentación con control el Parlamento Europeo está facultado para bloquear las propuestas de la Comisión.

5. *Procedimiento de salvaguardia:*
- Este procedimiento se usa si la Comisión decide sobre medidas de salvaguardia (p. ej. las medidas durante el tiempo de "la enfermedad de las vacas locas" [BSE]). En este caso, la Comisión decide sola (es decir, sin los Comités), pero debe informar al Consejo y a los estados miembros. El Consejo puede enmendar la decisión a solicitud de un estado miembro.

3. Los principales principios del Derecho Europeo

3.1. El Principio de Atribución

Solamente los estados miembros pueden concluir tratados y enmendar competencias a nivel europeo. Las Comunidades Europeas (CE, representan el primer pilar y están formados por la Comunidad Económica Europea y la EURATOM) no tienen la llamada competencia-competencia (esto es que a ellos no se les permite, regular todo lo que sea de interés político. Además, la promulgación de todos los actos legales requiere una base legal en los Tratados).

El Principio de Atribución dice que **si** las CE están autorizada para actuar, protegiendo así la soberanía de los estados miembros.

Las áreas de competencia de las CE se conocen como sigue:

- **Competencias exclusivas:** las CE toman todas las decisiones unilateralmente.
- **Competencias competitivas:** los estados miembros solamente pueden decidir si las CE no deciden porque las CE tienen predominancia sobre los estados miembros.
- **Competencias paralelas:** aunque tanto las CE como los estados miembros están facultados para decidir, el derecho europeo es más fuerte si hay un choque con las reglas de los estados miembros.

Sin embargo, el Principio de Atribución no solamente se refiere a la relación Comunidad– estados miembros, sino también a la relación entre las instituciones de la Comunidad porque cada institución solamente puede actuar si los Tratados lo autorizan para hacerlo.

3.2. El Principio de Supranacionalidad

Con el fin de cumplir los requisitos de una organización supranacional, al menos dos de las siguientes características son necesarias:

- la producción de actos legales;
- una decisión mayoritaria;
- instituciones;
- su propia jurisdicción.

¡Con respecto a las CE, todos los cuatro requisitos se cumplen!

3.3. El Principio de Subsidiariedad

Introducido por el Tratado de Maastricht, el Principio de Subsidiariedad promueve una Europa de tres niveles (Nivel europeo, -nacional, -regional) y estipula que las decisiones deben tomarse tan cerca como sea posible de los ciudadanos. La Comunidad debería actuar solamente si el nivel de estado miembro no es apropiado o un asunto puede ser manejado mejor a nivel europeo. ¡El Principio de Subsidiariedad no comprende competencias exclusivas!

Además, el Principio de Subsidiariedad se completa con el **Principio de Proporcionalidad**. En consecuencia, si la Comunidad puede actuar de diferentes maneras, se debe escoger la medida que proteja más los intereses de los estados miembros.

3.4. El Principio de Equidad o No Discriminación

El Derecho Comunitario Primario se refiere al Principio de Equidad en varias ocasiones. En general, la discriminación podría ocurrir directa o indirectamente *(ver también abajo, El Movimiento Libre de Mercancías)*:

- **Artículo 12** del Tratado CE prohíbe la discriminación, basada en las nacionalidades.
- **Articulo 34(2)** del Tratado CE prohíbe la discriminación entre productores y consumidores dentro de la Comunidad.
- **Artículo 141** del Tratado CE reglamenta igual pago para hombres y mujeres.
- **Artículo 13** del Tratado CE proporciona a la Comunidad autoridad para legislar a fin de prohibir la discriminación basada en *sexo, origen étnico o racial, religión o convicciones, discapacidad, edad u orientación sexual.*
- Además, el Tribunal de Justicia ha desarrollado más principios generales de no discriminación *(ver abajo, Cuatro Libertades).*

3.5. Los Derechos Fundamentales

De acuerdo al **Artículo 6** del Tratado de la UE (enmendado por el Tratado de Ámsterdam), la Unión:

- se basa en los principios de libertad, democracia, respeto de los derechos humanos y de las libertades fundamentales y el Estado de Derecho;
- accederá al Convenio Europeo para la Protección de los Derechos Humanos y respetará las libertades fundamentales como resultan de las tradiciones constitucionales comunes a los Estados miembros como principios generales del Derecho comunitario.

Además, ha sido diseñada una Carta de los Derechos Fundamentales. El estatus legal de la Carta aun está en debate, pero actualmente no es obligatoria legalmente (¡Sin embargo, el Tratado de Reforma le proporciona valor legal!).

3.6. El Principio de Supremacía

Los Tratados no proporcionan una solución a lo que sucede si las leyes nacionales en los estados miembros y el derecho europeo están en conflicto.

Por lo tanto, ha sido hasta ahora el Tribunal Europeo de Justicia quien resuelve el problema. En el caso de **Costa / ENEL (1964),** el Tribunal Europeo de Justicia decretó que el Derecho Comunitario (Primario y Derivado) tendría supremacía sobre todas las formas y fuentes de derecho nacional – aun el derecho constitucional nacional.

3.7. El Principio de Efecto Directo

En el caso Van Gend en Loos (1963), el Tribunal Europeo de Justicia profirió una sentencia a fin de crear la doctrina de efecto directo del Derecho de la Comunidad:

Van Gend había importado productos químicos de Alemania hacia Holanda, y según las leyes holandesas, se le exigía pagar impuesto de aduana a las autoridades holandesas. Van Gend reclamó que esto era una violación con el derecho de la comunidad (unión de aduanas). El tribunal holandés presentó la pregunta al Tribunal Europeo de Justicia (procedimiento prejudicial, *ver arriba, Tribunal de Justicia).*

De acuerdo con el Tribunal, el derecho de la comunidad no solamente establece derechos y obligaciones a los estados miembros sino también a los individuos. Sin embargo, no todos los Artículos del Tratado pueden tener tal efecto directo. Los Artículos del Tratado deben ser:

- claros y precisos (no concreción adicional; carácter auto-ejecutorio);
- incondicionales (sin que se prevean condiciones o reservas en el Artículo del Tratado);
- sin ningún requisito de medidas de transposición de la comunidad o de los estados miembros.

El principio creado en Van Gend ya ha sido más desarrollado:

- Como ya se mencionó en la doctrina Van Gend, los **Artículos del Tratado** solamente tienen un efecto directo si cumplen con tres criterios y si son exigibles contra el estado.
- Además, el Tribunal Europeo de Justicia ha establecido que los derechos y obligaciones contenidos en los Artículos del Tratado

pueden ser exigibles no solamente contra el estado sino también contra **otros individuos.** Nosotros, por lo tanto, tenemos que distinguir entre dos tipos de efecto directo:

- **El Efecto Directo Vertical:** se refiere a la relación entre el individuo y el estado, como en el caso Van Gend: ¡la compañía privada Van Gend contra las autoridades holandesas!
- **El Efecto Directo Horizontal:** se refiere a la relación entre dos individuos, por ejemplo: dos compañías privadas (una compañía y una persona) contra otra.

- En cuanto se refiere a los **Reglamentos,** el Tribunal ha definido que ellos deberán tener el mismo efecto directo vertical y horizontal que los Artículos del Tratado.
- **Las Decisiones** tienen un efecto directo vertical y horizontal solo para los destinatarios.
- Con respecto a las **Directivas,** primero que todo es necesario mencionar que estos no son aplicables directamente. Esto significa que no proporcionan derechos para los individuos hasta que las Directivas estén incorporados al derecho de los estados miembros.
- Sin embargo, el Tribunal también ha decidido que si la Directiva **no** ha sido adecuadamente incorporada dentro al derecho nacional (p. ej. ni a tiempo, ni completamente o por error), los efectos directos (solamente verticales) deberían ser posibles, dentro de los tres criterios de Van Gend (aunque si usted mira el tercer criterio, *"no se requerirá ninguna otra medida de transposición",* este criterio nunca puede ser cumplido por las Directivas porque estas deben ser incorporadas al derecho nacional. Por lo tanto, el Tribunal ha establecido que el tercer criterio se cumple si los estados miembros no incorporan las Directivas a tiempo).

Los siguientes dos casos ilustran las consecuencias de las sentencias del Tribunal Europeo de Justicia:

- Gran Bretaña no incorporó la Directiva sobre la igualdad de trato.
- En los casos Marshall y Tate & Lyle, los empleados se sintieron discriminados en sus empleos (Marshall trabajaba para el estado, Roberts para una compañía privada) y por lo tanto presentaron una demanda basada en la Directiva sobre la igualdad de trato.

Tomando en consideración lo mencionado arriba, llegamos al
siguiente resultado:
- Las Directivas pueden también tener un efecto directo (efecto
  verticalmente directo) si no están incorporados en la ley
  nacional.
- Bretaña no incorporó la Directiva.
- ¡Solamente Marshall tuvo éxito porque solamente ella trabajaba
  para el estado! Una Directiva solamente tiene un efecto
  verticalmente directo!

3.8. El Principio de Efecto Indirecto

Como ya se mencionó arriba, las Directivas no tienen un efecto
horizontalmente directo. Dentro del Principio de Efecto Indirecto, los
tribunales nacionales tienen la obligación de interpretar y aplicar el
derecho nacional en una forma que sea consistente con las palabras y el
objetivo de las Directivas, aun si estas no han sido incorporadas. ¡Esto
permite que las Directivas no incorporadas tengan un efecto en las
sentencias de los tribunales nacionales!

3.9. La responsabilidad del Estado por Daños

En el caso **Francovich,** Italia no ha incorporado una Directiva dándole un
estándar mínimo a los empleados en caso de la insolvencia de una
compañía. Para lograr tales estándares, Italia (y los otros países
miembros) deberían establecer un fondo público.

Por la no incorporación de la Directiva, el señor Frankovich, un trabajador
cuya compañía tuvo que cerrar, no recibió ningunos fondos.

El Tribunal Europeo de Justicia ha establecido que si un estado miembro
deja de incorporar una Directiva al derecho nacional, un individuo que
sufra perjuicios como consecuencia de esto, puede reclamar
compensación del estado bajo las siguientes condiciones:

- la Directiva debe conferir un derecho a los individuos;
- la violación debe ser suficientemente grave;
- debe haber una causa directa de conexión entre la violación y el
  perjuicio (esto es si Italia había incorporado la Directiva, los
  trabajadores hubieran recibido su dinero).

IV. Las Cuatro Libertades del Tratado de la CE

1. La Libre Circulación de Mercancías

La libre circulación de mercancías entre los estados miembros solamente se puede llevar a cabo si se eliminan las barreras monetarias y no monetarias.

1.1. La eliminación de barreras monetarias

A fin de eliminar las barreras monetarias entre los estados miembros, se requieren las siguientes tres medidas:

Eliminación de derechos de aduana a fin de crear una Unión Aduanera:
- La Unión Aduanera entre los estados miembros se había establecido en 1968.

Prohibición de nuevos derechos de aduana y aranceles de efecto equivalente (AEE):
- ¿Qué son mercancías? Los productos que pueden ser avaluados en dinero y que pueden ser el sujeto de transacciones comerciales.
- ¿Qué es una AEE? Cualquier cargo monetario impuesto en las mercancías por razón de que estas cruzan la frontera.
- ¡El propósito de aduana/aranceles no es importante!

Como consecuencia todos los derechos de aduana y AEE son ilegales (excepto derechos impuestos sobre, por ejemplo, la inspección de animales, pero luego también se tienen que referir a mercancías domésticas).

Prohibición de impuestos internos discriminatorios:
- El cobro de impuestos es ilegal si este, directa o indirectamente, discrimina productos importados o protege los productos domésticos:

Ejemplo: Aunque la cerveza y el vino son mercancías similares, el estado miembro "A" tiene un impuesto más alto sobre la cerveza a fin de proteger su industria del vino → una discriminación de los importadores extranjeros de cerveza (discriminación directa).

1.2. La eliminación de barreras no monetarias:

Las barreras no monetarias (como las cuotas) pueden también interferir con la Libre circulación de las mercancías. A fin de eliminar las barreras no monetarias, se requiere la siguiente medida:

La prohibición de restricciones cuantitativas y las medidas de efecto equivalente (MEE):

- ¿Qué es una restricción cuantitativa? Es una medida nacional que impone una cantidad máxima de mercancías que pueden ser importadas o exportadas durante un periodo de tiempo determinado a fin de proteger las mercancías locales.
- ¿Qué es un MEE? Medidas que estorben el comercio de la comunidad haciendo la importación más difícil (o costosa) o favoreciendo los productos domésticos.

Ejemplo: Los agricultores franceses bloquearon sus carreteras a fin de impedir la importación de España de productos agrícolas. De acuerdo con el Tribunal Europeo de Justicia, el gobierno francés no había hecho lo suficiente para detener estos bloqueos→MEE

- **La Fórmula de Dassonville:** si una ley nacional impide la importación de mercancías de otro estado miembro, esta ley no es aplicable en este caso. Como consecuencia, los estados miembros tienen muy poco espacio en sus reglas de comercio. Todas las reglas de comercio, que son capaces de bloquear directa o indirectamente el comercio intra-Comunidades, deben ser consideradas como MEE.

Ejemplo: el caso Cassis-de-Dijon: De acuerdo con el Tribunal Europeo de Justicia, todas las mercancías, que son legalmente producidas en los estados miembros, pueden también ser vendidas a cualquier otro estado de la UE. Al fabricante alemán de productos alimenticios (REWE) se le había prohibido la importación de licor francés conocido como Cassis-de-

Dijon (con 20%-de contenido de alcohol) por la administración del monopolio federal alemán de licor porque la ley alemana requería un mínimo contenido alcohólico del 32%. De acuerdo con el Tribunal Europeo de Justicia, el embargo de la importación impuesto por la administración del monopolio federal infringía el derecho de la comunidad. Una justificación de este embargo de importación solamente es admitida dentro del Artículo 30 del Tratado de la CE o además, bajo la llamada "Fórmula Cassis-de-Dijon" (p. ej. la protección de la salud pública, la pureza de las mercancías negociadas y la protección del consumidor). ¡Además, las medidas, que imponen el embargo de importación, siempre tienen que ser proporcionales!

En resumen, el caso puede ilustrarse como a continuación:
- La medida tomada por la Administración Alemana para Licores se considera ilegal dentro de la Formula Dassonville.
- Alemania trato de justificar el embargo de la importación con la protección de sus propios consumidores, declarando que los consumidores estarían confundidos si encontraran bebidas alcohólicas con diferentes contenidos de alcohol bajo el nombre de licores en los supermercados.
- El Tribunal de Justicia no aceptó el punto de vista alemán, alegando que los consumidores serian capaces de reconocer el diferente grado de contenido de alcohol a causa de la etiqueta. La medida alemana de un embargo de importación por tanto no fue proporcional y por tanto una MEE.

Medidas fuera del ámbito de la Formula Dassonville:

Las siguientes medidas no son MEE:
- Algunos arreglos de venta, relacionados con el marketing y la publicidad si ellos no están relacionadas con los productos y no son discriminatorias.

Ejemplo: Si todas las tiendas tienen que cerrar los domingos, la medida no está relacionada con el producto y afecta tanto a las mercancías nacionales o extranjeras por igual. Por lo tanto, tal medida no está prohibida dentro de la Formula Dassonville.

PERO: Aunque la prohibición de anunciar bebidas alcohólicas en Suecia no es directamente discriminatoria porque afecta lo mismo las bebidas nacionales y extranjeras, las mercancías extranjeras se ven más afectadas porque son menos conocidas que las nacionales. Subsecuentemente, tal medida es considerada como indirectamente discriminatoria y por tanto una MEE, aunque Suecia podía justificar su medida a causa del Articulo 30 (ver abajo).

Medidas que pueden ser justificadas a causa del Artículo 30 del Tratado de la CE.

Algunas prohibiciones respecto a la importación de productos de otros estados miembros son legales porque las medidas domésticas pueden justificarse a causa de:

- moralidad pública;
- seguridad pública y política;
- protección de la salud y vida de las personas, animales o plantas;
- protección de los tesoros arqueológicos nacionales;
- protección de la propiedad industrial y comercial.

Aunque el Artículo 30 no la mencione explícitamente, cualquier medida, que impone un embargo de importación, tiene que cumplir con el principio de proporcionalidad que dice que si la medida en cuestión es realmente necesaria o puede ser suavizada.

Ejemplo: "A" deseaba importar muñecas de amor de tamaño real al Reino Unido. Las muñecas fueron decomisadas bajo la ley del Reino Unido, pero la ley no contenía una prohibición similar para muñecas de amor fabricadas dentro del país. En consecuencia, "A" reclamó que la ley del Reino Unido no estaba cumpliendo con la fórmula Dassonville. El Reino Unido deseaba justificar la medida conforme al Artículo 30 (moralidad pública), pero el Tribunal no aceptó este intento de justificación porque la medida solamente afectaba las muñecas importadas. ¡Esta medida es por tanto considerada como MEE!

2. La Libre Circulación de Personas

Aunque todo ciudadano de la UE tiene el derecho de pasarse de su estado natal a otro estado a fin de trabajar, establecer empresas o prestar un servicio, solamente pocos europeos hacen esto.

La Libre Circulación de Personas puede dividirse en dos grupos:

- la Libre Circulación de los Trabajadores;
- la Libertad de Establecimiento.

¿Quién es un ciudadano de la Unión?

Un ciudadano de la Unión tiene nacionalidad de un estado miembro. Hay dos tipos de ciudadanos de la Unión:

- las personas no activas económicamente: estudiantes, jubilados, los ricos;
- las personas activas económicamente: empleados/trabajadores, auto-empleados, prestadores de servicios.

2.1. La Libre Circulación de los Trabajadores

¿Quién es un trabajador?

De acuerdo a una definición más amplia de la palabra, un trabajador labora bajo el control de alguien y recibe un salario. Sin embargo, un trabajador es también alguien que ha perdido su trabajo o que solamente trabaja tiempo parcial.

¿Cuáles son los derechos de los trabajadores de otros estados miembros?

Todo ciudadano de la UE tiene derecho a lo siguiente:

- aceptar ofertas de trabajo, residir en el respectivo estado miembro y permanecer allí después de trabajar;
- permanecer en el país huésped por 3 meses, por lo cual el trabajador pueda, por supuesto, permanecer más largo tiempo, pero entonces tendrá que registrarse;
- recibir residencia permanente después de haber trabajado en el respectivo país por 5 años;
- recibir ventajas sociales:

Ejemplo: traer a su compañero/compañera al país huésped si las leyes del país tratan a las parejas casadas y no casadas de la misma manera.

Ejemplo: recibir beneficios de desempleo en caso de perder su empleo. Sin embargo, el trabajador tiene que llenar los mismos requisitos que llenan los nacionales, p. ej. haber trabajado en el país huésped por un periodo mínimo de tiempo.

¿ Cuando hay una discriminación?

La discriminación directa, basada en la nacionalidad, está prohibida siempre. La discriminación indirecta, p. ej. algo que puede ser cumplido más fácilmente por los nacionales, puede justificarse dentro de cuatro condiciones (Fórmula Gebhard). En consecuencia, las reglas nacionales deben ser:

- aplicadas de una manera no-discriminatoria,
- justificadas por razones imperiosas de interés general,
- adecuadas para garantizar la realización del objetivo que persiguen,
- no deben ir más allá de lo que sea necesario para alcanzar dicho objetivo (proporcionalidad).

Ejemplo: el Caso Groener: La señora Groener, una holandesa, no fue nombrada para un puesto de enseñanza en un colegio irlandés porque ella falló en una prueba oral del idioma gaélico. Esta prueba fue aplicada tanto para trabajadores nacionales e inmigrantes. Sin embargo, los trabajadores nacionales podían pasar la prueba más fácilmente que los trabajadores inmigrantes. Aunque esta podría tomarse como un caso de discriminación indirecta, Irlanda pudo justificar la prueba dentro de la Fórmula Gebhard porque es de interés general para Irlanda fomentar el uso del gaélico.

¿Cuándo tiene derecho un trabajador a quedarse permanentemente en el país huésped?

- un trabajador tiene derecho a quedarse en el país huésped si él/ella han trabajado en el país por cinco años o

- si han alcanzado la edad de jubilación en el país huésped, después de haber trabajado allí al menos por 12 meses **y** haber residido continuamente allí al menos por tres años.

¿Quién se considera un miembro de la familia?

Los miembros de la familia son:

- un esposo/esposa;
- una pareja de una unión libre siempre que el país huésped reconozca tal unión como equivalente a un matrimonio;
- descendientes directos que sean menores de 21 o dependientes del trabajador, esposo o compañero;
- ascendientes directos que dependan del trabajador, esposo o compañero;
- miembros de la familia dependientes que residan en la misma casa en el estado natal o que necesiten cuidados personales.

En general, los miembros de la familia tienen los mismos derechos que los trabajadores. Sin embargo, si ellos no son ciudadanos de la UE, pueden permanecer solamente en el país huésped por tres meses excepto que tengan tarjeta de residencia.

¿Hay algunas restricciones?

Los estados miembros pueden negar a los trabajadores el derecho de Libre circulación por razones de:

- orden público;
- seguridad y salud pública.

Además, estas limitaciones requieren:

- proporcionalidad y
- un peligro actual, genuino y suficientemente grave para el país huésped.

Ejemplo: el caso de las prostitutas francesas: A las prostitutas francesas se les negó la entrada a Bélgica por razones de orden público, a pesar del hecho, de que la prostitución no es ilegal en Bélgica. Esto es por tanto una medida de discriminación no proporcional.

2.2. La Libertad de Establecimiento

Los ciudadanos de la UE tienen derecho de establecer una empresa en un país huésped bajo las mismas condiciones que los nacionales.

¿Qué es un establecimiento?

El Tribunal Europeo de Justicia ha definido establecimiento como el ejercicio de una actividad económica a través de una base permanente (con respecto a los auto-empleados y sociedades) en un otro estado miembro por un periodo de tiempo indefinido. Mientras el autoempleado (la Libertad de establecimiento está afectada) maneja su propio negocio, los trabajadores (la Circulación libre de los trabajadores está afectada) trabajan bajo el control de otro, recibiendo así un sueldo o salario.

Sin embargo, ha habido desarrollos problemáticos: Sociedades que se han establecido en un estado miembro desean transferir su sede a otro estado miembro por razones de impuestos *(ver abajo, derecho de sociedades)*.

¿Cuáles son los derechos de los auto-empleados?

Los auto-empleados tienen los mismos derechos que los trabajadores *(ver arriba, Libertad de Trabajadores)*.

¿Cómo manejar los diferentes requisitos de calificación?

Hay diferentes requisitos de calificación para manejar un negocio en casi todos los estados miembros. Aunque la armonización de la legislación ha sido promulgada en un primer intento, esta armonización ha sido realizada solamente para unas pocas categorías ocupacionales porque ha resultado demasiado complicado. En un segundo intento, se estableció el llamado sistema de reconocimiento, con referencia a los requisitos de calificación, de acuerdo con esto:

- El país huésped debe reconocer los requisitos de calificación, en caso de que sean equivalentes.

- El país respectivo debe dar las razones para su decisión si considera que los requisitos de calificación no son equivalentes.
- El país puede exigir capacitaciones adicionales (p. ej. exámenes adicionales para abogados) en caso de que los requisitos de calificación sean solamente equivalentes en parte.

¿Hay algunas restricciones?
(Ver arriba, Libertad de Trabajadores).

Ejemplo: Los propietarios de cafés holandeses no están autorizados para manejar sus negocios en Alemania, porque los cafés son bares en los cuales está legalizado fumar mariguana. Por consiguiente, esto ofende la ley alemana.

3. La Libre Prestación de Servicios

¿Cuál es la diferencia entre un establecimiento y la prestación de un servicio?

- Establecimiento: es montar una base permanente en el país huésped.
- Prestación de servicio: es la realización de una actividad económica por un periodo temporal en el país huésped sin que el prestador tenga que abandonar su base permanente en el país natal (debe haber un elemento inter-estatal así como un elemento temporal).

La Libre prestación de servicios ha llegado a ser muy importante en estos días porque un gran parte de la actividad económica se realiza en el sector de servicios (p. ej. telecomunicaciones, tratamientos médicos, etc.).

El servicio debe ser prestado por una remuneración:

Ejemplo: Un prestador de TV por cable recibe dinero por las tarifas y los ingresos por publicidad, mientras que un músico callejero no recibe remuneración porque no recibe dinero de una manera regular.

¿Qué hay con los derechos de prestadores de servicios?

El prestador de servicios no tiene derechos de residencia o derechos de permanencia en el país huésped, aunque él o ella tienen derecho de salir de su respectivo país y entrar en el país huésped.

¿Cómo se lleva a cabo el elemento inter-estatal?

- activamente: un prestador de servicios cruza la frontera, p. ej. un abogado francés actúa en un pleito alemán;
- pasivamente: un receptor de servicios cruza la frontera, p. ej. un turista alemán pasa sus vacaciones en un hotel en Francia;
- los servicios mismos cruzan las fronteras: p. ej. el servicio de radiodifusión.

¿Qué hay de la discriminación?

La discriminación basada en nacionalidad es ilegal. Si un reglamento nacional no es directamente, pero indirectamente discriminatorio, este, sin embargo, puede ser justificable bajo de la Fórmula Gebhard. *(Ver arriba, Movimiento Libre de Trabajadores).*

¿Qué hay de la prestación de servicios en el sector social?

Ejemplo: ¿Una compañía de seguros de salud (CSS) alemana tiene que reembolsar a sus clientes los tratamientos médicos en Austria?

Cada caso particular necesita una aprobación individual. Si un tratamiento igual está disponible a tiempo en Alemania y si hay un contrato con el CSS en Alemania, el CSS alemán no tiene que pagar el tratamiento en Austria.

¿Hay algunas restricciones?

(Ver arriba, Libertad de Trabajadores).

¿Cómo manejar los diferentes requisitos de calificaciones?

Ejemplo: el sistema de reconocimiento para abogados: Si un abogado se gradúa en su país natal, él/ella puede también actuar temporalmente en el respectivo país huésped.

¿Qué hay de la Directiva de Servicios?

Después de ser propuesta por la Comisión, la Directiva de Servicios fue discutida fuertemente por los estados miembros – el **Principio del País de Origen** ha causado una cantidad de críticas en particular. Dentro de este principio, por ejemplo, los plomeros polacos podrían prestar servicios, por ejemplo, en la Gran Bretaña, dentro de la ley polaca, acarreando todas las consecuencias negativas, como "dumping de salarios" o "dumping social". Aunque la propuesta de la Comisión ha sido enmendada por el Parlamento Europeo y el Consejo, el Principio del País de Origen no se menciona expresamente, pero todavía es válido. Sin embargo, se excluyen las siguientes áreas:

- la salud pública;
- servicio social y legal;
- agencias de empleo temporal;
- el sector financiero, etc.;

La Directiva de Servicios debe ser incorporada por los estados miembros en las leyes nacionales hasta diciembre 2009.

4. La Libre Circulación de Capitales

La Libre Circulación de Capitales comprende dos tipos de libertad:

- La Libre Circulación de Capitales en sí mismo y
- La Libre Circulación de Pagos.

A fin de hacer posibles estas libertades, será prohibida las restricciones de pagos inter-estatales y de la circulación de capital entre los estados miembros. En este contexto, la Libre Circulación de Pagos debe ser vista en conexión con otras libertades, por ejemplo, la Libre Circulación de los Trabajadores y la Libertad de Establecimiento. De acuerdo con esto, los estados miembros no deben restringir estas libertades, prohibiendo el pago de salarios inter-estatales o utilidades de las empresas.

Sin embargo, no siempre es fácil ver cual libertad está realmente afectada. Muchas veces hay superposiciones con otras libertades, haciendo necesario preguntar acerca del mayor enfoque de la libertad:

- El enfoque principal es en el capital si no hay establecimiento en el país huésped (p. ej. inversiones en portafolio).

- La Libertad de Establecimiento se afecta principalmente si hay una inversión con un establecimiento en el país huésped.

¿Hay algunas restricciones?

(Ver arriba, Libertad de Trabajadores).

Ejemplo: la medida contra lavado de dinero;

¿Hay algunos obstáculos?

En la práctica, los obstáculos de esta libertad ocurren a menudo en las leyes de impuestos nacionales con el fin de atraer inversionistas y mantener capital en el estado natal.

Ejemplo: los Casos de Acciones de oro (en el cual los estados miembros protegen las principales industrias nacionales, *ver abajo, derecho de sociedades*).

Elektra (una compañía de energía española) quería comprar 25% de las acciones de la compañía francesa Elf. Sin embargo, el negocio no se hizo porque las leyes francesas establecen que si la compra de acciones excede el 20%, el Ministro de Asuntos Económicos de Francia debe aprobar el trato, lo cual no hizo, alegando que una compañía extranjera podría poner en peligro el suministro de energía nacional. Aunque el Tribunal Europeo de Justicia aceptó esta justificación a causa del orden público, también sentenció que los requisitos para una aprobación del Ministro no eran proporcionales primero, porque la ley no mencionaba razones por las cuales el Ministro tenia facultad para negar dicha compra y segundo, porque había una falta de recursos legales contra la decisión del Ministro. Como consecuencia, Francia no puedo impedir la compra.

V. Apéndice: El Derecho Europeo de la Competencia y el Derecho de Sociedades

1. El Derecho Europeo de la Competencia

Como ya se había mencionado arriba, la meta principal de la Comunidad es la creación de un mercado interno con la abolición de barreras comerciales, estableciendo las cuatro libertades y armonizando las políticas legales. Sin embargo, también ha sido importante en este contexto, asegurarse de que la competencia dentro del mercado interno no sea distorsionada.

A fin de establecer un Derecho de la competencia justo, es necesario tomar dos medidas:

- la prohibición de acuerdos anti-competitivos y otras prácticas restrictivas;
- el abuso de una posición dominante en el mercado.

1.1. La prohibición de acuerdos anti-competitivos y otras prácticas restrictivas (Artículo 81 del Tratado de la CE)

El Artículo 81(1) prohíbe "*todos los acuerdos entre empresas, las decisiones de asociaciones de empresas y las prácticas concertadas que puedan afectar al comercio entre los Estados miembros y que tengan por objeto o efecto impedir, restringir o falsear el juego de la competencia dentro del mercado común*"

¿Qué es un cartel?

A la luz del Artículo 81, hay cuatro condiciones previas que deben cumplirse a fin de que un cartel sea considerado como tal:

- debe haber un acuerdo o una práctica concertada entre por lo menos dos empresarios;
- el acuerdo debe ser apropiado para afectar el comercio entre los estados miembros;
- el acuerdo debe tener el objeto o el efecto de impedir, restringir o distorsionar la competencia dentro del mercado común (p. ej. acuerdos, que *fijan precios, limitan o controlan la producción o comparten mercados* etc);

- el acuerdo debe tener suficiente efecto a través del comercio europeo (regla de minimis: la participación del mercado de las empresas debe ser por encima del 10%).

¿Qué es una empresa?

Una empresa se define como cualquier tipo de entidad que va desde un solo individuo hasta una corporación multinacional que es capaz de desarrollar una actividad económica.

¿Qué es una asociación de empresas?

Una asociación de empresas consiste en asociaciones de empresarios e incluye recomendaciones y decisiones no obligatorias de dichas asociaciones, que pueden ser instrumentos efectivos para restringir la competencia.

¿Qué son acuerdos?

Lo mismo que el termino empresa, el termino acuerdo ha sido ampliamente interpretado. En consecuencia, debe haber diferencia entre:
- acuerdos formales (p. ej. contratos) y acuerdos informales (p. ej. pactos de caballeros);
- acuerdos verticales (p. ej. entre productores y distribuidores) y acuerdos horizontales (p. ej. entre productores).

¿Qué es una práctica concertada?

Una práctica concertada es una forma de coordinación entre empresas en la cual no se ha alcanzado el estado de un acuerdo (esto es un tipo de comportamiento).

¿Qué acuerdos pueden afectar el comercio entre los estados miembros?

Generalmente hablando, debe ser previsible que el acuerdo en cuestión pueda tener influencia en el comercio entre los estados miembros.

Como consecuencia, los siguientes acuerdos entran en el ámbito del Artículo 81:

- los acuerdos que tienen como su **objetivo** la distorsión de la competencia o
- los acuerdos que tienen como **efecto** la distorsión de la competencia.

En consecuencia, el objeto y el efecto de un acuerdo se consideran separadamente:

- Los Acuerdos cuyo objeto es anti-competitivo, violan el Articulo 81 en cualquier caso (p. ej. las empresas actúan concertadamente a fin de aumentar sus ganancias. En este caso las partes no están facultadas para hablar entre sí, aunque alegar la evidencia de que la comunicación ha tendió lugar, podría ser difícil).
- Con respecto a los acuerdos cuyo objeto no es anti-competitivo, su impacto (efecto) tiene que ser considerado (p. ej. si el objetivo de dicho acuerdo es el desarrollo de mejores productos, las empresas tal vez no tienen malas intenciones, aunque el efecto pueda ser un cartel que es aun más difícil de probar).

¿Cuáles son las consecuencias de infringir el Artículo 81?

Los acuerdos que se encuentran dentro del ámbito del Artículo 81 son nulos si no hay una excepción.

¿Cuáles son las exenciones?

Como se dijo antes, ciertos acuerdos no están dentro del ámbito del Artículo 81 (de la regla de minimis). Además, ciertos acuerdos están exentos porque tienen efectos positivos para el comercio:

- los acuerdos, que mejoran la producción o distribución de mercancías o fomentan progresos económicos o técnicos;
- los acuerdos, que permiten al consumidor una participación equitativa en el beneficio resultante (p. ej. el mercado de transporte: a los consumidores se les permite disfrutar una participación equitativa en el beneficio resultante usando el transporte público).

PERO, los acuerdos exentos no deben:
- imponer restricciones a los empresarios, que sean innecesarios para los objetivos mencionados arriba;
- permitir a las empresas, con una participación amplia en el mercado, eliminar la competencia.

¿Qué pasa con la imposición del Artículo 81?

La imposición esta compartida entre la Comisión, las autoridades nacionales de competencia y los tribunales nacionales, que tienen capacidad de imponer multas.

1.2. El abuso de la posición dominante en el mercado (Articulo 82 del Tratado de la CE)

El Comercio no esta afectado solamente por los acuerdos anticompetitivos y otras prácticas restrictivas – el comercio también puede ser influenciado por el abuso de una posición dominante en el mercado. En este contexto no es la posición dominante como tal la que está prohibida – es el abuso de ella lo que está contra la ley.

¿Qué se considera una posición dominante?

A fin de evaluar la "posición dominante", el llamado "mercado relevante" debe analizarse (es decir la naturaleza exacta del mercado) por lo tanto, las siguientes preguntas tienen que ser aclaradas:

- ¿Puede sustituirse la demanda, esto es puede reemplazarse el producto en cuestión?

    Ejemplo: el Caso de United Brands: La Comisión llegó a la conclusión de que el mercado relevante del producto de un comercio mayorista de bananas de Europa eran - bananos. Sin embargo, el comercio mayorista (United Brands) alegó que su producto de mercado relevante eran frutas y la elevación del precio de bananos resultaría en un cambio de los consumidores hacia otra fruta. No obstante, el Tribunal Europeo de Justicia ha sentenciado, que el producto relevante de mercado es bananos porque algunos consumidores de bananas no son capaces de cambiarse a frutas duras (p. ej. las personas desdentadas, ancianas o muy jóvenes).

- ¿Pueden los consumidores cambiarse a otro proveedor que está en el vecindario en caso de que los precios se eleven?
- ¿Puede reemplazarse la oferta, esto es, puede un empresario entrar al mercado?
- ¿Pueden reemplazarse los productos de acuerdo a la estación (p. ej.: en verano, los bananos compiten con los cítricos).

Habiendo determinado el mercado relevante, ahora es necesario considerar si una empresa es dominante o no, en el área respectiva. La posición dominante se define como una posición de fortaleza económica, que permite a las empresas evitar la competencia efectiva en el mercado relevante o actuar sin considerar a los competidores o consumidores (p. ej. mientras más grande sea la participación en el mercado [mayor del 50%] es más probable que exista la posición dominante).

Como se dijo anteriormente, las estructuras del mercado deben tomarse en consideración (esto es, una participación del 40% en el mercado de una compañía podría ser considerada dominante si el segundo mayor competidor solamente tiene el 10%) así como factores adicionales (esto es, una empresa tiene una participación alta en el mercado, pero es relativamente fácil entrar en él; una empresa tiene una participación baja en el mercado, pero es difícil de entrar en este por los altos costos de inversión).

¿Qué se considera abuso?

Una posición dominante en el mercado relevante por sí misma no es suficiente para infringir el Derecho de la Competencia. Sin embargo, si la posición dominante se combina con un comportamiento abusivo, se infringe el Artículo 82 del Tratado de la CE. Los siguientes ejemplos se consideran como comportamientos abusivos:

- la negación a expedir una licencia si con esto se evita el desarrollo de un nuevo producto (p. ej. Microsoft);
- el compromiso de compradores y proveedores, p. ej. por medio de descuentos;
- la fijación de precios inflados;
- la reducción de la oferta, seguido de un incremento en precio;

- la discriminación de socios comerciales (p. ej. se favorece a los clientes fieles).

¿Qué hay de las exenciones?

No se conceden exenciones.

¿Qué hay de la imposición del Artículo 82?

La Comisión tiene la autoridad para investigar e imponer reglas con la ayuda de las autoridades nacionales.

¿Qué hay de las fusiones y adquisiciones de sociedades?

Las fusiones y absorciones de sociedades que tengan una dimensión europea deben ser notificadas a la Comisión si ellas tienen un umbral de facturación mundial de 5 billones de Euros y un umbral de comunidad de 250 millones de Euros.

2. El Derecho Europeo de Sociedades

Los sujetos que actúan en el mercado interno son principalmente empresarios – casi todos ellos organizados como sociedades. En consecuencia, el Derecho comunitario debe asegurar que, por ejemplo, un ciudadano alemán pueda fundar o participar en una sociedad en Francia dentro de las mismas condiciones que lo hace un ciudadano francés. Además, la sociedad en si misma debe estar protegida por las cuatro libertades, esto es, en particular la Libertad de Establecimiento y la Libre Prestación de Servicios. Además, una sociedad debe tener facultad de fundar sucursales y filiales.

Sin embargo, las leyes nacionales de sociedades difieren mucho unas de otras. Por lo tanto, a fin de establecer un Derecho Europeo de Sociedades, dichas leyes nacionales deben ser armonizadas. Tal armonización que conduzca a estándares mínimos también es esencial a fin de evitar el llamado "Efecto Delaware". De acuerdo con este efecto, las sociedades escogen el país, donde el sistema legal es más amigable para las sociedades, con el efecto de que otros países adoptan sus sistemas legales, lo cual en efecto es una "carrera hacia al fondo". Además de la armonización de las leyes nacionales se necesitan tomar otras dos medidas a fin de establecer el Derecho Europeo de Sociedades:

- las reglas restrictivas nacionales deben ser abolidas a fin de hacer posible la movilidad transnacional (es decir, la transferencia transnacional de sedes y las fusiones transnacionales) y
- deben establecerse sociedades europeas.

2.1. Las fuentes del Derecho Europeo de Sociedades

Con respecto al Derecho comunitario primario, los tratados suministran las siguientes bases legales:

- **Artículo 43** del Tratado de la CE (Libertad de Establecimiento).
- **Artículo 56** del Tratado de la CE (Libertad de Capital).
- **Artículo 294** del Tratado de la CE (*"los estados miembros aplicarán a los nacionales de otros estados miembros el mismo tratamiento que a sus propios nacionales con respecto a la participación en el capital de sociedades..."*).
- **Artículo 293** del Tratado de la CE (se refiere a la conclusión de acuerdos internacionales; sin embargo, hasta el momento ninguno de tales acuerdos ha sido ratificado).
- **Artículo 308** del Tratado de la CE (el cual es la base legal de la promulgación de Reglamentos, *ver abajo*).
- **Artículo 12** del Tratado de la CE (incluye una prohibición general de discriminación).

Con respecto al Derecho comunitario derivado, las siguientes fuentes deben ser mencionadas:

- **Directivas** (que armonizan las leyes nacionales de sociedades, ver abajo, las leyes de armonización de sociedades nacionales).
- **Reglamentos** (permiten que la Comunidad establezcan sus propias sociedades europeas supranacionales).
- **Recomendaciones** (una fase previa de actos legalmente obligatorios).

2.2. Las Sociedades Europeas

Actualmente hay tres formas de compañías europeas:

- la Agrupación Europea de Interés Económico (AEIE);
- la Sociedad Anónima Europea (Societas Europaea);
- la Sociedad Cooperativa Europea (Societas Cooperativa Europaea).

2.2.1. La Agrupación Europea de Interés Económico (AEIE)

¿Cuál es la naturaleza legal de AEIE?

- La AEIE tiene la capacidad de ser un sujeto de derechos y obligaciones.
- La AEIE puede ser tanto acreedor como deudor y ser parte en procedimientos legales.
- Los estados miembros pueden decidir si la AEIE tiene su propia personería jurídica, esto es, una personería jurídica real o solamente una personería parcialmente legal.

En consecuencia, por ejemplo, Francia introdujo una persona jurídica real mientras que Austria estableció una sociedad solamente con una personería jurídica parcial.

¿Qué hay de la estructura?

- La AEIE suministra la posibilidad de cooperación transnacional de sociedades como, por ejemplo, distribución común e investigación. Aunque no está expresamente prohibido hacer ganancias, el objeto de la AEIE no debe ser la realización de estas.
- No debe tener más de 500 empleados.
- No debe ejercer funciones de holding.
- Un AEIE no debe ser miembro de otro AEIE.

¿Qué pasa con la constitución y el registro?

Se requieren dos criterios para la formación de un AEIE:

- un contrato de agrupación;

- una inscripción en el registro nacional del estado en el cual va a ser la sede de la AEIE.

La sede debe de estar dentro de la Comunidad, o en el estado en el cual está ubicada la administración central o donde uno de los socios tiene su sede. En este último caso la AEIE tiene que actuar allí en realidad, es decir, tiene que ser el centro de la actividad principal.

Además, en otros estados miembros, se pueden formar filiales y registrarlas (Libertad de establecimiento secundario, *ver abajo, libertades y derecho de sociedades*).

¿Quiénes pueden ser miembros de la AEIE?

Pueden ser miembros:
- las personas naturales siempre que ellas actúen como empresarios
- las personas jurídicas y otras sociedades, pero no otras AEIE.

Los miembros tienen que ser al menos de dos estados miembros diferentes. Como se mencionó arriba, las personas naturales tienen que registrarse en el estado en el cual el miembro tiene su sede, suponiendo que la AEIE actué allí realmente. Las sociedades tienen que estar registradas en el estado en el cual está basada la administración central.

¿Cómo transferir la sede de una AEIE?

Generalmente hablando, es posible transferir la sede de una AEIE de un estado miembro a otro (Libertad de establecimiento primario, *ver abajo, libertades y derecho de sociedades*). Sin embargo, las autoridades nacionales del estado que había sido sede hasta ahora pueden oponer el cambio por razones de interés público. Los acreedores no tienen este derecho de oposición, pero ellos deben ser informados a tiempo de la transferencia de sede de manera que puedan invocar sus derechos.

¿Quiénes son órganos de la AEIE?

La AEIE tiene por lo menos dos órganos:
- la totalidad de los miembros y

- el administrador que representa la AEIE y es responsable por sus actuaciones.

La totalidad de los miembros toma las decisiones y puede también dar instrucciones al gerente.

¿Qué hay de las responsabilidades?

- Los miembros son responsables personal e ilimitadamente por las deudas de la AEIE, aunque un acreedor tiene que solicitar primero pago de la AEIE. Sin embargo, si la AEIE no cumple, los acreedores pueden demandar a los miembros.
- Un meimbro que se afilia a la AEIE en una época posterior es responsable por las deudas pasadas. Sin embargo, tal responsabilidad se puede excluir si es registrado.
- La responsabilidad de los miembros que dejan pertenecer a la AEIE está limitada a un máximo de cinco años.

¿Qué hay de la cesión de una afiliación, de la admisión y del cese?

- La cesión de una afiliación requiere la aceptación de los otros miembros (no se permite que esta aceptación se dé con anticipación en el contrato de agrupación).
- La admisión de nuevos miembros así mismo requiere la aceptación de los otros miembros. Como se dijo arriba, no se permite que esta aceptación sea dada anticipadamente.
- El miembro que deja pertenecer a la AEIE (esto es por muerte, exclusión, etc.) tiene derecho al saldo del valor de los derechos y obligaciones y está obligado a pagar una compensación por pérdidas.

¿Qué hay de la disolución?

Es tarea de los miembros o de los tribunales nacionales decidir acerca de las disoluciones.

¿Qué hay de la contabilidad financiera?

Los estados tienen la libertad de regular la obligación de llenar los requisitos de la contabilidad financiera en sus leyes nacionales.

¿Qué hay acerca de de la fiscalización?

Las ganancias y pérdidas son gravables exclusivamente a costa de los socios.

¿Cuál es la importancia de la AEIE?

Debido a su ámbito limitado, la AEIE no ha tenido un gran éxito hasta ahora. La mayoría de las AEIE han sido fundadas por abogados o trabajadores free lance.

2.2.2. La Sociedad Europea (Societas Europaea)

¿Cuál es el significado general?

La Sociedad Europea (SE) fue creada por empresas grandes que operan a un nivel de toda Europa. Sin embargo, la respectiva base legal (esto es el Reglamento) se mantiene muy general y por lo tanto necesita un complemento extenso de reglas nacionales, que realmente limitan el carácter supranacional de la Sociedad Europea.

¿Qué hay de la constitución de una Sociedad Europea?

Como persona jurídica, la Sociedad Europea se puede formar de cuatro formas diferentes, esto es como una:

- **fusión de sociedades anónimas nacionales** cuyas sedes deben estar en un estado miembro. Además, al menos dos de las sociedades anónimas nacionales deben ser de diferentes estados miembros.
- **constitución de una "holding –SE"** formado por sociedades de capital. Al menos dos de las sociedades de capital deben ser de diferentes estados miembros o la sociedad debe tener una filial o sucursal en otro estado miembro al menos por dos años.
- **constitución de una Filial-SE** formado por personas jurídicas de derecho público o privado, mencionadas en el Articulo 48 (2) del Tratado de la CE (esto es, este tipo de formación no es solamente

limitada para sociedades de capital, aparte de esto deben cumplirse los requisitos mencionados arriba).
- **conversión de una sociedad anónima en una SE** – suponiendo que la sociedad anónima haya tenido una filial a menos por dos años (una sucursal solamente no es suficiente).

¿Donde tiene su sede la SE?

De acuerdo al Articulo 7, Reglamento 2157/2001, *el domicilio social de la SE deberá estar situado dentro de la Comunidad, en el mismo Estado miembro que su administración central.*

¿Cómo se transfiere la sede?

La transferencia de una sede está permitida sin la disolución SE inicialmente y la nueva formación de ahí en adelante.

Sin embargo, la administración central y sede social solamente pueden transferirse como una sola. Además, las autoridades nacionales tienen derecho a oponerse a un intento de transferencia por razones de intereses públicos.

¿Qué sucede con el capital social?

La SE debe tener un capital social de por lo menos 120,000 Euros. La responsabilidad de los accionistas está limitada a esta cantidad.

¿Quiénes son los órganos de la SE?

Los estados miembros tienen derecho a introducir un sistema monista o dual. En el sistema Anglo-Sajón monista, solo hay un órgano de administración, mientras hay un órgano de dirección y un órgano de vigilancia en los países alemanes. El órgano de dirección incluye los administradores, mientras que el órgano de vigilancia está compuesto de expertos exteriores así como también representantes de los empleados.

Reglamentaciones mutuas de los sistemas monistas y duales:
- Los órganos son nombrados para seis años.
- Las sociedades y otras personas jurídicas tienen derecho a ser órganos.

- Todos los órganos tienen obligación de confidencialidad.
- Las decisiones se toman con un quórum de la mitad de los miembros por simple mayoría.
- Si no hay ninguna otras reglas en los estatutos sociales, el presidente tiene el llamado "voto de calidad" que le permite decidir en caso de un empate en la votación.
- Los estados miembros pueden decidir qué tipos de negociaciones, requieren la aprobación de los órganos, deben ser parte de los estatutos sociales.
- La responsabilidad de los órganos se reglamenta de la misma manera que la responsabilidad de los órganos de sociedades anónimas en los derechos nacionales (esto es, está prohibida una mayor o menos responsabilidad para los órganos de la SE).

Condiciones limitadas al sistema dual:
- Los miembros del órgano de dirección actúan bajos su propia responsabilidad.
- El número de miembros esta determinado en los estatutos sociales. Los miembros respectivos son nominados y revocados por el órgano de vigilancia.
- Se puede nombrar un administrador.
- El órgano de vigilancia controla los actos del órgano de dirección. Por lo tanto, el órgano de dirección tiene que informar al órgano de vigilancia acerca del rendimiento de la SE por lo menos cada tres meses.
- Los miembros del órgano de vigilancia son nominados por la asamblea general. El órgano de vigilancia nomina un presidente.

Las condiciones limitadas al sistema monista:
- Los miembros son nominados por la asamblea general.
- Puede nombrarse un administrador.
- El órgano de administración tiene que reunirse al menos cada tres meses a fin de discutir el rendimiento.
- El presidente debe ser un representante de los accionistas si más de la mitad de los miembros están representados por empleados.

¿Cuáles son las especificaciones de una asamblea general?
- La organización, los desarrollos y el procedimiento de votación de la asamblea general están reguladas en las leyes nacionales.
- Sin embargo, una asamblea general tiene que realizarse al menos una vez al año dentro de los seis meses siguientes a la terminación del año financiero.
- Además, una minoría que tenga el 10% tiene el derecho de convocar una asamblea general.
- Las decisiones se toman por simple mayoría, aunque otras votaciones mayoritarias también son permitidas si han sido establecidas en los estatutos sociales o en las leyes nacionales.

¿Y qué hay de la participación de los asalariados?

Las leyes nacionales difieren mucho una de otra en este tema y, en efecto, realmente no hay nada de reglamentación en algunos estados miembros. En consecuencia, este tema que había sido fuertemente disctido por los estados miembros, finalmente dio como resultado la introducción de un comité que debe ser establecido por las sociedades que forman una SE. La tarea de este comité es negociar la participación de los asalariados en la SE con el respectivo órgano SE.

¿Y qué acerca de las cuentas anuales?

Las cuentas anuales son redactadas de acuerdo con las leyes nacionales.

La conversión de una SE
- Después de dos años, se permite la re-conversión de una SE en una sociedad anónima de acuerdo con las leyes del estado sede (esto es, sin liquidación y nueva formación).
- Con respecto a las reorganizaciones, la SE puede estar sujeta a fusiones, escisiones o conversiones domésticas y transnacionales, mientras que se excluyen las escisiones por creación.

Importancia general de SE

Se han fundado más o menos 240 SE en toda Europa, la mayoría establecidas en sistemas monistas.

2.2.3. La Sociedades Cooperativas Europeas (Societas Cooperativa Europaea)

Las reglas de la Sociedad Cooperativa Europea (SCE) son casi las mismas que de una SE.

2.2.4. La Sociedad Privada Europea (Societas Privata Europaea)

A fin de apoyar las pequeñas y medianas empresas de Europa, se está discutiendo en el Parlamento Europeo el establecimiento de una Sociedad Privada Europea (SPE). Se pretende que las características de una SPE sean las siguientes:

- al contrario de una SE y una AEIE no existe el requisito de un elemento transnacional (con respecto a la formación);
- no hay limitación a los tipos específicos de formación (en contraste con las cuatro formaciones de una SE).
- la administración central y la sede social pueden estar en diferentes estados miembros.
- se admite una transferencia de la sede.
- la terminación por las leyes nacionales solamente tiene lugar hasta un punto limitado.
- los estatutos sociales pueden formarse autónomamente.
- ¡el capital mínimo está fijado en 1 Euro!

2.3. La armonización de las leyes nacionales de compañía

Como se mencionó arriba, la armonización de las leyes nacionales debería resultar en la introducción de estándares mínimos y condiciones igualmente competitivas. La armonización de las leyes nacionales puede ser realizada a través de Directivas. Hasta ahora se han promulgado las siguientes Directivas:

La Directiva de publicidad:
- Esta dirigida a las sociedades anónimas y sociedades limitadas.
- Este regula la publicación en un registro, la validez de los compromisos de la sociedad y el control de la formación.

La Directiva de capital:
- Está dirigido a las sociedades anónimas.
- Esta regula la formación de una sociedad anónima con un capital social fijo, la aportación de capital, el mantenimiento, el aumento y la reducción de este, así como el tratamiento igualitario a los accionistas.

La Directiva de fusión:
- Está dirigido a las sociedades anónimas.
- Este regula las fusiones por absorción y fusiones por creación. Sin embargo, están excluidas las fusiones entre sociedades limitadas.

La Directiva de cuentas anuales:
- Esta dirigida a las sociedades de capital.
- Esto regula la obligación de los órganos de establecer y publicar las cuentas anuales.

La Directiva de escisión:
- Esta dirigida a las sociedades anónimas.
- Esto regula las escisiones por nueva creación y por absorción aunque los estados miembros no están comprometidos a introducir estas instituciones legales.

La Directiva de cuentas anuales consolidadas:
- Esta dirigida a las sociedades de capital.

La Directiva de auditoría anual:
- Establece los requisitos de calificación para el auditor.

La Directiva de sucursales:
- Esta dirigida a las sociedades anónimas y sociedades limitadas.
- Esta regula la formación de sucursales (esto es, sucursales de las sociedades de la UE así como las sucursales de las sociedades no europeas).

La Directiva de sociedades de responsabilidad limitada de socio único:
- Los estados miembros están comprometidos a admitir la formación de esta forma de sociedad.

La Directiva de absorción:
- Esta dirigida a las sociedades anónimas con cotización en bolsa.
- Esta regula el tratamiento igual para todos los titulares de valores de una sociedad afectada, la compra forzosa ("squeeze out") y la venta forzosa ("sell out").

La Directiva con respecto a las fusiones de sociedades de capital de diferentes estados miembros:
- Esta dirigida a las sociedades de capital.
- Los estados miembros están comprometidos a admitir las fusiones transnacionales de sociedades capitalistas.

La Directiva de derechos del accionista:
- Esta dirigida a las sociedades anónimas con cotización en bolsa.
- Esta Directiva fortalece la democracia de los accionistas, por ejemplo, haciendo posible el voto escrito.

2.4. Libertades y Derecho de Sociedad

2.4.1. La Libertad de Establecimiento

¿Cuál es el significado de la libertad de establecimiento primario?

La libertad de establecimiento primario comprende la formación y dirección de sociedades (es decir, a un estado miembro no se le permite

prohibir la formación de sociedades por un ciudadano de otro estado
miembro y no se le permite discriminarlos a extranjeros en comparación
con los nacionales). Además de las personas naturales, la sociedad misma
(es decir, las personas jurídicas del derecho público y privado con un fin de
lucro) son también sujetos de la libertad del establecimiento.

¿Cuál es el significado de la libertad de establecimiento secundario?

Articulo 43 (1) del Tratado de la CE cubre la formación de agencias,
sucursales y filiales. Este derecho se llama libertad de establecimiento
secundario.

¿Qué hay de la conexión con el estado miembro?

Articulo 48 (1) del Tratado de la CE establece que, *"las sociedades
constituidas de conformidad con la legislación de un Estado miembro y cuya
sede social, administración central o centro de actividad principal se
encuentre dentro de la Comunidad quedarán equiparadas, para efectos de
aplicación de las disposiciones del presente capítulo, a las personas
naturales que son nacionales de los Estados miembros"*.

De acuerdo al Artículo 48 del Tratado de la Comunidad Europea una
sociedad:

- debe fundarse de acuerdo al derecho de un estado miembro,
- además debe tener su sede social, su administración central o el
  centro de actividad principal dentro de la comunidad.

El significado real de este artículo ha sido ampliamente discutido:

- De acuerdo con una opinión debe cumplirse solamente uno de los
  tres criterios mencionados arriba (esto es, sede social,
  administración central o centro de actividad principal). Esto signi‐
  fica que una sociedad registrada en la Gran Bretaña que tiene su
  administración central en Austria tiene que ser aceptada por las
  autoridades austríacas.
- De acuerdo con otra opinión, los estados miembros pueden decidir
  si ellos se refieren a la administración central (como Austria) o a los
  sedes sociales (como Gran Bretaña). Esto significa que una
  sociedad registrada en la Gran Bretaña con su administración
  central en Austria no tiene que ser aceptada por las autoridades

austríacas porque la sociedad debe estar registrada en Austria para que sea aceptada como una sociedad dentro del derecho austríaco.

¿Cuál es la principal jurisdicción del Tribunal de Justicia Europeo?

- **El Caso del Daily Mail (1988):** "Daily Mail plc." fue originalmente registrado en la Gran Bretaña, pero deseaba transferir su administración central a Holanda (es decir, dentro del derecho británico esto también se relaciona con la sede fiscal.). Sin embargo, dentro de las leyes fiscales británicas, una transferencia de la sede requiere la aprobación de las autoridades financieras británicas, la cual no se dio. De acuerdo con el Tribunal de Justicia Europeo, los estados miembros pueden decidir acerca de estas transferencias de sede y por tanto no es una violación de la Libertad de establecimiento tal como están las cosas en el derecho comunitario ahora. Esta decisión ha sido, sin embargo, un gran retroceso para la libertad de establecimiento de sociedades.

- **El Caso Centros (1999):** Una pareja danesa registró una "private limited company by shares" en la Gran Bretaña y deseaba manejar negocios por medio de una sucursal exclusivamente en Dinamarca. Las autoridades danesas negaron el registro de la sucursal por razones de pasar por alto el derecho nacional. De acuerdo con el Tribunal de Justicia Europeo, el registro de una sucursal no debe ser negado, aunque la sociedad no maneje ningún negocio en la Gran Bretaña (esta decisión realmente permite las llamadas empresas fantasma).

- **El Caso Ueberseering (1999):** La sociedad de capital Ueberseering estaba registrada en Holanda, pero tenía su administración central en Alemania. Durante un pleito en Alemania, las autoridades alemanas negaron a Ueberseering su capacidad procesal a causa de que la sociedad estaba registrada en Holanda. El Tribunal de Justicia Europeo sentenció que esto era una violación de la libertad de establecimiento.

- **El Caso Inspire Art (2003):** A Holanda no se le permitió establecer reglas que discriminaran las "sociedades formalmente extranjeras" (es decir, sociedades que están registradas en otro estado miembro y manejan negocios por medio de sucursales en Holanda) en

comparación con las sociedades nacionales (esto es, una
responsabilidad más estricta para las sociedades formalmente
extranjeras).

La consecuencia de los casos Centros, Ueberseering e Inspire Art ha sido
que las sociedades puedan formarse en el estado miembro que les ofrezca
las mejores condiciones (es decir, el capital mínimo más bajo) y puedan
manejar negocios exclusivamente por medio de sucursales en otro estado
miembro. Además, tales sociedades también pueden ser parte en un
procedimiento legal y tienen capacidad jurídica. Adicionalmente, las
sociedades extranjeras tienen que ser tratadas lo mismo que las
sociedades nacionales. En consecuencia, un gran número de "private
limited companies" británicas manejan negocios en Alemania.

- **El Caso de Sevic-Systems (2005):** Sevic-Systems, ubicada en
 Alemania, realizó un tratado de fusión con una sociedad con sede
 en Luxemburgo. Las autoridades alemanas negaron dicha fusión
 transnacional con el argumento que una fusión sin la liquidación de
 la sociedad solamente estaba dispuesta para fusiones nacionales.
 De acuerdo con el Tribunal de Justicia Europeo, este es una
 violación de la libertad de establecimiento.

- **El Caso Cartesio (2006):** otro inconveniente resultó después de la
 decisión de Daily Mail por la decisión del caso Cartesio. Cartesio,
 una sociedad comanditaria, deseaba transferir su administración
 central de Hungría a Italia, conservando su sede social en Hungría.
 Las autoridades húngaras negaron el cambio de domicilio,
 exigiendo la liquidación. De acuerdo con el Tribunal, es la decisión
 de los estados miembros admitir cambios de domicilio (es decir, no
 es una violación de la Libertad de establecimiento si las autoridades
 nacionales niegan el cambio de domicilio). Sin embargo, de
 acuerdo con el Tribunal un estado miembro (en este caso: Hungría)
 no puede impedir a una sociedad convertirse en una sociedad del
 estado objeto (es decir, Italia) si el derecho del estado objeto
 dispone esta conversión.

2.4.2. La Libertad de Capital

Como se mencionó arriba *(ver arriba, la libertad de capital)*, los estados miembros tienden a proteger su industria clave, estableciendo sus derechos exclusivos.

Ejemplo: el caso Volkswagen: De acuerdo al Tribunal de Justicia Europeo, "la ley Volkswagen" viola la libertad de capital:

- la limitación de los derechos de votos de los accionistas a un 20%, aun si ellos tienen un porcentaje mayor de acciones;
- el derecho del estado a designar el órgano de vigilancia de Volkswagen AG.;
- la reducción de una minoría de control.

Como consecuencia de las llamadas "Casos de acciones de oro", el Tribunal de Justicia ha establecido los siguientes principios:

- cualquier derecho desproporcionado de impacto del estado es considerado como una limitación de la libertad de capital;
- aun el establecimiento de derechos exclusivas en los estatutos sociales pueden considerarse como una limitación;
- el Tribunal de Justicia Europeo revisa muy estrictamente una posible justificación;
- los Accionistas que no estén de acuerdo con los derechos exclusivas del estado pueden pedir a un tribunal nacional (esto es, "private enforcement").

VI. Políticas Seleccionadas

1. La Política Agraria Común

¿Cuáles son los principales objetivos de la Política Agraria Común (PAC)?

- incrementar la productividad agraria;
- asegurar un estándar de vida justo;
- estabilizar el mercado;
- asegurar la disponibilidad de suministros;
- proporcionar alimentos.

¿Cuáles son los principios operativos más importantes de la PAC?

- **Mercado Interno para productos agrícolas:** han sido necesarias algunas reformas a causa del enorme costo de la Política Agraria.
- **Preferencias para la Comunidad:** los productos agrícolas de la UE tienen una ventaja de precio comparado con los productos importados.
- **Financiación solidaria:** todos los gastos agrarios se financian por medio de Fondos especiales *(ver abajo)*, alimentado con dinero de los estados miembros.

¿Qué instrumentos protegen el mercado agrario de la UE?

- **Precios mínimos garantizados y subvenciones a la exportación:** Los precios mínimos garantizados hacen que los productos agrícolas de la UE sean más costosos que otros productos. En consecuencia, estos precios altos conducen a la superproducción (p. ej. "lagos de leche" y "montañas de mantequilla") y requieren subvenciones a fin de mantener competitivos estos productos.
- **Aranceles de importación:** Este instrumento protege los productos agrícolas contra las importaciones a bajo precio.
- **Restricciones cuantitativas:** Este instrumento impide que el mercado de la UE sea invadido por productos agrícolas importados de terceros países, que disminuirían los precios debido al aumento de oferta.

- **Sistema de cuotas:** Este instrumento busca mantener el equilibrio entre la oferta y la demanda dentro del mercado de la UE, limitando la producción de aquellos productos que son importantes para la economía europea (p. ej. azúcar).

¿Qué implica la Reforma del 2003?
- **Desvinculación:** separa el apoyo financiero para los agricultores de la cantidad de producción.
- **Disociación:** los pagos están conectados con importantes asuntos como seguridad alimentaria y bienestar animal.
- Nuevas prioridades se han dado al desarrollo rural y a la protección ambiental.
- Reducción de pagos para las grandes compañías agrarias y en general la introducción de una disciplina presupuestal que incluye la disminución de los subvenciones en sectores específicos.

¿Cómo se financia la PAC?
Además de la Política Regional, la PAC es sin duda la política comunitaria más costosa, que consume aun más del 30% (2008) de los gastos totales anuales. Desde 2007 la PAC ha sido financiada con la ayuda de dos nuevos Fondos:
- **El Fondo Europeo Agrícola de Garantía** (FEAGA), el cual financia los pagos directos a los agricultores así como las medidas para regular los mercados agrarios tales como la intervención y la subvención de exportaciones.
- **El Fondo Europeo Agrícola de Desarrollo Rural** (FEADER), el cual financia los programas de desarrollo rural de los estados miembros.

2. La Política Regional

La Unión Europea no es un territorio homogéneo. Hay diferentes regiones que varían desde áreas muy ricas hasta muy pobres. Para superar esta diferencia, la Unión Europea practica una Política Regional.

La importancia de la Política Regional Europea ha ido aumentando más y más en los años recientes. Esto se refleja también en la priorización financiera: En un principio, el presupuesto de la Política Regional era como el 5 % del total de gastos, mientras que ahora suma más de un tercio del total del presupuesto. La distribución de los medios resulta de un sistema muy complejo que conecta diferentes objetivos, fondos, procedimientos y protagonistas.

Desde 1957 ha habido una cantidad de reformas en la Política Regional Europea que han sido establecidas en cuatro periodos de programas estructurales. A fin de distribuir más de 300 billones de Euros, se han establecido tres objetivos y tres Fondos diferentes para el periodo actual de 2007 – 2013:

1. Convergencia: este objetivo se refiere principalmente a los nuevos estados miembros, promoviendo el crecimiento económico y los programas de creación de empleo en los estados miembros más pobres (esto es, un PIB per cápita que es menos de 75% del promedio de los estados miembros).

Fondos: este objetivo se financia con tres Fondos con alrededor de 250 billones de Euros.

- El Fondo Europeo de Desarrollo Regional (FEDER): apoya a las regiones pobres;
- El Fondo Social Europeo (FSE): combate el desempleo;
- El Fondo de Cohesión: apoya los proyectos relacionados con el transporte y el medio ambiente.

2. Competitividad y empleo: este objetivo ayuda a los estados miembros (es decir, los estados miembros que son más ricos que los estados pobres los cuales están cubiertos por el primer objetivo) para manejar el cambio económico y social en dirección a una sociedad basada en el conocimiento, dentro de una tasa baja de desempleo.

Fondos: este objetivo se financia con dos Fondos con alrededor de 50 billones de Euros.

- FEDER;
- FSE.

3. Cooperación Territorial: este objetivo se refiere a la cooperación transfronteriza entre las regiones locales, regionales y nacionales así como también se refiere a la promoción de pequeñas y medianas empresas.

Fondos: este objetivo se financia con un Fondo de alrededor de 8 billones de Euros.

- FEDER

3. La Política Exterior y de Seguridad Común

El desarrollo de una Política Exterior y de Seguridad Común:

Como ya se mencionó arriba, en los primeros años después de la fundación de las Comunidades, los estados miembros no querían transferir sus políticas exteriores y de seguridad a Bruselas – ellos querían conservar su soberanía. Por consiguiente, los siguientes intentos fallaron:

- Comunidad de Defensa Europea (1952);
- Comunidad Política Europea (1953);
- Unión Política Europea (1962)

Fue solamente el Acto Único Europeo de 1985/87, cuando la llamada Cooperación Política Europea (la precursora de la Política Exterior y de Seguridad Común) fue al fin incorporada dentro del derecho comunitario. Sin embargo, esta política de cooperación no era muy intensa. No se habían hecho leyes y las decisiones eran tomadas por consenso.

Desde el punto de vista político, la Comunidad podría describirse mejor como un gigante económico y un pigmeo político. Sin embargo, desde el principio de los años 90 las cosas han empezado a cambiar – los conflictos internacionales, como la Guerra del Golfo o la Guerra en la antigua Yugoslavia, requirieron acciones coordinadas de la Comunidad.

Estos desarrollos finalmente dieron por resultado la introducción de la Política Exterior y de Seguridad Común como segundo pilar del Tratado de Maastricht (intergubernamental).

Además, había necesidad de establecer una política de seguridad y defensa además de la política exterior común. Los problemas relacionados con la incorporación de este campo pueden describirse mejor como sigue:

- los estados miembros no desean abandonar esta política altamente nacional;
- cuatro estados miembros (Austria, Finlandia, Irlanda y Suecia) son neutrales;
- Gran Bretaña está conectada militarmente con los Estados Unidos;

- Francia desea permanecer militarmente independiente.

Además, la Guerra de los Balcanes en los 90 también demostró la inhabilidad de una acción militar europea conjunta. Sin embargo, fue precisamente esta debilidad de una acción común, lo que finalmente marcó el punto de partida para el desarrollo de una **Política Europea de Seguridad y Defensa** (PESD) estableciendo las llamadas **"Tareas de Petersberg, 1992",** que definían las siguientes metas de una política de seguridad europea:

- establecimiento de proyectos humanitarios y misiones de rescate;
- realización de tareas de mantenimiento de la paz;
- oferta de gestión de las crisis y fomento de la paz.

Generalmente hablando, la PESD se puede describir mejor como sigue:

- actualmente la política de seguridad se ve como un complemento de la OTAN – la política de defensa está limitada a las Tareas de Petersberg;
- las decisiones se toman intergubernamentalmente;
- un ejército europeo no existe, pero:
  - **El Cuerpo de Reacción Rápida Europea** que consiste en cerca de 60,000 soldados se estableció por el año 2003. Esta fuerza es capaz de estar disponible en un plazo de 60 días a fin de operar dentro de las tareas de Petersberg (Objetivo Principal 2003).
  - **Los Grupos de Combate de Intervención Rápida** consisten en más o menos 1,500 soldados de tres o cuatro estados miembros, que actúan en operaciones aprobadas por las Naciones Unidas y pueden estar disponibles en cualquier parte del mundo dentro de dos semanas (Objetivo Principal 2010).
  - **La Fuerza de Gendarmería Europea** – es una fuerza europea de intervención policiaca, especializada en el manejo de crisis y capaz de estar disponible dentro de 30 días.

¿Qué es la Unión Europea Occidental?
- 1947: La conformación de la Unión Occidental como una asociación de participantes por la seguridad y asuntos relacionados fue establecida en el **Tratado de Bruselas.**
- 1954: La conformación de la Unión Europea Occidental (UEO) entre los seis estados miembros de la CE fue establecida en los **Acuerdos de Paris**.
- A diferencia de la OTAN, los miembros de la UOE tienen la obligación absoluta de proporcionar toda la *ayuda militar y otras clases de ayuda que estén en su poder en caso de un ataque armado contra uno de los estados miembros.*
- Hasta los años 90, no había grandes actividades de la UOE. A fin de cumplir con las tareas de Petersberg, la UOE ha sido fortalecida, pero con la introducción de PESC y la PESD un número cada vez mayor de funciones han sido transferidas de la UOE a la UE (p. ej. las tareas de Petersberg fueron incorporadas en el Tratado de Ámsterdam en 1997). Sin embargo, una fusión completa entre la UEO y le UE no se ha logrado hasta ahora.
- La Unión Occidental Europea tiene 10 miembros, 6 miembros asociados, 5 observadores y 7 participantes asociados.

¿Cuáles son los principales cuerpos de la PESC en orden jerárquico?
- el **Consejo Europeo** – promulga directrices decididas;
- el **Consejo de Asuntos Generales y Relaciones Exteriores** (CAGRE), *ver instituciones, Consejo*) – adopta las Posiciones comunes y las Acciones conjuntas basadas en las Directrices decididas del Consejo Europeo;
- el **Comité de Representantes Permanentes** (COREPER, *ver instituciones, Consejo*) – actúa como un filtro entre el PSC y el CAGRE;
- el **Comité Político y de Seguridad** (CPS) realmente maneja a la ESDP y está apoyado por grupos y comités especializados.

¿Cuáles son los actos legales de la CFSP?

Como se mencionó arriba *(ver, Derecho Primario y Derecho Derivado)* el Consejo Europeo promulga Directrices decididas y Estrategias comunes.

Basado en las Directrices y Estrategias el Consejo promulga, por ejemplo, Acciones conjuntas, Posiciones comunes, Decisiones y Declaraciones. Por consiguiente, todas las decisiones importantes de la CFSP tienen que ser tomadas por el Consejo Europeo unánimemente, mientras que solamente las decisiones ejecutivas son tomadas por el Consejo.

La Comisión y el Parlamento Europeo tienen tradicionalmente una posición débil en el área intergubernamental.

¿Qué hay del Alto Representante de la CFSP?

Este cargo fue establecido por el Tratado de Ámsterdam en 1997, a fin de mejorar la cooperación entre los estados miembros.

¿Cuáles son las principales enmiendas después del Tratado de Reforma?

- Aunque el Ministro del Exterior de la UE no está nombrado, las competencias del Alto Representante están conectadas con las competencias del Comisario para las Relaciones Exteriores. Además, el Alto Representante es al mismo tiempo el Vice Presidente de la Comisión.
- La estructura de tres pilares, establecida en el Tratado de Maastricht esta abolida. El anterior segundo pilar ahora se conoce como la **Acción Exterior de la Unión** – sin embargo todavía permanece intergubernamental.
- Se ha introducido una **cooperación estructurada permanentemente** dentro del marco de la Unión, en la cual los estados miembros, con una cierta capacidad militar, pueden actuar en estrecha unión (esto es, esta cooperación estructurada permanentemente eventualmente podría conducir a un sistema común de defensa).
- Se introdujo una cláusula de solidaridad, comprometiendo a los estados miembros en caso de un ataque armado contra uno de ellos que se deben movilizar todos los medios necesarios para ayudar.

4. La Política Comercial de la Unión Europea

Como la UE es uno de los mayores jugadores globales, esta es un actor importante en el comercio internacional. Esto tiene dos razones principales:

- su poder económico: el mercado de la UE tiene más de 25% del PIB (Producto Interno Bruto) mundial;
- su tamaño de mercado: con su población de casi 500 millones, la UE hace a otros países dependientes de sus exportaciones.

La política comercial en sí misma, es una competencia exclusiva de las Comunidades Europeas. Los instrumentos de política comercial más importantes son:
- el arancel aduanero común;
- la reglamentación de importaciones;
- la defensa contra los obstáculos al comercio;
- los controles de exportación;
- los acuerdos preferencias.

¿Qué es el Arancel Aduanero Común?

Como ya se mencionó arriba varias veces, la UE es una Unión de Aduanas (esto es, se cobran los mismos derechos de importación a mercancías importadas de terceros países).
- El Arancel Aduanero Común (AAC) distingue las tasas de impuesto de cada producto importado a códigos específicos en una base de datos llamada TARIC ("Tarif intégré des Communautés européennes"). Los estados miembros están comprometidos a imponer la AAC sobre las importaciones.
- La determinación del AAC también requiere una evaluación del producto que está basada en el precio de exportación del mismo producto.
- Además, a los importadores a veces se les exige aclarar el origen de sus mercancías para determinar si son aplicables ciertas medidas relacionadas con el comercio (p. ej. tasa cero de impuesto – el origen de un producto puede determinarse por el país donde el último trabajo importante se ha llevado a cabo – La compañía "A" importa componentes electrónicos sencillos a la Comunidad y los ensambla a las video grabadoras – ¿el último trabajo importante?)
- Pueden hacerse suspensiones de aranceles (p. ej. para proporcionar materias primas para empresas de la UE) que permitan una suspensión total o parcial de los impuestos aplicables para una

cantidad ilimitada (los impuestos "anti-dumping" no están incluidos y si la suspensión está restringida a una cantidad limitada, esta es una cuota).

¿Qué hay de la reglamentación de importaciones?

Aunque la UE tiene un régimen relativamente liberal de importación, hay algunas reglamentaciones de importación que deben considerarse:

- **Licencias de Importación** se refiere a productos específicos que están sujetos a control de importación. Estos deben ser monitoreados por la UE – a fin de evitar fraudes en las aduanas – sin limitar su acceso (p. ej. el monitoreo de las importaciones de acero).
- **Restricciones Cuantitativas** (cuotas) – comprenden cuotas de textiles (p. ej. con relación a China) y cuotas de aranceles (esto es, impuestos bajos de aduana solamente se permiten para una cantidad limitada de importaciones).
- **Medidas de Salvaguarda** – las cuales, por ejemplo, protegen a la UE de que entren productos piratas o falsificados.

¿Qué hay de las medidas de defensa del comercio?

La UE tiene derecho de imponer medidas de defensa del comercio contra importaciones "dumped" o subvencionadas de terceros países, que resulta en tarifas de impuestos más altas. Además, la UE puede proteger su industria contra un número cada vez mayor de importaciones de productos específicos, por medio de cuotas de importación y la imposición de medidas de salvaguarda (p. ej. contra los textiles y otros productos de China).

1. **Antidumping:** deben cumplirse tres condiciones a fin de imponer impuestos anti-dumping.
   - el dumping se debe determinar;
   - el daño material a una industria de la UE (o una amenaza a la misma);
   - la medida de la UE debe ser en interés de toda la Comunidad.

2. **Anti -subvención:** a fin de proteger las industrias de la Comunidad contra las importaciones subvencionadas, se deben cumplir tres condiciones:
   - se debe dar una subvención especifica (esto es, una subvención de exportación o una subvención para una compañía);
   - un daño material para una industria de la UE (o una amenaza a la misma);
   - la medida de la UE debe ser en interés de toda la Comunidad.

De acuerdo con el Artículo 87 del Tratado de la CE ciertas subvenciones concedidos a las industrias de la UE son – o pueden ser – permitidos (p. ej. los subvenciones para compensar las ventajas que han surgido de la división de Alemania; las subvenciones para la promoción de ciertas ramas de la economía; la subvención de minimis [esto es, no más de 200,000 Euros dentro de tres años], etc).

3. **Medidas de salvaguarda:** a fin de imponer medidas de salvaguarda (esto es, principalmente cuotas), se deben cumplir dos condiciones:
   - un incremento repentino de importaciones de un producto especifico;
   - una amenaza o causa de daño grave a la industria de la UE.

4. **El Reglamento de Obstáculos al Comercio:** de acuerdo con este Reglamento, las compañías de la UE y los gobiernos de los estados miembros pueden solicitar a la Comisión el manejo de los obstáculos al comercio y las prácticas injustas de comercio exterior en terceros países que causen daño dentro de la UE (p. ej. a través de un arreglo de disputas de la OMC).

¿Qué hay del control de exportaciones?

Generalmente hablando, las compañías de la UE pueden exportar libremente sus productos de la UE a terceros países. Sin embargo, hay algunos controles de exportación de la UE para productos específicos que requieren una licencia:
   - productos de doble uso: tales productos que pueden usarse para fines civiles y militares
   - (p. ej. materiales nucleares, químicos, toxinas, electrónicos, etc);

- químicos peligrosos;
- acervos culturales.

¿Que son los Acuerdos Preferenciales?

Algunas veces la UE trata a ciertos países en una forma más favorable que a otros:

- miembros del Área Económica Europea (esto es, Islandia, Liechtenstein, Noruega);
- miembros del Acuerdo con los países de Europa Central y Oriental;
- miembros de las Asociaciones Euro-Mediterránea (p. ej. Egipto, Israel, Turquía);
- miembros del Área ACP (África, Caribe y Pacifico).

¿Qué hay de la UE en el sistema de la Organización de Mercado Mundial?

Las Comunidades Europeas y cada uno de los estados miembros son miembros de la Organización Mundial de Comercio (OMC). Sin embargo, las reglas de OMC son, de acuerdo con el Tribunal de Justicia Europeo, no directamente aplicables, principalmente a causa de su falta de precisión *(ver arriba, principio de efecto directo)*.

Autores y Co-Autores

Dr. Martin Helmuth Ruelling MES ha trabajado como abogado en Austria y en Brasil. El tiene un doctorado en Derecho Europeo y un Grado de Máster en Estudios Europeos. Actualmente es profesor de Estudios Europeos en la Universidad EAFIT en Medellín / Colombia y trabaja en su segundo doctorado en Ciencias Políticas.

Karin Ioannou Wokoun tiene un Grado de Máster en Anglística y Romanística. Su enfoque actual es en Manejo de Conflictos Interculturales y entrenamiento en Inglés Comercial así como en enseñar técnicas de negociación y como pronunciar discursos efectivamente, además de traducir películas y libros de arte.

Ursula Froese tiene un Máster en Literatura Comparativa de la Universidad de Montréal, Canadá. Ella ha traducido numerosos artículos y documentos históricos y políticos al inglés, francés y alemán. Actualmente está trabajando en Viena como editor en el Secretariado de la OSCE en Europa.

Rosa Pérez de Silva tiene estudios intensivos de inglés en el Instituto Colombo Británico en Medellín y obtuvo los Certificados de Proficiencia de Cambridge y de Michigan. También realizó estudios de traducción simultánea. Ella ha trabajado como traductora oficial desde hace 18 años.

Florence Le Clézio es Asesora de Prensa e Información Pública en la OSCE en Viena.

Florence Le Clézio tiene una Licenciatura en Inglés de la Universidad d'Angers, Francia. Ella enseña francés como segunda lengua, traduce, edita y corrige textos en inglés y francés.

Anna Allen tiene un Grado Máster en Educación. Ella es una conferencista de inglés y de francés como Idiomas Extranjeros en la Universidad de South Devon y en la Universidad de Plymouth hasta que salió de Inglaterra con dirección a Sur África donde inició entrenamiento en TEFL en un Centro de Entrenamiento en Idiomas en Ciudad del Cabo.